大學用書

# 投資學

徐燕山　著

三民書局　印行

國家圖書館出版品預行編目資料

投資學／徐燕山著.－－修訂二版四刷.－－臺北市：
三民，2004
　　面；　　公分

ISBN 957－14－2206－1　（平裝）

1. 投資　　2. 證券

563.5　　　　　　　　　　　　　　　　84010724

# ©　投　資　學

著作人　徐燕山
發行人　劉振強
著作財
產權人　三民書局股份有限公司
　　　　臺北市復興北路386號
發行所　三民書局股份有限公司
　　　　地址／臺北市復興北路386號
　　　　電話／(02)25006600
　　　　郵撥／0009998－5
印刷所　三民書局股份有限公司
門市部　復北店／臺北市復興北路386號
　　　　重南店／臺北市重慶南路一段61號
初版一刷　1995年11月
修訂二版一刷　1999年8月
修訂二版四刷　2004年10月
編　　號　S 561900
基本定價　玖　　元
行政院新聞局登記證局版臺業字第〇二〇〇號

# 自　序

　　近十年來，國內投資環境呈現重大的變遷，例如：新金融產品接二連三地引入國內市場及國內投資人口快速成長；因此，介紹各類金融產品之特性與傳播正確的投資觀念予投資大眾，將有助於國內證券市場之發展與金融體系之穩定，此即本書撰寫之主要目的。

　　再者，投資學相關課程均已列入大專商科必修或選修課程內，因此，為協助國內學子吸收投資新知，乃撰寫本書以供同學參考。

　　本書得以付梓出版，要感謝三民書局編輯部同仁之鼎力協助。此外，有內人劉金鈴與研究助理戎宜蘋之協助，使本書得以順利完成。本人才疏學淺，誤落之處在所難免，尚祈先進不吝指正。

徐燕山

謹識於政治大學志希樓

民國 84 年 9 月

# 投 資 學 目 次

自 序

## 第壹篇　投資環境介紹

### 第一章　導　論

### 第二章　有價證券介紹

# 第三章　證券市場

# 第四章　投資決策──報酬率與風險

# 第貳篇 個別證券分析

# 第十二章　可轉換證券與認股權證

# 第十三章　投資公司

# 第參篇　投資組合分析

## 第十四章　投資組合模式

## 第十五章　資本市場均衡理論模式

## 第十六章　效率市場理論

## 第十七章　投資組合績效的評估

## 第十八章　資產配置

# 第 壹 篇

## 投資環境介紹

# 第一章 導 論

## 第一節 前 言

投資學係探討投資決策的過程，而投資決策過程可以概分爲兩部份：第一部份爲個別證券的價值分析及評估，第二部份爲如何搭配所挑選的個別證券，以構成一個投資組合。投資決策的過程，無可避免地必須將投資環境納入考慮。例如：美國市場與臺灣市場在制度面及市場面皆有其個別差異性；因此，評估投資環境需考慮下列因素：一爲市場上可供投資的證券種類，二爲證券買賣的過程及市場之比較，三爲各類證券之期望報酬率與投資風險間的關係。本書係以上述投資決策過程及投資環境介紹爲整體架構，分別探討一：整體投資環境、二：個別證券分析、及三：投資組合之相關課題。

何謂投資？投資與儲蓄有何不同？投資與投機應如何區分？投資係指放棄今日確定的消費，以換取來日不確定性的報酬。同樣地，儲蓄也可以說是放棄今日的消費，以換取來日的消費。那麼投資與儲蓄有何不同呢？投資係屬積極性行爲，而儲蓄則是消極性行爲；個人爲了手上一筆資金的安置，積極地分析各類證券的風險及報酬率，經過多方考量後，始將資金投入於所挑選的證券，這種積極行爲之表現，稱爲投資；個人若只是隨意地將資金存放在某些投資標的上，例如：活期存款、定期存款、或其他有價證券等等，這些行爲的完成並未考慮投資標的物的特性，也沒有依賴任何管道訊息，只是一個安置資金的簡單動作，這種消極行為之表現則稱之為儲蓄。

然而，個人在進行前述之積極性行為時，並非每個人都是以投資為標的；其中，投機者之行為和投資者有何異同？投機行為也分析證券的風險與報酬，但投機所考慮的標的物具有相當高的風險，相對地，期望報酬率或風險貼水也相當高。這種高度的風險足以影響最後資金是否該投入於此標的物之決策。例如：民國 77 年至 79 年間，民眾參與鴻源機構地下非法金融活動，拿出一筆資金投入鴻源機構，以求取高額報酬，此種行為可以說是近似於投機活動。

**金融性資產與實物資產**

投資標的物範圍極廣，例如：土地、機器、黃金、股票、債券、及期貨等均可供投資人挑選的投資目標；這些投資標的有些是屬於實物資產 (Real Assets)，譬如土地與黃金，有些則屬於金融資產 (Financial Assets)，譬如股票與債券。

金融投資與實物投資二者在分析原理上是共通的，因為公司的實物資產是用來產生未來的現金收入，而公司現金收入的分配則依照公司發行的金融資產而定；例如：公司債券持有者對該公司有一固定的利息請求權及本金請償權，而普通股股東則對公司的稅後盈餘擁有分配權。因此，金融資產可以用來轉換實物資產的所有權，即轉移實物資產的未來現金收入請求權，實物投資可以經由金融投資來完成，因此金融投資與實物投資在原理上是共通的。

本書主要在探討金融性資產投資的原理及原則，讀者可將這些原理原則應用在實物資產投資上。

# 第二節　投資環境簡介

　　基本上，一個社會的投資環境可以視爲一整體的開放系統，並細分爲許多子系統，而每一子系統即代表著一個資本市場，例如：股票市場、公司債券市場、黃金市場等等；這些市場並非互相獨立而無關，而是互爲牽連；在每個資產市場內，有爲數衆多的資產供給者及需求者（或資金需求者及供給者），從事該項資產的買賣（或資金的轉移）以滿足個人的理財效用。而資產的買賣價格，則取決於供、需雙方對該項資產的風險評估。

## 1.金融市場的參與者

　　參與金融市場買賣行爲的成員，可以概分爲三大類：家庭單位、公司企業單位、及政府部門。

　　a. 家庭單位

　　是社會勞力的主要供給者，他們以個人的勞力及知識換取金錢報償，當他們的整體收入大於總支出時，即有剩餘資金存在，這些資金可存入銀行或借貸給企業從事生產活動；基本上，家庭單位是整個經濟體系內的資金供給者，尤其在臺灣，一般大衆的儲蓄率高達 40％左右，即使近年國民儲蓄率有往下滑落現象，仍不影響家庭單位成爲國內經濟體系之主要的資金供給來源。

　　b. 公司企業單位

　　相對於家庭單位，企業單位則是勞力及資金的需求者，企業需求資金用以購買生產設備及廠房，僱用員工以從事生產及提供勞務等活動。在取得資金上，企業通常遵循下列兩種途徑：一爲向銀行貸款，二爲直接向投資大衆募集資金。一般而言，財務狀況較差的公司企業，如利用發行證券直接向投資大衆募集資金，其成本將較高；因爲公司財務狀況不佳，風險也較大，投資大衆相對地會要求較高的報酬率，而證券發行價格也會因此低於市場價格。所以，爲了以合理成本取得資金，並避免因公司證券折價發行而導致公司所有權爲他人掌控，企業可能轉向商業銀行告貸。

c. 政府部門

各級政府單位爲了進行各項公共建設，需要鉅額的資金，因此，政府單位也是資金的需求者。在資金籌募方面，政府單位無法像企業單位以發行股票方式，向大衆募集資金，因此中央政府大都以發行中央公債方式來融資各項建設。然而，政府因握有向民衆及企業課稅的權力，其償債能力無庸置疑，而企業則無此權力，因此，政府單位資金取得成本遠較企業的資金成本低。

家庭單位、公司企業單位、及政府部門共同構成金融市場內之資金原始供給者及原始需求者；由於資金需求者所銷售（或所設計）的金融資產特性（即金融資產的現金流量），未必能完全地符合資金供給者的要求，爲了調和資金供給者與資金需求者間的需求差異，金融中介機構（Financial Intermediaries）乃應運而生。例如：商業銀行、保險公司、及投資公司（Investment　Companies）等。這些金融中介機構的主要功能在於從事金融資產轉換（Asset Transmutations），它們一方面發行符合資金供給者要求的金融資產，取得資金供給者的資金，另一方面，以所取得的資金購買資金需求者所設計的金融資產；因此，金融中介機構轉換了金融資產的原先現金流量成爲資金供給者所需求的現金流量型態。下面僅以一例說明金融中介機構的金融資產轉換功能。假設資金供給者想購買的金融資產爲二十年期的保險單，在前十年期間，資金供給者願意每年支付一筆固定金額，而在後十年期間，資金供給者則希望每年有一筆固定現金收入；相反地，資金需求者則希望借入一大筆資金，二十年後再償還本息。在此狀況下，資金供給者與資金需求者間的需求並不一致。金融中介機構即可介入提供雙方服務，例如：保險公司即可發行符合資金供給者需求的保單，再將資金收入購買資金需求者所發行的金融資產。

　　另外，公司企業所發行的金融資產，其現金流量即使符合資金供給者的需求，但因發行金融資產並非公司企業之經常性業務，自行處理發行過程，成本可能很大，因此，投資銀行乃應運而生。投資銀行專門承辦證券發行之相關業務，由於經濟規模效應，其發行成本遠較個別公司企業自行發行低；除了代理企業發行證券外，由於其對發行市場狀況瞭若指掌，投資銀行也提供證券發行種類及定價上的諮詢服務。

### 2.風險與報酬率之取捨（Trade-off of Risk and Return）

　　投資行為是放棄今日確定的消費，以換取未來不確定的報酬，因此，投資行為常常伴隨著或多或少的風險，除了投資風險外，投資者在投資過程中，也被迫遞延其消費的意願；因此，投資人不僅會要求在消費遞延上獲得補償外，也會要求在投資風險負擔上得到適當的風險補貼。投資風險高的資產理應提供較多風險補償予投資者，對於投資風險低的資產，投資者要求的風險補償也較少，而對於無投資風險的資產，投資者將只要求消費遞延的補償。因此，資產的風險與期望報酬率間存在著交換的關係，為了獲取較大的投資報酬率，投資者相對地就必須負擔較大的投資風險。

## 第三節　投資過程簡介

　　在第一節前言中，我們說明了投資學主要是探討投資決策的過程，而整個投資決策的過程可以概略分為下列三個步驟：

### 1.設定投資政策

　　每位投資者都希望擁有更多的財富，也就是希望其投資期望報酬率越高越好，然而，從前面的討論中，我們知道要獲取較高的期望報酬率，就必須承擔較大的風險，而高風險的投資也可能會給投資者帶來重大的損失，鴻源機構的非法金融活動，就是一個活生生的例子，投資者蒙受重大損失者不在少數。因此，投資者應謹慎衡量個人財務狀況，訂定一個可以容忍的報酬率及風險範圍。

　　除了投資報酬率及風險的決定外，投資政策也應考慮投資期間的長短，長期投資的策略不同於短期投資的策略，而投資策略的不同會影響到投資標的物的挑選，進而影響到所制定的投資報酬率與風險，有關之細節將於第四章第三節中做進一步之闡述。

### 2.進行個別證券分析

　　於上述步驟中，投資者制定了其投資目標，也間接地決定了其所要投資的個別證券種類及範圍；個別證券分析工作，就是從眾多證券中找尋價格低估的個別證券，以納入投資者的投資組合內。證券分析的方法有兩種，一為技術分析，二為基本分析；技術分析係經由分析證券過去價格及成交量的走勢，據以預測未來證券價格的走向，並採取買進或賣出該證券，以獲取利潤；基本分析則認為證券的價格，應為該證券未來現金流入量現值之總和，因此，基本分析者必須估計證券未來的現金流量，同時也要估計證券的風險程度，據以決定證券的應有報酬率，經由所估計的現金流量與應有的報酬率，可以求算出證券的應有的價值，假如證券應有的價值高於證券的市價，則該證券應是值得納入投資者的投資組合內，反之，則應從投資組合內排除該證券。

　　近十年來，證券市場效率學說極為盛行，根據證券市場效率學說的觀點，若市場達到充分效率的境界，則任何證券的市場價格將充分地反應出證券的應有價值；換言之，市場上不存在價格高估或低估的證券；因此，投資者就沒有必要進行技術分析或基本分析工作，以決定那些證券應納入其投資組合內。

### 3.建構投資組合

經由個別證券分析後，投資者選定了所要投資的證券種類。下一步須分析個別證券間的報酬率互動關係，根據報酬率互動關係，決定個別證券的投資金額或投資比率，以建構一個風險充分分散的投資組合。

投資組合的完成並不代表著整個投資過程的結束，投資者必須時時刻刻地評估投資組合的績效，檢查投資政策及目標的達成率；而當投資者改變其投資政策及目標時，則上述三個步驟必須重新進行一次，以建構一個符合修改後投資政策的投資組合。

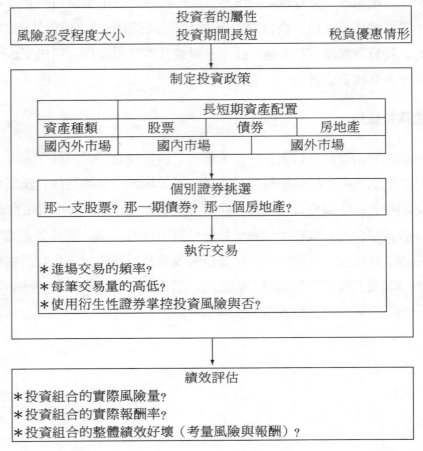

圖 1-1 投資過程簡圖

# 第四節 晚近投資環境變遷

近二十年來，由於電腦科技的快速更新、政府規範的逐漸解除、及知識訊息傳播速度加快，投資環境也隨時隨地在驟變，其中較重要的變化則有投資環境國際化、資產證券化、及金融產品創新，茲分述如下：

## 1.投資環境國際化

　　一、二十年前，各國政府對外來的投資常設立層層關卡，以限制外國人在本國的投資活動。另一方面，各國間資訊的傳遞較現今為緩慢，因此，投資人的投資活動大多侷限於本國市場；近些年來，各國政府相繼撤除了投資的藩籬，加上傳播工具的快速進步，國際性的投資活動乃越趨活絡。下面僅以美國及我國的最近發展狀況說明國際投資的蓬勃現象：

　　過去十年中，許多國家於解除外國投資當地股市的法令限制後，美國國內的單一國家封閉式基金（Single Country Funds），便如同雨後春筍般地一個接一個成立，這些基金向美國國內投資大眾募集資金後，投入亞太地區、中南美洲、及歐洲地區等股市；藉由這些封閉式基金，美國國內之投資大眾也可以分享上述地區的經濟發展成果，而國際投資也變得較為容易了。

　　同樣地，由於過去十年來臺灣各項外匯管制之陸續解除，今天，臺灣投資大眾也可以購買外匯直接地投入外國股市，或購買海外投資基金間接地投入國外股市。

## 2.資產證券化

　　房地產證券化在美國已行之多年，在此以前，房地產貸款係以傳統方式進行，即房地產所有權者以房地產為抵押品向銀行告貸，由於銀行資金有限或不願從事太多長期房地放款業務，於是便將性質相近的個別房地產貸款合約集中在一起，以這些客戶的貸款為基礎，另行發行證券售予投資大眾，房地產的抵押權也隨著證券的發行轉移給投資人，而投資人每個月將收到房地產所有權者償還的本金及利息。資產證券化的另一個例子，則表現在汽車貸款業務上，財務公司或銀行將性質相近的汽

車貸款集中，以這些貸款為基礎，發行證券售予投資大眾，將汽車抵押
權移轉給投資大眾。

臺灣資產證券化的業務尚在萌芽階段，未來發展方向，仍然以房地
產證券化最為可能，至於此項業務是否能順利推出及成長，則有待來日
觀察。

### 3.金融產品創新

金融產品創新的原動力係導源於投資者規避政府稅負或政府管制措
施之意圖。例如：零債息債券就是一種規避政府稅負工具，在美國，資
本利得（Capital Income）的稅率往往較利息所得（Interest Income）低，
利息所得當納入一般所得內計稅，而資本利得則另行以單一稅率課稅，
因此，當投資者的一般所得處在很高的稅負級距時，投資者的利息所得
也將被課以高稅負，而此時資本利得的稅負將遠低於利息所得稅負，在
這種情形下，投資者將尋求資本利得較高的投資工具，儘量規避利息所
得高的投資工具，而零債息債券便是一種低利息或無利息所得的投資工
具；除了規避稅負外，零債息債券也可以用來規避利率變動的風險，此
點將在以後的章節詳細討論之。

此外，雙元基金（Dual Purpose Funds）也是規避政府稅負工具的一
種，前文中提及資本利得稅率往往較股利所得稅率低，因此，高稅率的
投資者將尋求資本利得較高的投資工具，以節省稅負，而享有股利所得
免稅或較低稅率的投資者，則偏好股利所得高的投資工具。雙元基金即
能同時滿足這兩種投資者的需求，雙元基金發行兩種權利不同的受益憑
證，一種為資本利得的受益憑證，另一種為股利所得的受益憑證；資本
利得受益憑證對於基金的資本利得，擁有完全的請求權，而對於基金的
股利所得，則無任何分配權利；相反地，股利所得受益憑證則只對基金
的股利所得，擁有完全的請求權，而對於基金的資本所得，則無任何分

配權利；因此，投資者可以考量其個人的稅負情況，購買符合自己需求的受益憑證，以達到節稅目的。

可轉換公司債 (Convertible Bonds) 為企業所發行，持有的投資人在未來特定時間內，可以轉換成公司發行的股票。海外可轉換公司債 ECB (Euro-Convertible Bond) 為企業至海外發行，一種結合債券與股票的金融商品，發行公司賦予投資者將該債券轉換為股票的權利。當國外利率看跌，或國內股票行情不佳，企業辦理現金增資較困難時，是受歡迎的企業海外籌資工具。但企業發行海外可轉換公司債將面臨匯率風險。

## 第五節　結　語

本章僅就投資環境、投資決策過程、及晚近投資環境變遷爲概括性之介紹。本篇第二章將進一步介紹各類證券及證券市場，第三章詳述證券買賣過程，第四章則探討證券投資報酬率與投資風險之觀念。本書第二篇及第三篇將分別探討個別證券分析及投資組合理論。有關金融產品創新課題，讀者可以參考 Miller（1986 及 1992）的文章。

## 關鍵詞彙

實物資產　　Real Assets

金融資產　　Financial Assets

金融中介機構　　Financial Intermediaries

金融資產轉換　　Asset Transmutations

風險與報酬率之取捨　　Trade-off of Risk and Return

單一國家封閉式基金　　Single Country Funds

資產證券化　　Asset Securizations

金融產品創新　　Financial Innovations

雙元基金　　Dual Purpose Funds

可轉換債券　　Convertible Bond

## 習 題

1.請說明金融性資產與實物資產的區別？

2.投資決策過程可以分為那兩個部份？請詳述之。

3.請說明金融中介機構的主要功能？

4.說明晚近投資環境的變遷？

# 第二章　有價證券介紹

## 第一節　前　言

　　本章介紹金融市場上買賣的證券，這些證券可以概分爲貨幣市場上的投資工具及資本市場上的投資工具兩大類。貨幣市場是提供一年期以內短期資金交易的場所，因此，在貨幣市場交易的證券，其到期日少於一年；相對地，資本市場是提供一年期以上長期資金交易的場所，即資本市場內交易的證券，其到期日爲一年以上。另外，在過去一、二十年間，由於投資者有規避市場風險的需求，各式各樣的衍生性證券推陳出新，期貨與選擇權即是最具代表性的衍生性證券。本章將介紹幾種較重要的投資工具，第二節介紹貨幣市場內的投資工具，包括國庫券（Treasury Bills）、可轉讓銀行定存單（Negotiable Certificates of Deposit）、銀行承兌匯票（Bankers' Acceptances）、商業本票（Commercial Papers）、及附買回條件的債券（Repurchase Agreements）。第三節則介紹資本市場內的投資工具，這些包括中、長期國庫公債（Treasury Notes/Bonds）、市政公債（Municipals）、公司債（Corporate Bonds）、特別股票（Preferred Stocks）、及普通股票（Common Stocks）等。第四節介紹衍生性證券，主要包括期貨 (Futures)、選擇權 (Options)與備兌認購（售）權證 (Covered Warrants)。第五節則介紹一些間接投資工具，包括封閉型基金 (Closed-end Investment Funds) 與開放型基金 (Open-end Investment Funds)。第六節介紹股價指數的編製方法，第七節則爲本章結語。

# 第二節 貨幣市場的投資工具

　　貨幣市場是政府機構及私人企業籌措短期資金的場所，由於貨幣市場投資工具的一個單位交易面額較大，一般小額投資者不易參與買賣，因此，貨幣市場的參與者主要是機構投資者。表2－1列出民國70年至民國86年間主要貨幣市場票券的發行量。表2–1顯示出商業本票的發行量在四種貨幣票券中佔最大宗，其次為可轉換定存單，再其次為銀行承兌匯票，而國庫券的發行量在過去十六年中均排行最後一位。在這四種貨幣工具中，商業本票的發行量幾乎每年均有成長，顯示企業漸漸地轉移短期融資的對象。另外，可轉讓定存單的發行量大抵也逐年增加，顯示出銀行加重可轉讓定存單吸收短期資金的角色。以下僅將這些貨幣工具的特性做各別之介紹。

### 表 2–1　主要貨幣市場票券發行量 (1981–1997)

單位: 新臺幣百萬元

| 年度 | 國庫券 | 商業本票 | 銀行承兌匯票 | 可轉讓定存單 |
|---|---|---|---|---|
| 1981 | 3,300 | 215,812 | 43,585 | 114,434 |
| 82 | 4,800 | 227,332 | 156,407 | 148,754 |
| 83 | 20,600 | 248,651 | 252,304 | 103,115 |
| 84 | 57,460 | 292,831 | 273,256 | 85,154 |
| 85 | 107,525 | 330,398 | 298,099 | 90,915 |
| 86 | 99,300 | 442,320 | 303,698 | 64,999 |
| 87 | 65,630 | 374,525 | 204,167 | 78,562 |
| 88 | 283,000 | 440,711 | 214,869 | 455,492 |
| 89 | 99,000 | 862,694 | 377,238 | 1,443,316 |
| 90 | 18,000 | 1,712,424 | 438,400 | 2,115,262 |
| 91 | 324,000 | 2,655,502 | 423,724 | 1,071,976 |
| 92 | 453,000 | 3,082,066 | 285,440 | 1,349,391 |

| 93 | 60,000 | 3,842,998 | 829,318 | 1,237,088 |
|----|--------|-----------|-----------|-----------|
| 94 | 50,000 | 5,201,499 | 1,144,607 | 1,054,438 |
| 95 | 15,000 | 6,140,580 | 1,707,261 | 1,230,943 |
| 96 | 98,650 | 6,790,714 | 1,816,546 | 955,042 |
| 97 | 57,320 | 8,976,600 | 1,018,731 | 1,400,707 |

資料來源: 中華民國臺灣地區金融統計月報

## 1. 國庫券（Treasury Bills）

　　國庫券係政府用來調節短期資金供需的主要工具。在美國，國庫券的發行歷史相當久遠，而其發行量大、發行次數多，所以，美國國庫券是所有貨幣市場工具中，流動性最高的工具。美國財政部每週一均舉行 91 天期及 182 天期的國庫券拍售活動，而每個月也有一次 52 週期國庫券拍售活動。美國國庫券的發行，均經由拍賣方式售予投資大眾，在拍賣活動前一週左右，財政部會宣佈拍賣日期、金額、及到期日；投標人必須於拍賣日下午一點前送出標單，而投標方式有競標（Competitive Bids）與非競標（Non-competitive Bids）兩種；採用競標的投資者，必須於標單內書明想購買的數額與價格，而採用非競標的投資者，則只須書明所要購買的數額即可，但數額最高不得超過 100 萬美金面額；非競標比競標優先得標，其價格則以競標中得標的平均價格為所有非競標的價格。上面所敘述的國庫券拍售方式已行之多年，這些拍售方式也用在中、長期國庫債券的發行。然而，在 1991 年的 5 月的中期國庫債券的拍賣活動中，所羅門兄弟（Salomon Brothers）投資銀行利用人頭戶方式，標得 90％以上該期的國庫債券，遠超過財政部所設定 35％的上限，市場上謠傳所羅門兄弟意圖壟斷該期國庫債券，美國財政部於是會同證管會進行調查，並研議國庫債券拍賣方式之改進。

　　國庫券不附息票，因此國庫券均以貼現（Discount）方式買賣，即利息事先由國庫券面額內扣除。利用國庫券的買賣價格及到期天數，即可求出所謂銀行貼現率（Bank Discount Yield），其計算公式如(2-1)式：

$$r_{BD} = \frac{F-P}{F} \times \frac{360}{n} \qquad (2-1)$$

$r_{BD}$：代表銀行貼現率，$F$：代表國庫券面額，$P$：代表國庫券買賣價格，$n$：代表國庫券到期天數，一年假定爲 360 天；仔細觀察式子(2-1)，$r_{BD}$ 並不等於國庫券眞正的報酬率，兩者間的主要差異在於 $r_{BD}$ 的計算過程中，假設一年爲 360 天及設定國庫券面額（$F$）爲購買成本。國庫券實際報酬率應如（2-2）式：

$$r_{T} = \frac{F-P}{P} \times \frac{365}{n} \qquad (2-2)$$

銀行貼現率公式爲何設定一年爲 360 天及設定購買成本爲面額而非市價呢？可能的原因是爲了計算方便，因爲這個公式在 20 世紀初設定時，計算機並不普遍，而（2-1）式可以簡化計算過程。

**例一：** 假設甲票券金融公司以 10.0% 銀行貼現率，賣出 150 天到期國庫券給投資者，國庫券面額爲 1,000,000 元，請問投資者應支付多少價款？實際國庫券報酬率爲多少？

利用（2-1）式，可以求出投資者應付出 958,333 元。

$$10.0\% = \frac{1,000,000-P}{1,000,000} \times \frac{360}{150}$$

$$P = 958,333$$

利用（2-2）式，可以求出國庫券實際報酬率 10.58%。

$$r_T = \frac{1,000,000 - 958,333}{958,333} \times \frac{365}{150} = 10.58\%$$

## 2. 可轉讓銀行定存單 (Negotiable Certificates of Deposit)

　　銀行定存單係銀行於收受定期存款後，發給存款人的憑證；基本上，此種憑證不能在市場上流通買賣；在 1960 年代與 1970 年代期間，美國貨幣市場基金 (Money Market Funds) 的興起，吸收了不少銀行存款人的資金；銀行為了穩住存款來源，乃發行可轉讓銀行定存單，於市場上流通買賣，以吸收短期資金。

　　基本上，可轉讓定存單的期限，均在一年以下；發行時，按面額十足發行，到期時本息一次還清；由於定存單的風險性較國庫券來得大，通常定存單的利率都高於短期國庫券的利率。

　　可轉讓定存單的發行，對投資者與銀行均有益處；就投資者而言，由於可轉讓定存單的流通市場的流動性高，投資者可於到期前，隨時買賣可轉換定存單，充分調節手上資金的流通，以賺取高額利息。就發行銀行而言，可轉讓定存單的發行，可供銀行籌措短期資金，以補短期資金的缺乏；而當銀行資金充裕時，也可以提早買回可轉讓定存單。

## 3. 商業本票 (Commercial Papers)

　　商業本票係由工商企業以自己的名義，向投資大眾籌集短期資金，到期時由工商企業付款與投資大眾的短期票券。商業本票發行公司可以自行銷售商業本票或透過金融公司代銷或包銷。發行公司認為有必要時，也可請求商業銀行對商業本票作保證，以利商業本票的發行；當然，發行公司必須付予保證銀行一筆保證費用。

　　基本上，工商企業發行商業本票，是為了以更低的成本籌措短期資金。一些信用卓著的公司，向商業銀行借款時，必須支付銀行基本利率

(Prime Rate) 或較高利率的資金成本；假使發行公司能以比基本利率低的資金成本，籌措所須的短期資金，則對發行公司有利。然而，發行商業本票之公司，除了須負擔資金成本外，尚須支付手續費或保證金；這些費用加上資金成本後，是否仍低於直接向銀行告貸的成本，應是發行公司要審慎考量的問題。

### 4. 銀行承兌匯票（Bankers' Acceptances）

傳統上，銀行承兌匯票係由發票人簽發一定之金額，委託付款人於指定之到期日，無條件支付與執票人之票據。執票人於匯票到期日前，向銀行為承兌之提示，此項匯票經過銀行承兌後，即稱為銀行承兌匯票。

銀行承兌匯票有次級市場供其流通買賣，執票人可於次級市場，以折價方式賣出銀行承兌匯票，取得所須的短期資金。

### 5. 附買回條件的債券（Repurchase Agreements）

附買回條件之債券合同，為資金借貸雙方的借貸契約。資金借方將手上國庫券以某一價格，售予資金貸方；借方同時答應於一定期間後，以某一事先約定的價格，向資金貸方買回這些國庫券；而國庫券買、賣價格的差距，就是資金借貸的成本。基本上，在附買回條件之債券交易中，債券並沒有真正移轉，仍保留在資金借方的手上。附買回條件之債券交易期間較短，一般介於三天至二個禮拜，有時也有僅僅一天的交易。

## 第三節　資本市場的投資工具

資本市場是公司企業籌措長期資金的場所。在資本市場內交易買賣

的證券，其到期日為一年以上。這些證券包括了長期國庫債券、公司
債、優先股、及普通股。表2－2列出臺灣地區債券與股票交易統計資
料。表2－2顯示出政府債券的交易量自1988年迅速成長，這種現象與
政府六年國建計劃有關，政府在這段期間為了籌措資金，發行數量可觀
的公債。另外，公司債的歷年交易量均很小，顯示我國債券市場規模微
小。而股票交易額自1987年以後就大幅成長，完全拜當年全民股票活
動所賜。

表 2–2　主要證券交易額 (1981–1997)

單位: 新臺幣百萬元

| 年度 | 政府債券<br>(中央政府與省政府) | 公　司　債 | 上　市　股　票 |
|---|---|---|---|
| 1981 | – | – | 209,216 |
| 82 | – | – | 133,877 |
| 83 | 3,272 | 4 | 363,845 |
| 84 | 11,721 | 259 | 324,476 |
| 85 | 22,551 | 3,512 | 195,228 |
| 86 | 50,708 | 21,514 | 675,655 |
| 87 | 153,245 | 6,265 | 2,668,633 |
| 88 | 341,264 | 8,077 | 7,868,023 |
| 89 | 860,844 | 15,885 | 25,407,963 |
| 90 | 1,526,275 | 6,908 | 19,031,281 |
| 91 | 3,499,878 | 6,096 | 9,682,738 |
| 92 | 6,092,468 | 5,710 | 5,917,079 |
| 93 | 13,155,649 | 2,590 | 9,056,717 |
| 94 | 15,972,914 | 7,580 | 18,812,112 |
| 95 | 20,795,960 | 4,693 | 10,151,536 |
| 96 | 28,258,786 | 34,106 | 12,907,563 |
| 97 | 40,318,880 | 46,860 | 37,241,148 |

資料來源: 中華民國臺灣地區金融統計月報

### 1.長期國庫債券與票券（Treasury Bonds and Treasury Notes）

長期國庫債券與票券是政府用來籌措中、長期資金的主要工具；長期國庫債券的原先到期日介於十五年至三十年間，而國庫票券的到期日則介於二年至十年間。不同於短期國庫券，長期國庫債券是附息的債券，債券持有人每年可收取一次或二次的票息。近些年來，美國政府也發行不附票息的國庫債券（STRIPS, Separate Trading of Registered Interest and Principal of Securities）；這種零票息債券，乃是由到期日十年以上的附息國庫債券，分離本金與票息後的兩種債券。

### 2.地方政府公債（Municipal Bonds）

地方政府公債乃是由地方政府發行，籌措資金以利地方建設之進行。地方各項建設仰賴稅款收入；然而，由於稅款尚未收到，而建設不可延誤；因此，地方政府可以先行發行公債，俟稅款收到後，再行償還公債本金與利息。此外，地方政府如欲進行某項地方公共事業工程，以創造地方政府收入來源，此時，即可發行公債以籌措工程費用；俟工程完工後，再以公共事業的收入，償還公債本金與利息。

### 3.公司債（Corporate Bonds）

公司債是企業向投資大眾籌募長期資金的工具。基本上，公司債的債息與本金的償還約定，類似於長期國庫債券；然而，公司債的風險比國庫債券的風險高，風險程度差異主要來自於公司債的違約風險，即公司債發行公司無法如期地償還債息或本金。

公司債券以是否有擔保品質押，分為有擔保品的公司債券及無擔保品的公司債券兩種。若以公司是否可以提前贖回而分，又可分為可贖回公司債券及不可贖回公司債券兩種。公司債券若以是否可轉換成其他證券來分，則可區分爲可轉換公司債及不可轉換公司債券兩種。

## 4. 普通股票 (Common Stocks)

普通股票代表著公司的所有權，因此，普通股對於公司的經營盈餘有請求分配的權利；此外，普通股股東擁有選舉公司董監事的投票權，及參與公司重要決策之投票權。

一般而言，大型公司的普通股票均在交易所上市買賣，這些公司的股東人數衆多，股權分散程度也較高，例如：美國 IBM 公司。這些大型公司的所有權與經營管理權二者是分開的，亦即公司的管理者未必是公司的股東。因此，爲了避免代理問題 (Agency Problem)，公司董事會必須設計各種激勵措施，促使公司管理階層的各項決策，均能將股東的利益擺在第一位上。

## 5. 特別股票 (Preferred Stocks)

特別股票的性質介於普通股票與公司債之間。類似公司債券的債息，特別股股利乃是固定在特別股面額的一定比率；例如：面額臺幣 100 元的特別股，其股息爲 7%，意味著每股特別股的每年股利爲臺幣 7 元。所以，特別股股利每年均固定不變，而普通股股利每年則不盡相同；依此觀點而言，特別股的特性近似公司債的特性。然而，當公司營運不佳而無盈餘時，公司可以宣佈不發放特別股股利，特別股股東並無法聲請公司破產；就這方面來說，特別股的特性則與普通股的特性較相近。特別股未發放的股利可累積者，稱爲可累積特別股；不可累積者，爲不可累積特別股。一般而言，特別股均附有贖回條款或償債基金條款，公司可以提前贖回全部或部份特別股。而有些特別股則附有轉換條款，特別股股東可以將手上特別股轉換成另一種證券。

## 6.存託憑證 (DR)

存託憑證係由國內存託機構發行表示外國上市公司股票之交易憑證，受託銀行（保管銀行）則負責收存該憑證之等價股票，每一單位憑證代表某特定單位數外國上市公司股票，與普通股股東具有相同之權利，所以臺灣存託憑證 (Taiwan Depository Receipts, TDRs) 的交易，提供了國內投資者從事海外投資的機會。在過去數年間（民國 85 年至 87 年）有許多國內企業發行全球存託憑證 (Global Depository Receipts, GDRs) 與美國存託憑證 (American Depository Receipts, ADRs) 至海外籌資。表 2–3 為臺灣近年來的存託憑證概況。

表 2–3　存託憑證發行概況

| | 宏電 GDR | 旺宏 ADR | 台積電 ADR | 福雷 TDR |
|---|---|---|---|---|
| 發行日期 | 86 年 7 月 23 日 | 85 年 5 月 14 日 | 86 年 10 月 8 日 | 87 年 1 月 8 日 |
| 發行及交易地點 | 倫敦 | 美國 NASDAQ | 美國 NYSE | 臺灣 |
| 發行總金額 | 美金 160,600仟元 | 美 金 176,700仟元 | 美 金 520,401仟元 | 新臺幣 32 億 4,000萬元 |
| 單位發行價格 | 美金 16.06 元 | 美金 17.67 元 | 美金 24.781 元 | 新臺幣 27 元 |
| 發行單位總數 | 10,000,000 單位 | 10,000,000 單位 | 21,000,000 單位 | 120,000,000 單位 |
| 表彰有價證券之來源 | 現金增資 | 現金增資 | 原股東釋股 | 原股東釋股 |
| 表彰有價證券之數額 | 每單位表彰宏電普通股 5 股 | 每單位表彰旺宏普通股 10 股 | 每單位表彰台積電普通股 5 股 | 80 單位表彰福雷電子普通股 1 股 |
| 受託人 | 無 | | 無 | 無 |
| 存託機構 | 美商花旗銀行 | | 美商花旗銀行 | 遠東國際商業銀行 |
| 保管機構 | 花旗銀行臺北分行 | | 花旗銀行臺北分行 | 美國紐約銀行 |
| 備註 | | | | 87/2/10 除權，每股配 10元股票股利 |

資料來源: 中華民國證券暨期貨市場發展基金會圖書館專業剪報系統

臺灣存託憑證運作過程如下：國外公司例如 IBM、德州儀器、麥當勞等公司，提撥一部份股權存置於信託保管銀行內，並以這些股權為基礎發行等額的存託憑證供臺灣投資者購買，臺灣存託憑證持有者享有分配股利與配股之權力。而這些存託憑證與一般上市公司股票一樣以新臺幣計價，可以在證券市場自由流通買賣，因此，臺灣投資者在國內就可以投資其所喜愛的國外公司，無須至國外證券交易所買賣。惟原股票價格是影響臺灣存託憑證的重要因素，且兩地股市漲跌幅限制不同，交易時間不同，資訊取得有時差因素等，是臺灣存託憑證可能面臨的風險。目前，在臺灣有福雷存託憑證於臺灣證券交易所上市。

# 第四節　衍生性證券市場（Derivative Markets）

過去一、二十年來，衍生性證券市場在美國成長極為迅速。其中，期貨與選擇權是兩種最基本的衍生性證券，衍生性證券主要是提供投資者避險的功能；此外，亦有部份投資者利用衍生性證券，從事價格變動的投機活動。基本上，衍生性證券能持續迅速地在各國市場成立與成長，端賴其避險性功能而非投機性功能。

## 1.選擇權（Options）

選擇權乃買賣雙方間的合約，選擇權的買方有權利於合約存續期間內，以合約約定的價格，向選擇權賣方買入或賣出一定數量的合約標的物。假使買方有權利買入合約標的物，則此合約稱為買權（Call Options）；相反地，買方有權利賣出合約標的物，則此合約稱為賣權（Put Options）。選擇權（賣出選擇權或買入選擇權）的價值受到選擇權標的物價值的影響；即選擇權的價格是由標的物價格引申出來的，故稱選擇權為衍生性證券。

選擇權既是避險工具，也是投機工具。儘管選擇權買賣雙方的動機未必相同，買權的買方通常係認定選擇權標的物的價格會上漲，而買權的賣方則認為選擇權標的物的價格不會上漲。相反地，賣權的買方通常係認為選擇權標的物的價格會下跌，而賣權的賣方則認為選擇權標的物的價格不會下跌。

就避險功能面分析，投資者手上持有選擇權標的物現貨，為了預防現貨價格的下跌而遭受損失，投資者可以事先買入以現貨為標的物的賣權，而投資者所付出的選擇權權利金，即可視為保險合約的保費；若標的物現貨價格發生下跌的情形，則投資者的現貨部位 (Cash Position) 將遭受損失；然而，投資者已購買了賣權，即可將手上現貨以事先約定的價格，賣給賣權的賣方，將現貨部位的損失移轉給選擇權賣方。

就投機面分析，投資者並未實際握有選擇權標的物現貨，僅以標的物現貨價格之變動為套利之對象，並以買賣現貨方式來完成價格投機的活動；買賣選擇權以套取現貨價格變動的利益，其所須投入的資金遠比直接買賣現貨所須投入的資金為少，因此，選擇權經常被用來從事短期股價變動投機的活動。

## 2. 期貨 (Futures)

期貨乃是買賣雙方約定於未來某一時點，以合約約定的價格，完成期貨標的物與貨款交換的一種合約。在國外，農產品期貨合約交易始於19 世紀，直至近一、二十年間，金融期貨如利率期貨、股價指數期貨、與外匯期貨等問世以後，其交易量成長異常迅速，金融期貨交易乃逐漸成為期貨交易之主流。雖然期貨買賣雙方均有完成期貨標的物交割的義務，大部份的期貨買賣雙方並沒有完成交割動作，因為期貨買賣雙方大多於交割日之前即在市場上從事相反的買賣動作，以沖平手上期貨部位。

臺灣目前開放之臺灣股價指數期貨是以臺灣股價指數為投資標的的期貨商品，於臺灣期貨交易所交易，每口契約價值為臺幣二百元乘上股價指數，交易標的為臺灣證券交易所發行量加權股價指數。契約到期交割月份自交易當月起連續二個月份，加上三、六、九、十二月中三個連續季月。採用電子交易，以現金交割。目的在避免投資炒作行為，促進市場穩定成長。

參與期貨買賣者分為避險者 (Hedgers) 與投機者(Speculators) 兩大類。避險者利用期貨規避現貨價格的不利變動，而投機者則利用期貨從事現貨價格變動的套利活動。若投資者手上持有現貨，為避免未來現貨價格下跌的損失風險，投資者可以賣出期貨，以敲定手上現貨的賣出價格。同樣地，若投資者預計於未來買進現貨，但因手上資金不足，為避免未來現貨價格上漲的風險，投資者可以預先買入期貨，以敲定未來現貨價格。

### 3.備兌認購（售）權證(Covered-Warrants)

備兌認購（售）權證係由股票發行公司以外的第三者（銀行或綜合券商）所發行，是一種衍生性權力，其持有人有權力在未來一段時間或某特定日期，以固定價格向發行者購買（或出售）一定數量的特定標的股票 (Underlying Asset)，認購（售）權證的性質與選擇權的性質相近。其種類可分為認購（即買權，Call Warrants）及認售（即賣權，Put Warrants）兩類，亦可依照執行日期分為美式及歐式。美式 (American Style) 只要在認購（售）權證期滿之前皆有權力執行其轉換權，歐式認購（售）權證只能在到期日執行。

## 第五節　間接性的投資工具（Indirect Investments）

投資者將資金投入前面討論的各種證券，均屬於直接性投資活動的範圍，即投資者對這些證券擁有直接的所有權。除了直接投資活動外，投資者也可利用間接投資方式，從事個人的投資理財活動。過去十年中，臺灣金融市場歷經重大變革，投資信託公司紛紛成立並募集了各式各樣的基金，以提供投資大眾另一種投資管道。投資信託公司以基金的受益憑證向投資大眾募集資金後，將資金投入股票市場與債券市場，而基金受益憑證的持有人對基金所投資的股票與債券並無直接所有權，只有間接所有權。

投資信託公司所成立的基金可分為兩大類，一為開放型基金 (Open-end Investment Funds)，另一為封閉型基金 (Closed-end Investment Funds)，以下僅做概略之介紹。

## 1. 開放型基金

投資者可以直接地向基金公司買賣此類基金的受益憑證。此類基金規模隨著投資者的買賣改變；投資者直接地向基金公司購買受益憑證，而基金公司也有義務向投資者買回受益憑證。而受益憑證的買賣，則以基金公司投資組合的資產淨值為交易價格。投資者除了支付受益憑證的價格外，尚須支付買賣手續費。

## 2. 封閉型基金

封閉型基金為基金之另一種型態，以數量而言，封閉型基金遠少於開放型基金。封閉型基金與開放型基金的主要差別在於下列兩點：一為封閉型基金是在證券交易所上市掛牌買賣，類似於上市買賣的公司股票；因此，投資者必須至交易所買賣受益憑證；封閉型基金與開放型基金的另一差異為封閉型基金規模是固定；一方面，封閉型基金公司沒有義務應投資者的要求向投資者贖回受益憑證；另一方面，封閉型基金公司也不會再發行新的受益憑證。

# 第六節　股價指數的介紹

　　股價指數是用來衡量整個股票市場變動狀況。股價指數對投資者的重要性，可以從下面三點看出：1.股價指數的變動代表整個市場的變化；所以，它的變化對個股的價格均有影響，投資者可以從股價指數的水準，約略計算出其個人投資組合的價值；2.大部份股票價格變動方向是一致的，若投資者採取持有整個市場投資組合的投資策略，投資者可以從股價指數的變化，計算出其投資策略的損益；3.股價指數常作為一些衍生性證券的標的物，投資者利用衍生性證券從事股價指數套利活動，必須先了解股價指數的編製方法。

　　下面介紹三種較普遍的股價指數編製方法：

## 1.市價加權平均法（Price-weighted Average）

　　市價加權平均法對於指數內的樣本，均給予相等的權數；美國道瓊工業指數（Dow Jones Industrial Average，DJIA）即是以此法編製。

$$DJIA = \sum_{i=1}^{30} \frac{P_{it}}{n}$$

　　道瓊工業指數包括 30 家上市大公司，$P_{it}$ 為第 $i$ 家公司 $t$ 期的收盤價；$n = 30$ 為除數（Divisor），隨著股票分割與股票股利發放作調整。下面以三種股票構成的股價指數，說明市價加權平均指數的編製；表 2-4 列出 $t$、$t+1$、與 $t+2$ 期臺一、臺二及臺三公司的股價；以 $t$ 期為基期，利用這三家公司股票編製價格加權平均指數，股價指數值在 $t$ 期為 50；在 $t+1$ 期時，臺二公司從事 2 比 1 的股票分割；在分割前，除數為 3，而股價指數值為 53.33；股價加權平均法利用調整除數來處理股票分割；股票分割後，臺二公司股價由每股 80 元降為 40 元，為了維持股價指數值為 53.33，必須調整除數值為 2.25。2.25 即為新的除數，當公司從事股票分割或發行股票股利時，除數必須再調整。在 $t+2$ 期時，股價指數值為 55.56。

上面分析顯示出，從事股票分割次數較多的股票，它的權數將降低；而未作股票分割的股票，其權數將變得較大。

表 2–4　價格加權平均法的指數編製例子

第 $t$ 期：

| 股票名稱 | 價格 |
|---|---|
| 臺一 | 50 |
| 臺二 | 70 |
| 臺三 | 30 |
| 除數 | 3 |
| 指數值 | 50 |

第 $t+1$ 期：臺二公司股票分割，一股換二股。

| 股票名稱 | 分割前價格 | 分割後價格 |
|---|---|---|
| 臺一 | 60 | 60 |
| 臺二 | 80 | 40 |
| 臺三 | 20 | 20 |
| 除數 | 3 | 2.25 |
| 指數值 | 53.33 | 53.33 |

第 $t+2$ 期

| 股票名稱 | 價格 |
|---|---|
| 臺一 | 55 |
| 臺二 | 45 |
| 臺三 | 25 |
| 除數 | 2.25 |
| 指數值 | 55.56 |

## 2.市場價值加權平均法（Market Value-weighted Index）

市場價值加權指數內的各樣本股票權數，乃以個別股票的市場價值，除以指數內所有股票的市場總值而得。美國 $S\&P500$ 指數，乃利用此法編製：

$$S\&P500 = \frac{\Sigma P_{it}Q_{it}}{\Sigma P_{io}Q_{io}} \times 10$$

上式中，$P_{it}$ 與 $Q_{it}$ 分別是第 $i$ 種股票 $t$ 期的收盤價與發行在外股數；而 $P_{io}$ 與 $Q_{io}$ 分別是第 $i$ 種股票 0 期（基期）的收盤價與發行在外股數，10 為乘數值。

另外，臺灣證券交易所發行量加權指數也是利用上述 $S\&P500$ 指數公式編製。下面以三種股票構成的股價指數，說明市場價值加權指數的編製。表 2–5 列出 $t$、$t+1$、與 $t+2$ 期臺一、臺二、及臺三公司的股價與發行在外股數；在 $t$ 期時，市場價值加權指數值為 10；而在 $t+1$ 期時，臺二公司從事 2 比 1 的股票分割；因此，臺二公司的發行股數由 1,000 股擴大為 2,000 股；$t+1$ 期的股價指數仍為 10；在 $t+2$ 期時，股價指數則為 10.83。

表 2–5 市場價值加權指數編製例子

第 $t$ 期

| 股票名稱 | 價格 | 發行股數 | 市場價值 |
|---|---|---|---|
| 臺一 | 50 | 1,000 | 50,000 |
| 臺二 | 70 | 1,000 | 70,000 |
| 臺三 | 30 | 2,000 | 60,000 |
| 市場總值($t$ 期) | | | 180,000 |
| 市場總值(基期) | | | 180,000 |

市場價值加權指數 　　　　　　　　　　　　　　$(180,000/180,000) \times 10 = 10$

第 $t+1$ 期

| 股票名稱 | 價格 | 發行股數 | 市場價值 |
|---|---|---|---|
| 臺一 | 60 | 1,000 | 60,000 |
| 臺二 | 40 | 2,000 | 80,000 |
| 臺三 | 20 | 2,000 | 40,000 |
| 市場總值($t+1$ 期) | | | 180,000 |
| 市場總值(基期) | | | 180,000 |
| 市場價值加權指數 | | | $(180,000/180,000) \times 10 = 10$ |

第 $t+2$ 期

| 股票名稱 | 價格 | 發行股數 | 市場價值 |
|---|---|---|---|
| 臺一 | 55 | 1,000 | 55,000 |
| 臺二 | 45 | 2,000 | 90,000 |
| 臺三 | 25 | 2,000 | 50,000 |
| 市場總值($t+2$ 期) | | | 195,000 |
| 市場總值(基期) | | | 180,000 |
| 市場價值加權指數 | | | $(195,000/180,000) \times 10 = 10.83$ |

　　比較表 2-4 與表 2-5 發現各種指數編製法，對於股價變動的反應並不完全相等；例如：在 $t+1$ 期時，市價加權平均法指數由 50 變成 53.33，但市場價值加權法指數則保持在 10，沒有任何變動。

　　當公司從事股票分割或股票股利發放時，市場價值加權平均法會自動地調整股票分割及股票股利的影響。

### 3. 等權幾何平均法（Equally-weighted Geometric Average）

美國價值線股價指數採用等權幾何平均法編製，該指數包括約 1,700 家樣本公司，其計算公式如下：

$$VL = (\prod_{i=1}^{n} \frac{P_{it}}{P_{io}})^{\frac{1}{n}} \times 100$$

$P_{it}$ 是第 $i$ 種證券在 $t$ 期的價格；而 $P_{io}$ 是第 $i$ 種證券在基期的價格；$n$ 為指數內的樣本數，100 為乘數。下面以三種股票說明等權幾何平均指數的編製。表 2-6 列出 $t$、$t+1$ 與 $t+2$ 期三種股票的價格；其中，臺二公司於 $t+1$ 期從事 2 比 1 的股票分割；表 2-6 列出 $t$ 期（基期）的股價指數為 100，而 $t+1$ 期的股價指數降為 97.14，$t+2$ 期的等權幾何平均指數則為 105.61。

表 2-6　等權幾何平均指數編製例子

第 $t$ 期

| 股票名稱 | 價格 | 基期價格 | 相對價格 |
| --- | --- | --- | --- |
| 臺一 | 50 | 50 | 1.00 |
| 臺二 | 70 | 70 | 1.00 |
| 臺三 | 30 | 30 | 1.00 |
| 乘數 | | | 100 |
| 等權幾何平均指數 | | | 100 |

第 $t+1$ 期

| 股票名稱 | 價格 | 基期價格 | 相對價格 |
| --- | --- | --- | --- |
| 臺一 | 60 | 50 | 1.20 |
| 臺二 | 40 | 35 | 1.14 |
| 臺三 | 20 | 30 | 0.67 |
| 乘數 | | | 100 |
| 等權幾何平均指數 | | | 97.14 |

第 $t+2$ 期

| 股票名稱 | 價格 | 基期價格 | 相對價格 |
|---|---|---|---|
| 臺一 | 55 | 50 | 1.10 |
| 臺二 | 45 | 35 | 1.29 |
| 臺三 | 25 | 30 | 0.83 |
| 乘數 | | | 100 |
| 等權幾何平均指數 | | | 105.61 |

比較表 2–4、表 2–5 與表 2–6 的各種指數編製法，可以看出等權幾何平均指數值比其他兩種方法編製的指數值小；因此，等權幾何平均指數值有低估現象。

## 第七節　結　語

本章介紹證券市場內各種投資工具，這些投資工具可以概分爲貨幣市場投資工具、資本市場投資工具、與衍生性證券工具。貨幣市場投資工具包括短期國庫券、商業本票、定期存單與銀行承兌匯票等等；這些證券的到期日均在一年以內。資本市場投資工具以股票、公司債、與長期國庫債券爲主。衍生性證券則以選擇權與期貨爲最基本，這些工具主要用在避險設計上。

本章第六節介紹三種簡單的股價指數編製方法。這三種方法分別爲市價加權平均法、市場價值加權平均法、與等權幾何平均法。股價指數編製方法尚有其他種方法。在上面三種方法中，等權幾何平均法的指數值比其他兩種方法小。

# 關鍵詞彙

國庫券　　Treasury Bills

可轉讓定存單　　Negotiable Certificates of Deposit

銀行承兌匯票　　Bankers' Acceptances

商業本票　　Commercial Papers

附買回條件的債券　　Repurchase Agreements

中、長期國庫公債　　Treasury Notes/Bonds

市政公債　　Municipals

公司債　　Corporate Bonds

特別股票　　Preferred Stocks

普通股票　　Common Stocks

期貨　　Futures

備兌認購（售）權證　　Covered Warrants

選擇權　　Options

封閉型基金　　Closed-end Investment Funds

開放型基金　　Open-end Investment Funds

貨幣市場　　Money Market

競標　　Competitive Bids

非競標　　Non-competitive Bids

銀行貼現率　　Bank Discount Yield

貨幣市場基金　　Money Market Funds

銀行基本利率　　Prime Rate

不附票息的國庫債券　　STRIPS，Separate Trading of Registered Interest and Principal of Securities

代理問題　　Agency Problem

存託憑證　　Depository Receipts

衍生性證券市場　　Derivative Markets

買權　　Call Options

賣權　　Put Options

避險者　　Hedgers

投機者　　Speculators

市價加權平均法　　Price-weighted Average

美國道瓊工業指數　　Dow Jones Industrial Average，DJIA

市場價值加權平均法　　Market Value-weighted Index

美國史坦普指數　　Standard and Poor's 500 Index

等權幾何平均法　　Equally-weighted Geometric Average

全球存託憑證　　Global Depository Receipts，GDRs

臺灣存託憑證　　Taiwan Depository Receipts，TDRs

# 習　題

1.何謂貨幣市場？何謂資本市場？

2.請舉出三種貨幣市場內的投資工具？說明這些投資工具的意義？

3.何謂臺灣存託憑證？何謂全球存託憑證？

4.請說明開放型基金與封閉型基金的差異？

5.請舉例說明等權幾何平均法的指數編製方法？

# 第三章　證券市場

## 第一節　前　　言

　　本章主要目的在介紹美國及臺灣的證券市場，以及如何在這些市場從事證券買賣交易。美國證券市場的介紹，偏重在股票市場方面，包括初級市場、證券交易所、及櫃臺市場；臺灣證券市場的介紹，則偏重在初級市場與臺灣證券交易所，與櫃檯買賣中心。

## 第二節　證券市場的重要性及分類

　　任何市場，不管是貨品市場或證券市場，主要功能在於以最有效率的方式將貨品或資金從供給者轉移至需求者。因此，公司企業及政府單位可經由證券市場發行證券取得所需的資金，而投資大眾也可經由證券市場將其多餘的資金貸放出去，以賺取報酬，證券市場從而提供了一個資金迅速轉移的場所。

　　基本上，證券市場可以分成兩種型態，一為初級市場 (Primary Markets)，另一為次級市場 (Secondary Markets)。證券第一次發行買賣的市場，稱為初級市場，而次級市場則是證券發行後流通買賣的市場。乍視之，初級市場與次級市場似乎沒有任何相關，事實上，兩者的功能有相當密切的關係存在著。如果初級市場功能不健全，則企業經由證券發行以籌措資金之途徑，必然遭遇困難，因而次級市場便無法壯大；同理，如果次級市場的功能不健全，投資人一旦從初級市場購買證券後，便無法以合理價格迅速地變現手上證券，因此，投資人必然裹足不前，從而影響到初級市場的發展。由上可知，初級市場與次級市場的關係，有如唇齒，係息息相關的。下面各別介紹初級市場與次級市場的運作。

# 第三節　初級市場

前節提及初級市場是證券第一次發行買賣的市場，而股票第一次發行買賣可分爲兩種型態，第一種型態爲股票上市買賣 (Initial Public Offerings)，即公司原爲少數幾個股東私人握有，這些股東分別地拿出部份股份，經由公開程序售予投資大衆；第二種型態爲現金增資 (Seasoned Equity Offerings)，即股票已經上市買賣的公司，爲了擴充產能或進行投資計劃，發行新的股票，向投資大衆募集資金。經過第一次發行買賣後，股票隨即在次級市場買賣，而次級市場上買賣的資金轉移，則完全與原先發行股票的公司無關。基本上，初級市場並沒有一個固定場所供股票第一次發行買賣，而是經由投資人至散佈各地的投資銀行（證券承銷商）及其分支機構完成新股認購。因此，投資銀行在初級市場扮演了極爲重要的角色。

## 1.投資銀行

對多數企業而言，發行證券向投資大衆募集資金，並非是經常性之業務，而公司企業也未必專精於這方面的事務，因此，爲了成本及專業知識方面的考量，新證券發行事務，大多委託投資銀行來辦理。國內證券承銷商則扮演著投資銀行在證券承銷方面的角色。投資銀行介於證券發行公司與投資大衆之間，將證券從發行公司移轉至投資人手上，同時也將投資大眾手上的資金募集至公司；在資金與證券轉移之過程中，投資銀行除了提供承銷的功能外，也提供了證券發行價格及證券發行種類等方面的專業服務。由於投資銀行長期注意證券市場之發展，對證券市場的狀況掌握得相當清楚，因此，當企業需要募集長期資金時，投資銀行往往能根據市場現況，提供證券發行相關的意見給予公司企業參考，例如：公司應發行何種證券？該類證券應具有那些特性？以及發行價格應定為多少？

基本上，投資銀行承銷證券的方式有兩種，第一種方式為包銷，第二種方式為代銷。包銷方式係指投資銀行使用自有的資金，以某一價格向公司購買證券，然後，再將證券轉售予投資大眾，因此，在包銷過程中，投資銀行必須負擔銷售風險。代銷方式則係指投資銀行只負責代理發行公司銷售證券，當證券無法銷售出去時，則退回至發行公司，因此，投資銀行除抽取銷售佣金之外，並不負擔任何銷售風險。

## 2.證券上市定價偏低現象

公司上市買賣之前，必須提撥一部份股份供投資大眾承購，因公司股票尚未上市買賣，故無客觀的市場價格供公司參考。若上市承購價錢訂太高，則證券承購人數將較少，不易將證券銷售出去；相反地，若價錢訂太低，雖然證券一下子被搶購一空，然而原先股東的權益將遭受損失。根據美國股市與臺灣股市新股上市後的股價走勢，可以看出上市公司所訂的承銷價均偏低，投資人可於股票上市買賣後一、二個禮拜內，將股票拋售，即可賺取一筆為數可觀的利潤。在臺灣股市，這種現象稱為「上市蜜月期」，有些股票的上市蜜月期長達好幾個月。因此，臺灣股市承購上市新股的中籤率，一般而言是非常低的。

## 第四節　次級市場

公司股票上市後或發行後買賣流通的市場，稱爲次級市場；初級市場是證券發行公司與投資人間的交易市場，而次級市場則爲投資人與投資人間的交易市場。證券交易所（Stock Exchanges）及櫃臺市場（Over-the-Counter Markets）是兩種比較重要的次級市場。下面首先介紹美國的紐約證券交易所與櫃臺市場，然後介紹臺灣證券交易所的概況。

### 1.紐約證券交易所（New York Stock Exchange）

紐約證券交易所成立於 1792 年，然而其淵源則可回溯至 1790 年，當時紐約證券經紀商們在政府債券拍賣市場競標，爲了避免拍賣者壟斷市場，紐約證券經紀商於 1792 年簽立一個協定，誓言不參與公開拍賣活動，而證券經紀商應對其經手買賣的股票，收取某一下限的手續費，此即爲有名的扣樹協定（Buttonwood Agreement），是爲紐約證券交易所的緣起。紐約證券交易所是會員式的組織型態，會員主要由證券商的合夥人或高級主管代表券商所組成，現今會員數目超過 1 千員，會員必須擁有席位（Seats），始能在交易所內從事證券買賣，而席位是可以買賣或出租，買賣價錢的高低與股市活絡情況有關，價格介於十萬元美金與百萬元美金間，規模較大的券商，例如：美林（Merrill Lynch），擁有數個會員資格及席位。

股票必須先經過申請上市手續後，始可在證券交易所買賣，而股票上市的審核事項主要有下列數項：

(1)公司過去數年來的盈餘數額及成長率必須符合交易所制定的最低標準。

(2)公司的淨值（不包括無形資產在內）應高於某一數額。

⑶公司股權分散程度，必須符合交易所制定的標準。

⑷公司股票成交量必須達到某一水準。

以上所列的盈餘、淨值、及股權分散等確切標準，證券交易所可能每年調整，欲知最近的標準，必須參閱紐約證券交易所發行的年報。當上市公司無法達到上市標準時，該公司股票就必須下市。

截至 1997 年底，紐約證券交易所上市買賣的公司家數為 3,047，其中 343 家為外國公司，而上市買賣證券數目有 3,656，這些證券種類包括普通股、優先股、受益憑證、美國存託憑證 (American Depository Shares)、及認股權證 (Warrants)。美國存託憑證由銀行在美國本土發行出售給投資者，美國存託憑證代表著對某一種外國公司股票擁有間接所有權，這些公司股票儲存在發行存託憑證銀行的外國當地子銀行或分行。存託憑證的投資者雖然僅擁有股票間接所有權，卻可百分之百收取所有現金股利。

紐約證券交易所內上千位會員，依據他們的證券交易活動內容，可以概略地分成四種不同型態的會員：

⑴**佣金經紀商**（Commission Brokers）

這一類會員主要業務是代理客人買賣股票，以賺取佣金。

⑵**場內經紀商**（Floor Brokers）

這一類會員協助佣金經紀商代理投資人買賣股票，當佣金經紀商無法處理數量龐大的客戶買賣委託時，就將部份委託請求場內經紀商協助，而場內經紀商則可以獲取部份佣金收入。

⑶**場內交易員**（Floor Traders）

這一類會員只為自己的帳戶買賣股票，他們利用買低賣高交易法則，為自己賺取差價利潤，這一類會員被禁止替投資人買賣股票。

⑷**專營會員**（Specialists）

這一類會員兼有經紀與自營兩種角色，而每位專營會員負責一種或多種股票的買賣，其所負責的股票種類是由交易所指派，每位專營會員也僅能就其被指派的股票從事買賣交易；另外每位專營會員均有責任去維持其所負責股票交易的活絡性。下面介紹專營會員如何扮演其經紀角色，當佣金經紀商收到買賣委託時，佣金經紀商便帶著客戶的買賣委託至負責該類股票買賣的專營會員攤位，假如客戶委託爲市價買賣委託（Market Orders），佣金經紀商便可直接與專營會員完成交易，或者與其他佣金經紀商完成反向交易；假如客戶委託爲限價買賣委託（Limit Orders），若市價比限價差時，佣金經紀商便把客戶限價買賣委託交與專營會員，而專營會員則將這筆委託登載入限價買賣委託登記簿內，等到市價變動至與限價價格相等時，再執行這筆買賣。

## 2. 櫃臺市場（The Over-the-Counter Market，OTC Market）

美國櫃臺市場是買賣未在交易所上市的股票；在 1939 年，未上市證券買賣商成立了一個自律組織叫 NASD（National Association of Security Dealers），這個組織的主要功用是監督櫃臺市場的證券買賣情形。在 1971 年以前，櫃臺市場的證券買賣大抵依賴人工及電話等溝通方式完成買賣，而在 1971 年，NASD 發展了一套自動報價電腦系統，稱爲 NASDAQ（National Association of Security Dealers Automated Quotation System），證券買賣商或經紀商可以經由這套系統，藉助終端機的銀幕，迅速地取得數千種未上市證券的報價情形，這些個別證券報價是由從事該類證券買賣商所輸入，這些買賣商對該證券均擁有存貨，一般而言，每種證券大約有十家至十五家買賣商輸入報價資料，每位買賣商同時輸入買價（Bid Price）及賣價（Asked Price），而每位買賣商所輸入的買價及賣價，未必會與其他買賣商所輸入的價格相等。目前經由櫃臺市場買賣的證券數目約超過一萬種，但經常有交易活動且被列入 NASDAQ 報價系統內的證券種類，則只有四、五千種。

### 3. 臺灣證券交易所 (Taiwan Stock Exchange)

　　臺灣證券交易所的設立可以回溯至民國 42 年的土地改革計劃，政府為了推行「耕者有其田」的政策，便以土地債券及四家公營公司（臺泥、農林、工礦、及臺紙）的股票與地主交換土地，然後，將這些土地分配給佃農，地主取得債券及股票後，因資金上的需求，乃有債券及股票的買賣活動，由於買賣交易頻繁，因此，乃有設立證券集中買賣市場的需求。

　　首先，證券管理委員會於民國 49 年 9 月 1 日成立，證管會的主要責任是督導所有與證券市場運作有關的業務，例如：新股上市、股票交易、及證券商的管理等等。證管會成立次年，臺灣證券交易所也接著組成，而臺灣證券交易所也於民國 51 年 2 月 9 日開始營業，提供投資人買賣證券的場所。

　　臺灣證券交易所是公司制的組織型態，它的股東是由公、民營公司企業組成，民營公司所佔的股份比率為 40％，而公營企業的股份則約為 60％。目前在交易所上市買賣的證券包括普通股、優先股、可轉換公司債、及受益憑證。一般投資者買賣證券，必須向證券經紀商下單，再由經紀商利用終端機輸入單子至交易所的電腦自動交易系統內，買進單子與賣出單子由這套系統撮合，撮合的交易會出現在交易所的終端機上，交易系統則按照買單及賣單輸入時間與價格決定最後成交的買賣單子，當買賣成交後，證券商將收到證交所經由電腦傳送過來的成交報告單，包括客戶帳號、證券商代號、成交價、及成交量等資料。此時，經紀商立即通知客戶交易已完成。有關臺灣證券交易所的自動交易撮合作業系統，請參閱本章附錄。

　　過去臺灣證券交易所上市股票有股票分類制度，將一般企業上市股票分為一、二類股。但為了鼓勵企業申請上市，擴大證券市場規模，自民國 86 年 7 月起，已取消此分類制度，凡設立登記五年以上，最近兩個年度實收資本額達新臺幣三億以上，且獲利能力與股權結構符合上市審查標準第四條者皆可申請上市。至於高科技類股仍適用之前的第五條審查標準。

### 4.中華民國證券櫃檯買賣中心 (R.O.C. over-the counter securities exchange)

臺灣店頭市場源起於民國 42 年，迄民國 51 年臺灣證券交易所成立，政府為發展集中交易市場乃下令關閉店頭市場。民國 71 年為協助中小企業籌措資金，擴大證券市場規模，重開債券店頭交易，並於 78 年 12 月重行開設股票店頭市場，稱為證券櫃檯買賣。

股票店頭市場復開之初，規模較小，為擴大店頭市場規模，提高店頭市場效率，乃將原隸屬於臺北市證券商業同業公會之櫃檯買賣服務中心改以財團法人方式另行組設，以承作櫃檯買賣業務，辦理有價證券相關法令制定與研究、上櫃審查、上櫃公司之管理及其他有關上櫃等事項。於民國 83 年 7 月籌備設立，同年 11 月 1 日自臺北市證券商業同業公會接辦證券櫃檯買賣業務。基金來源則由臺北市證券商業同業公會、高雄市證券商業同業公會、臺灣證券交易所股份有限公司、及臺灣證券集中保管股份有限公司等四單位分別捐助。

自從推動店頭市場改善方案起，企業上櫃意願提高，至 86 年底止，上櫃掛牌家數已達 114 家，資本總額 3,148.9 億元。國內證券市場在店頭市場重建下規模迅速擴大。

表 3–1 提供臺灣地區上市、上櫃審查標準說明，由表 3–1 可發現上櫃審查標準較上市審查標準寬鬆，只需設立滿三年，實收資本額達新臺幣五千萬元以上，獲利能力與股權分散標準也較容易。店頭市場提供規模較小之產業股票、政府債券、公司債及金融債券等流通之地。

表 3-1　臺灣地區上市、上櫃審查標準

| 上市條件 | 上　　　　　市 | 上　　　　　櫃 |
|---|---|---|
| 設立年限 | 自設立登記後，已逾五個完整會計年度者 | 設立滿三年 |
| 資本額 | 最近二個會計年度決算之實收資本額均達新臺幣三億元以上者 | 實收資本額在新臺幣伍仟萬元以上者 |
| 獲利能力 | 營業利益及稅前純益符合下列標準之一，且最近一會計年度決算無累積虧損者：<br>一、營業利益及稅前純益佔年度決算之實收資本額比率，最近二年度均達百分之六以上者；或最近二年度均達百分之六以上，且最近一年度之獲利能力較前一年度為佳者<br>二、營業利益及稅前純益佔年度決算之實收資本額比率，最近五年度均達百分之三以上者 | 最近二年度決算營業利益及稅前純益佔實收資本額之比率均達百分之二以上者 |
| 股權分散 | 記名股東人數在一千人以上，其中持有股份一千股至五萬股之股東人數不少於五百人，且其所持股份合計佔發行股份總額百分之二十以上或滿一千萬股者 | 持有股份一千股至五萬股之記名股東人數不少於三百人，且其所持股份總額合計佔發行股份總額百分之十以上或逾五百萬股 |

資料來源：臺灣證券交易所上市、上櫃審查準則

## 第五節　如何在證券交易所買賣證券

　　本節介紹在證券交易所買賣證券的過程與交易制度，首先，我們簡單地介紹買賣委託細節，然後，我們介紹臺灣證券交易所目前的交易及交割制度。

　　一般而言，投資人從事股票買賣的第一個步驟是選定一家證券經紀商開立帳戶，帳戶分為兩種，一種是一般的現金帳戶（Cash Account），另一種為融資融券帳戶（Margin Account）；現金帳戶意指所有證券買賣均以現款現券完成，而無所謂融資融券；相反地，融資融券帳戶則指投資人向證券商借貸款券，從事證券買賣交易，證券商為了預防客戶違約，通常會要求客戶繳交一定比率的保證金。

　　開戶手續完成後，投資人便可開始進行證券委託買賣，投資人可經由電話下達買賣委託書或本人親自至經紀商營業處所辦理委託事宜；投資人必須填寫買賣委託書，委託書內容包括下列事項：

　　　a. 所要買賣的證券名稱。

　　　b. 買進或賣出委託書。

　　　c. 買賣的股數。

　　　d. 買賣委託書的有效期間。

　　　e. 委託書的類別：限價委託或市價委託等。

表 3-2 列出買進委託書樣式，所應填寫的資料包括上述 a 至 e 等五項，茲詳細說明這五項內容如下。

## 表 3-2　買進委託書樣式

| ××證券股份有限公司 委託書 | 委 託 方 式 | 股票保管 |
| --- | --- | --- |
| 買進 | 電　話 | 自　保　送　存 |
| 委託人＿＿＿　帳戶號數□□□□□-□ | 電　報 | |
| | 書　信 | |
| | 當面委託 | |

編號日期：

| 證 券 名 稱 | 股數或面額 | 限　價 | 有 效 期 間 | 附　註 |
| --- | --- | --- | --- | --- |
| | | | | |
| 場內成交單號碼 | | | | |

已詳閱該上市公司
財務業務資訊

營業員簽章：＿＿＿＿　　委託人簽章：＿＿＿＿

注　意
1. 未填明「有效期限」者視爲當日有效。
2. 委託方式應予標明。
3. 買賣如未成交，委託書亦應保存。
4. 書面或電報委託者應黏附函電。
5. 委託如未填明「保管方式」者視爲集中保管。
6. 買入證券未填明「限價」者視爲市價委託。
7. 買賣債券換股權利證書之前應先了解其權利義務。

買賣股票　有賺有賠
慎思明辨　鄭重選擇

## 1.買賣委託細節說明

### (1)證券名稱

證券名稱通常是該公司的簡稱，例如：臺灣水泥公司的股票以臺泥稱之，美國 IBM 公司的股票以 IBM 稱之，而 IBM 全名爲 International Business Machine。另外，每一種證券均有一個代號，例如：臺泥股票的編號爲 1101。投資者必須填入其所要買賣的證券名稱。

### (2)買賣股數

基本上，股票買賣以一個單位計算，在美國，一個單位代表 1 百股，而在臺灣，一個單位代表 1 千股，不滿一個單位的買賣，稱爲零股買賣（Odd Lot Orders），有其另外的買賣辦法及手續。

### (3)委託書的有效期間

　　當天有效的委託（Day Orders）是最普通的委託有效期間，即買賣委託書在股市收盤前均有效，而在下一個交易日則失效。另一種委託為取消前有效的委託（Good-till-cancelled Orders），這種買賣委託一直持續有效，除非投資者通知證券商取消其委託。上面兩種有效期間，以當日有效最為普遍，而在限效期間委託情況下，投資人大都會書明委託時效，較少使用取消前有效的委託。

　　⑷**委託類別**（Types of Orders）

　　這裡的委託類別指的是以買賣價格來區分，市價委託（Market Orders）是最普遍的委託。所謂市價委託指的是當委託下達後，經紀商找尋最好的成交價來完成客戶的委託，例如：當客戶的市價委託為買進委託時，希望從所有要賣出的報價中，找一個最低價來完成客戶買進委託；相反地，若客戶的市價委託為賣出委託，則經紀商將找尋所有要買入的報價中，價錢最高的買價來完成客戶賣出委託，市價委託均能迅速地完成買賣交易。

　　另一種委託型態為限價委託（Limit Orders），即投資者委託經紀商代為買賣證券時，投資者決定明確的買賣價格，假如是買進委託，經紀商必須以投資者所指定價格或更低價格代理投資者買進股票；相反地，若為賣出委託，經紀商必須以投資者所委託的價格或更高的價格，替投資者賣出股票。因此限價買進委託中，投資者的委託價是買進價的上限，而限價賣出委託中，委託價則是賣出價的下限。限價委託未必能順利成交。

　　除了市價委託及限價委託外，另一種較經常使用的委託為停損委託（Stop Orders），在停損委託中，投資者決定停損價格（Stop Price），若為賣出委託，當市價等於或低於停損價格時，停損委託立刻變成市價委託，經紀商立刻在市場替客戶拋售股票，相反地，若為買進委託，當市價等於或高於停損價格時，經紀商立刻在市場替客戶買進股票。由上可知，停損委託的成交價未必會等於停損價格，事實上，停損委託的成交價大都比停損價格來得差，因爲經紀商甚難於市價等於停損價格時，立刻替投資者完成買賣委託。當市場起伏變化很大且快速時，停損委託的成交價可能與停損價格有相當大的差距，使用停損委託的投資者不可不謹愼。

另一種較特別的委託爲停損限價委託（Stop Limit Orders），這種買賣委託是爲了克服停損委託中成交價不確定性而設計，在停損限價委託中，投資者設定兩個價格，一爲限價（Price Limit），另一爲停損價格（Stop Price）。在賣出委託中，限價比停損價格來得低，而在買進委託中，限價則比停損價格高。以賣出委託爲例，當市價等於或低於停損價格時，停損限價委託立刻變成限價委託，經紀商即以限價委託的方式來執行停損限價委託，因此，在賣出委託中，投資者可以確定其委託成交價必定高於或等於限價，但成交價也一定低於或等於停損價格；相反地，在買進委託中，成交價必定高於或等於停損價格，但也一定低於或等於限價。從以上分析可知，停損限價委託的成交價，必定介於停損價格與限價間，因此，投資者對其買賣委託的成交價有相當程度的掌握。

## 2. 買賣交割手續介紹

買賣委託成交後，投資人必須辦理交割手續，否則，便發生違約交割；依美國慣例，投資者應於買賣委託成交後第五個交易日辦理交割手續，買進投資者完成交割手續後，即擁有證券的所有權，而賣出投資者則失去其對證券的所有權。爲了簡化交割手續及方便投資者與證券商辦理交割，乃有結算公司（Clearing House）的成立，美國的國家證券結算公司（The National Securities Clearing Corporation）負責紐約證券交易所與美國櫃臺市場的買賣交割事務。結算公司的成員由證券商、商業銀行、及其他金融機構組成。成員們每天的交易紀錄均會送達結算公司，結算公司核對成員間的交易紀錄，並計算出成員間的淨交易證券種類與數量（Net Amounts of Securities）及淨交易金額（Net Amount of Money）。成員只須與結算公司作淨額交割即可，因此，交割手續變得簡單容易。另外，證券商也在結算公司開立證券存保帳戶（Street Name），代管客戶寄存證券。

在臺灣證券交易所買賣證券，投資人應於委託成交後下一個營業日辦理交割手續。投資人向其證券商辦理交割，而證券商則向臺灣證券交易所辦理交割手續，屬於同一證券商的投資人交割，只須經過該證券商的交割即可。臺灣證券市場中並無類似美國結算公司之設立，而臺灣證券交易所的交割則由臺灣證券交易所的結算組負責証券商的交割。另外，投資人買賣有價證券後，必須以帳簿劃撥方式辦理交割，參與證券集中保管作業。

### 3. 投資者買賣證券的交易成本

投資者委託證券商買賣證券成交後，必須付與證券商佣金（Commissions），在 1975 年 5 月 1 日以前，紐約證券交易所的經紀商向其客戶收取成交額一定比率的佣金，而現今的作法則有所不同，每位證券商均可與客戶個別談判買賣佣金的計算及數額。除了證券商佣金外，另一項間接的交易成本則是價差（Bid-Asked Spread），投資者在交易所買賣證券或在櫃臺市場直接與證券商買賣證券，買入時，必須支付交易所專營會員的要價（Asked Price）金額，而賣出時，則只能收到專營會員的競價（Bid Price）金額，而要價均高出競價，因此，投資者同時買賣證券，必須支付出價差（Spread）的金額，此項價差可以視為投資者交易成本的一部份。投資者委託證券經紀商買賣臺灣證券交易所上市之證券，也必須支付佣金予證券商，現行臺灣證券交易所證券商買賣佣金之計算，為成交額的千分之 1.425；臺灣證券交易所並無類似紐約證券交易所內專營會員之設置，臺灣證券交易所利用電腦系統來撮合買賣雙方的單子，因此，買進投資者所應支付成交金額等於股票的買入金額，投資者並無需負擔類似價差的間接交易成本。然而，除了千分之 1.425 的佣金外，賣出投資者必須繳納千分之三的證券交易稅。

## 第六節　保證金交易（Margin Trading）

保證金交易就是所謂融資融券買賣，在現金帳戶的買賣中，買入投資者必須支付百分之百的成交價款以換取買進的股票，而賣出投資者必須以自己擁有的證券提出作為買賣交割以換取賣出價款。在融資融券買賣中，投資者向證券商借入款券，以完成買賣交易，我們首先介紹融資買進證券的過程：

### 1. 融資買進（Margin Purchases）

融資買賣交易中，買進投資者向證券商借入款項，以支付買進證券的部份價款。投資者買進的證券則由證券商持有作為投資者借款抵押品。買進證券剩餘應支付價款，則由投資者以自己的資金支付，這部份資金稱為原始保證金（Initial Margin），原始保證金除以證券成交價款，即為投資人應繳納原始保證金比率（Percentage Margin），茲以下例說明之：

假設原始保證金比率設定為 50%，即投資者利用融資帳戶買入證券時，投資者可向證券商借入成交價款一半的款項，若投資者買入每股市價為 $ 50 的臺泥股票 1,000 股，該項交易的成交價為 $ 50,000，投資者只要付出 $ 25,000 款項，另外，向證券商借入 $ 25,000，即可買入臺泥股票 1,000 股，投資者融資帳戶的明細如下所示：

| 資產 | | 負債及權益 | |
|---|---|---|---|
| 臺泥股票 | $ 50,000 | 券商融資 | $ 25,000 |
| | | 投資者權益 | $ 25,000 |

所以，原始保證金比率爲 $ 25,000／$ 50,000 = 50％。假如臺泥股價每股上漲爲 $ 60，投資者融資帳戶的明細將變成：

| 資產 | | 負債及權益 | |
|---|---|---|---|
| 臺泥股票 | $ 60,000 | 券商融資 | $ 25,000 |
| | | 投資者權益 | $ 35,000 |

此時，投資者融資帳戶內的保證金比率上升爲 58％，比原始保證金比率高，投資者可以從融資帳戶內取回 8％的保證金金額 $ 5,000。假如臺泥股價每股下跌爲 $ 40，投資者融資帳戶的明細將變成：

| 資產 | | 負債及權益 | |
|---|---|---|---|
| 臺泥股票 | $ 40,000 | 券商融資 | $ 25,000 |
| | | 投資者權益 | $ 15,000 |

此時，投資者融資帳戶內的保證金比率下降爲 38％，若股價持續下跌至 $ 25 以下，臺泥股票的價值，將不足以償還券商融資金額，因此，券商爲了保護自己的權益，將要求投資者維持其融資帳戶內的保證金比率高於某一預設比率，此一預設比率稱爲維護保證金（Maintenance Margin）；投資者爲了避免融資帳戶被證券商結清，應維持保證金比率在維護保證金比率之上。茲以上述臺泥股票爲例說明維護保證金的運作，假設維護保證金比率定爲 40％，即投資者必須隨時維持融資帳戶內的保證金比率在 40％或以上，若臺泥股價由 $ 50 下跌爲 $ 40，則投資者融資帳戶的明細將如下：

| 資產 | | 負債及權益 | |
|---|---|---|---|
| 臺泥股票 | $40,000 | 券商融資 | $25,000 |
| | | 投資者權益 | $15,000 |

此時，保證金比率僅為 38%，低於維護保證金比率，證券商立刻通知投資者補繳保證金（Margin Calls），為了維持保證金比率在 40% 或以上，投資者至少須補繳 $1,000 保證金，才能繼續維持融資帳戶。

投資者使用融資帳戶買進股票，主要目的是利用財務槓桿以獲取較高的投資報酬率，例如：臺泥股價由每股 $50 漲為 $60 時，現金帳戶投資者的報酬率為（$10/$50）20%，而融資帳戶投資者的報酬率則為（$10/$25）40%（假設融資利息費用不計算在資金成本上，投資者每股自備資金為 $25，另外 $25 從券商融資而來），所以，融資帳戶投資者的報酬率高出現金帳戶投資者的報酬率一倍；然而，假使臺泥股價不上漲，反而下跌的話，則融資帳戶投資者的報酬率將低於現金帳戶的投資者。可見融資帳戶的風險較現金帳戶的風險大，因為除了價格風險外，融資帳戶多了財務風險。

## 2. 融券賣空（Short Sales）

投資者若預期股價要下跌，可以利用融券方式賣空股票，而於股價下跌後回補賣出的股票，用以償還所借用的股票，投資者即可賺取價格變動的利潤。一般而言，融券投資者必需支付證券出借者於融券期間持有該證券所應獲得的股利，因為證券出借者對該賣出證券已無所有權，所以，他無權享有股利分配，這項損失則由融券投資者貼補給證券出借者。而融券投資者不會因支付該項股利，而蒙受損失，因股票於除權除息日，開盤股價會向下調整相當於股利的數額。

因為融券賣出有促使股價下跌的可能，因此證管會通常會設定融券

賣空的許可狀況，一般而言，融券賣空只能以高於前一成交價格之價碼
賣出股票。投資者融券賣空後所得現金必需存放在保證金帳戶內作爲抵
押品，投資者不得將款項提出作爲他用；由於股價可能於融券賣出後上
漲，因此，證券商可能遭受損失；證券商爲了保護自身的利益，要求融
券帳戶投資者維持其保證金比率不低於維護保證金比率。下面以臺泥股
票爲例，說明融券賣空的步驟及細節：

　　假設融券賣空之原始保證金爲 50％，而維護保證金爲 30％，投資
者以融券方式賣出臺泥股票 1,000 股，成交價爲 50 元，投資者必需繳納
原始保證金金額爲 25,000 元，一般而言，該項保證金可以有價證券抵
押支付，投資者的融券帳戶明細如下所示：

| 資產 | | 負債及權益 | |
| --- | --- | --- | --- |
| 現金 | 50,000 | 臺泥股票借支 | 50,000 |
| 短期證券（保證金） | 25,000 | 投資者權益 | 25,000 |

　　假如臺泥股價由 50 元上漲爲 60 元，投資者的融券帳戶明細將如下
所示：

| 資產 | | 負債及權益 | |
| --- | --- | --- | --- |
| 現金 | 50,000 | 臺泥股票借支 | 60,000 |
| 短期證券 | 25,000 | 投資者權益 | 15,000 |

　　此時，保證金比率由 50％降爲 25％（15,000/6,0000），因保證金比
率低於 30％，投資者將收到保證金催補通知（Margin Calls），若投資者
補繳 3,000 元保證金，則其保證金將成爲 18,000 元，此時，保證金比率
剛好爲 30％。融券賣出也是財務槓桿的應用，因此，其風險也較現金帳
戶的風險大。

## 3.臺灣證券交易所信用交易資料

表3-3 列出民國 75 年至 87 年 7 月間,臺灣證券交易所融資與融券交易佔整個市場成交總值的比例。在這十三年間,融資交易佔整個信用交易的大部份,而融券交易所佔比率則很低。另外,融資交易與融券交易於民國 79 年以後的交易值則遠高於民國 79 年以前的交易值。

表3-3 上市證券信用交易值分析表

| 年月 | 總成交值 (A) | 融資交易 (B) | B/2A % | 融券交易 (C) | C/2A % | 信用交易 (B+C) | (B+C)/2A % | 資券相抵 (D) | D/2A % |
|---|---|---|---|---|---|---|---|---|---|
| 75 | 6,756.6 | 3,397.2 | 25.14 | 137.3 | 1.02 | 3,534.5 | 26.16 | - | - |
| 76 | 26,686.3 | 9,958.1 | 18.66 | 252.9 | 0.47 | 10,211.0 | 19.13 | - | - |
| 77 | 78,680.2 | 32,826.2 | 20.86 | 497.5 | 0.32 | 33,323.7 | 21.18 | - | - |
| 78 | 254,079.6 | 19,501.3 | 3.84 | 1,977.4 | 0.39 | 21,478.7 | 4.23 | - | - |
| 79 | 190,312.9 | 48,168.6 | 12.66 | 8,420.8 | 2.21 | 56,589.4 | 14.87 | - | - |
| 80 | 96,827.4 | 44,916.7 | 23.19 | 4,997.8 | 2.58 | 49,914.5 | 25.77 | - | - |
| 81 | 59,170.7 | 35,044.4 | 29.61 | 2,794.8 | 2.36 | 37,839.2 | 31.97 | - | - |
| 82 | 92,002.8 | 74,386.1 | 40.42 | 6,031.7 | 3.28 | 80,417.8 | 43.70 | - | - |
| 83 | 194,756.6 | 134,419.3 | 35.41 | 11,496.1 | 2.95 | 145,915.4 | 37.46 | 38,853 | 9.97 |
| 84 | 103,011.7 | 81,938.7 | 39.77 | 10,132.1 | 4.92 | 92,070.8 | 44.69 | 25,151 | 12.21 |
| 85 | 131,346.6 | 110,034.5 | 41.89 | 8,215.3 | 3.13 | 118,149.8 | 44.98 | 26,171 | 9.96 |
| 86 | 377,049.3 | 284,982.5 | 37.79 | 30,841.4 | 4.09 | 315,824.0 | 41.88 | 115,926.9 | 15.37 |
| 87 | 200,167.4 | 157,234.2 | 39.28 | 21,168.4 | 5.29 | 178,402.6 | 44.56 | 67,153.4 | 16.77 |
| 1 | 14,665.3 | 11,360.6 | 38.73 | 1,803.0 | 6.15 | 13,163.6 | 44.88 | 4,906.1 | 16.91 |
| 2 | 45,592.8 | 39,373.8 | 43.18 | 2,360.5 | 2.59 | 41,734.3 | 45.77 | 14,392.8 | 15.78 |
| 3 | 36,653.9 | 30,657.7 | 41.82 | 2,794.9 | 3.81 | 33,452.6 | 45.63 | 10,990.5 | 14.99 |
| 4 | 28,909.4 | 22,242.1 | 38.47 | 2,954.0 | 5.11 | 25,196.1 | 43.58 | 9,034.5 | 15.63 |
| 5 | 21,817.9 | 16,206.7 | 37.14 | 3,060.7 | 7.01 | 19,267.5 | 44.16 | 7,054.7 | 16.17 |
| 6 | 26,480.8 | 17,690.2 | 33.40 | 4,791.7 | 9.05 | 22,481.9 | 42.45 | 11,314.8 | 21.36 |
| 7 | 26,047.3 | 19,703.1 | 37.82 | 3,403.4 | 6.53 | 23,106.5 | 44.35 | 9,406.1 | 18.06 |

資料來源: 臺灣證券交易所

## 第七節 保證金比率、漲跌幅限制與市場波動性

在臺灣證券交易所上市的一般企業股票可以從事融資及融券的買賣。從過去臺灣股市融資比率的調整，發現在股市波動起伏較大時，融資比率的調整次數也非常密集，管理當局或許想利用融資比率調整來控制股市波動性。表 3–4 列出目前融資比率與融券保證金成數調整的參考性指標，可發現融資比率與融券保證金成數的設定，與股市的高低點呈相反方向調整。

表 3–4 證券融資比率及融券保證金成數調整參考指標

| 發行量加權股價指數 | 融資比率 | 融券保證金成數 |
| --- | --- | --- |
| 6,000 | 六成 | 70% |
| 7,200 | 五成 | 60% |
| 8,400 | 四成 | 50% |
| 9,600 | 三成 | 45% |

資料來源: 臺灣證券交易所

漲跌幅限制措施是臺灣股市另一種控制股市波動性的工具。鄰近的其他亞洲國家，例如：韓國與日本，也有漲跌幅限制措施。表 3－5 列出臺灣股市過去漲跌幅比率限制的變動情形。漲跌幅限制在民國 76 年，77 年與 78 年，每年均調整一次，次數較為頻繁；此種情形的原因類似於融資比率的調整。基本上，漲跌幅限制的作用似乎也是在抑制市場的波動性。學者有關漲跌幅限制調整與股市波動性間的實證研究顯示，漲跌幅調整對股市波動性的影響，最多只具有短期效果，而其長期功效並不是很明顯。

表 3-5  漲跌幅比率變動表（民國 63 年至 78 年）

| 實　施　日 | 漲跌幅度（％） |
|---|---|
| 63/05/21 | 3.0 |
| 63/06/17 | 5.0 |
| 67/12/19 | 2.5 |
| 68/11/15 | 5.0 |
| 76/10/27 | 3.0 |
| 77/11/14 | 5.0 |
| 78/10/11 | 7.0 |

# 第八節　結　語

　　本章介紹證券市場的功能及種類。證券市場是資金供需與借貸的場所，證券市場促進了資金的快速轉移，進而使經濟體系內的資金能作最有效率的運用，對經濟發展有莫大的貢獻。證券市場分為初級市場與次級市場，初級市場提供企業發行證券的場所，而次級市場則為投資者買賣證券的場所。兩者關係密切，任一市場發展不健全，必定造成另一個市場的萎縮。次級場的介紹，包括了美國紐約證券交易所、美國櫃臺市場、及臺灣證券交易所。

　　另外，本章也介紹了如何在證券交易所買賣股票；投資者辦理開戶手續後，便可委託證券商代理買賣股票業務；投資者可以開立現款現券買賣帳戶及融資融券買賣帳戶；一般而言，融資融券帳戶的投資風險高於現金帳戶的風險。

## 關鍵詞彙

初級市場　　Primary Markets

次級市場　　Secondary Markets

股票上市買賣　　Initial Public Offerings

現金增資　　Seasoned Equity Offerings

證券交易所　　Stock Exchanges

櫃臺市場　　Over-the-Counter Markets

紐約證券交易所　　New York Stock Exchange

美國存託憑證　　American Depository Shares

佣金經紀商　　Commission Brokers

場內經紀商　　Floor Brokers

場內交易員　　Floor Traders

專營會員　　Specialists

市價買賣委託　　Market Orders

限價買賣委託　　Limit Orders

買價　　Bid Price

賣價　　Asked Price

現金帳戶　　Cash Account

融資融券帳戶　　Margin Account

零股買賣　　Odd Lot Orders

當天有效的委託　　Day Orders

取消前有效的委託　　Good-till-cancelled Orders

停損委託　　Stop Orders

停損價格　　Stop Price

停損限價委託　　Stop Limit Orders

結算公司　　Clearing House

證券存保帳戶　　Street Name

價差　　Bid-Asked Spread

融資買進　　Margin Purchases

原始保證金　　Initial Margin

維護保證金　　Maintenance Margin

融券賣空　　Short Sales

保證金催補通知　　Margin Calls

漲跌幅限制　　Price Limit

# 附錄：臺灣證券交易所自動交易撮合作業系統

## 壹、自動交易撮合作業流程

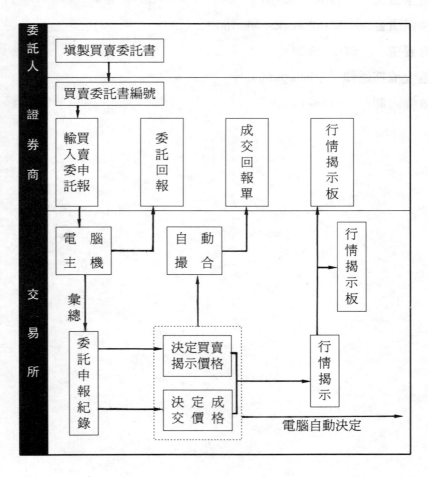

# 貳、自動交易處理程序摘要說明

## 一、參考價訂定

(一)　何謂參考價：

供給電腦決定成交價或行情揭示價之依據。

(二)　參考價決定原則：

原則上採最近一次成交價；惟當買進（賣出）揭示價高（低）於最近成交價時採揭示價。

## 二、成交優先原則

採價格優先及時間優先之原則，但九時前之委託由電腦隨機排列。

## 三、競價方式

(一)　集合競價：

採一次滿足最大量，不受二個升降單位限制。

(二)　連續競價：

(1)於買進、賣出揭示範圍內，以最大成交量成交。

(2)僅有買進（賣出）揭示時，於買進（賣出）揭示價上（下）二個揭示單位範圍以最大成交量成交。

(3)無買進及賣出揭示價時，以成交價上下二個單位範圍以最大成交量成交。

## 四、行情揭示原則

依參考價上下二個升降單位揭示最高買進及最低賣出價格。

## 五、特殊狀況處理原則

遇特殊狀況電腦無法順利進行自動競價撮合時，即通知管制人員依電腦輔助交易作業之方式進行處理。

## 參、實例說明

### 一、「集合競價」方式舉例說明圖

1. 投資人某甲於 8 時 45 分以 20.1 元之價格買進股票 1 千股，電腦即以隨機方式為其於 20.1 元之價位排序。
2. 至 9 時開盤後依臺灣證券交易所營業細則之規定，於下列之彙總畫面（詳如圖一）決定之開盤價為 20.0 元
3. 因高於 20 元以上之買進委託均可全數成交，故該投資人雖以 20.1 元委託，而以較低之 20.0 元價格成交。
4. 成交後之買進揭示價為 20.0 元，賣出揭示價為 20.1 元（詳如圖二）。

| 圖一 | 累積張數 | 買方數量 | 價格 | 賣方數量 | 累計張數 |
|---|---|---|---|---|---|
| | | | 20.4 | | |
| | | | 20.3 | | |
| | | | 20.2 | | |
| | 5 | 5 | 20.1 | 40 | 90 |
| | 55 | 50 | 20.0 | 30 | 50 |
| | 65 | 10 | 19.9 | 10 | 20 |
| | 75 | 10 | 19.8 | 10 | 10 |
| | 85 | 10 | 19.7 | | |

開盤價：20.0

開盤後之畫面

| 圖二 | 累積張數 | 買方數量 | 價格 | 賣方數量 | 累計張數 |
|---|---|---|---|---|---|
| | | | 20.4 | | |
| | | | 20.3 | | |
| | | | 20.2 | | |
| | | | 20.1 | 40 | 40 |

| 買進揭示價 | 5 | 5 | 20.0 | | 賣出揭示價 |
|---|---|---|---|---|---|
| | 15 | 10 | 19.9 | | |
| 20.0 | 25 | 10 | 19.8 | | 20.1 |
| | 35 | 10 | 19.7 | | |

成交價：200

## 二、「連續競價」方式舉例說明圖

I. (1)10 時 30 分時，當時之買進揭示價 20 元，委託數量 5 萬股，賣出揭示價 20.1 元，委託數量 1 萬股，20.2 元之價格，委託賣出數 5 千股，20.3 元之價格，委託賣出數 5 千股（詳如圖三）。

(2)若有一投資人某申於 10 時 31 分欲買股票 1 萬股，委託價格為 20.3 元，並由證券商將其委託輸入臺灣證券交易所電腦系統（詳如圖四）。

(3)若 10 時 32 分撮合時，僅有某甲之委託，則某甲以 20.1 元買到 1 萬股，而最高買進價為 20.0 元，賣出揭示價為 20.2 元（詳如圖五）。

| 圖三 | 買方數量 | 價格 | 賣方數量(單位：千股) |
|---|---|---|---|
| | | 20.4 | |
| | | 20.3 | 5 |
| | | 20.2 | 5 |
| | | 20.1 | 10 |
| | 50 | 〈20.0〉 | |
| 買進揭示價 | 10 | 19.9 | 賣出揭示價 |
| 20 | 10 | 19.8 | 20.1 |
| | | 19.7 | |

成交價：20

> 10:31 輸入某甲買進委託，
> 買進價格 20.3 元，
> 數量 10,000 股（詳如圖二）

| 圖四 | 買方數量 | 價格 | 賣方數量（單位：千股） |
|---|---|---|---|
| →  | 10 | 20.4 | 5 |
| 新增委託 |  | 20.3 | 5 |
|  |  | 20.2 | 5 |
|  |  | 20.1 | 10 |
|  | 50 | 〈20.0〉 |  |
| 買進揭示價 | 10 | 19.9 | 賣出揭示價 |
| 20 | 10 | 19.8 | 20.1 |
|  |  | 19.7 |  |

成交價：20

> 10:32 撮合後情形：
> 以 20.1 元成交，數量 10,000 股，
> 餘 10,000 股，等待下次撮合

| 圖五 | 買方數量 | 價格 | 賣方數量（單位：千股） |
|---|---|---|---|
|  |  | 20.4 |  |
|  |  | 20.3 | 5 |
|  |  | 20.2 | 5 |
|  |  | 〈20.1〉 |  |
|  | 50 | 20.0 |  |
| 買進揭示價 | 10 | 19.9 | 賣出揭示價 |
| 20 | 10 | 19.8 | 20.2 |
|  |  | 19.7 |  |

成交價：20.1

II. ⑴10 時 30 分時，當時之買進之揭示價爲 20 元，20 元以上（含）之
買進委託數量 6 萬股，最近一次成交價爲 19.8 元（詳如圖六）。

⑵若有一投資人某乙於 10 時 31 分欲賣股票 1 萬股，委託價格 20.2
元，並由證券商將其委託輸入臺灣證券交易所電腦系統（詳如圖
七）。

⑶若 10 時 32 分撮合時，僅有某乙之委託，則某乙以 20.2 元賣出 1 萬
股，最高之買進揭示價格爲 20.0 元，（詳如圖八）。

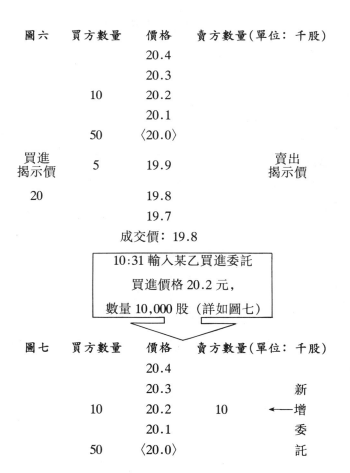

| | 買進 | 5 | 19.9 | | 賣出 |
|---|---|---|---|---|---|
| | 揭示價 | | | | 揭示價 |
| | 20 | | 19.8 | | |
| | | | 19.7 | | |

成交價: 19.8

```
┌─────────────────────────┐
│ 10: 32 撮合後情形:        │
│ 以 20.2 元成交            │
│ 數量 10,000 股,          │
└─────────────────────────┘
```

| 圖八 | 買方數量 | 價格 | 賣方數量 (單位: 千股) |
|---|---|---|---|
| | | 20.4 | |
| | | 20.3 | |
| | | 20.2 | |
| | | 20.1 | |
| | 50 | 〈20.0〉 | |
| 買進 | | | 賣出 |
| 揭示價 | 5 | 19.9 | 揭示價 |
| 20 | | 19.8 | |
| | | 19.7 | |

成交價: 20.2

# 習　題

1. 何謂初級市場？何謂次級市場？兩者的關係如何呢？

2. 何謂股票上市蜜月期？

3. 請說明紐約證券交易所內四種不同型態會員的業務活動？

4. 請比較臺灣地區上市與上櫃審查標準？

5. 請比較停損委託與停損限價委託的異同？

6. 說明原始保證金與維護保證金設置的目的？

7. 李先生以融資帳戶買入臺泥股票 1,000 股，每股成交價為 NT＄50，
   假設原始保證金比率與維護保證金比率分別為 50％與 30％：

   ⑴李先生應繳交多少原始保證金？

   ⑵當臺泥股價下跌至多少時，李先生會收到補繳保證金的通知呢？

# 第四章 投資決策──報酬率與風險

## 第一節 前 言

投資者從事投資活動的目的，是為了獲取報酬補償；因此，投資者做成投資決策之前，必定要評估各種投資方案的預期報酬率；預期報酬率並不一定就是未來實現之報酬率，除非投資方案是無風險的；因此，在評估風險性的投資方案之時，除了評估預期報酬率之外，投資者也必須審慎地評估投資方案的風險程度。本章首先介紹實質利率與名目利率的決定因素，再介紹各種報酬率概念與投資風險的衡量方法；最後，則簡介風險貼水與風險管理的概念。

## 第二節 無風險利率的決定

無風險利率依通貨膨脹率之調整與否，分為實質無風險利率（Real Risk-free Rates）與名目無風險利率（Nominal Risk-free Rates）兩種。實質利率代表著投資方案或證券購買力（Purchasing Power）的成長率；而名目利率則代表著投資方案或證券的貨幣價值成長率。因此，實質利率與名目利率間的差異，在於是否將通貨膨脹率納入考量。而實質利率與名目利率的關係，可以下式表示：

$$1 + R = \frac{(1 + r)}{(1 + i)} \qquad (4-1)$$

（4-1）式中，$R$ 爲實質利率，$r$ 爲名目利率，$i$ 則爲通貨膨脹率。

實質利率的高低受到兩個基本因素的影響：第一個因素來自於資金供給面，即投資者的消費偏好強弱；第二個因素來自於資金需求面，即企業投資機會的報酬率高低。我們可以圖 4-1 來說明資金市場的供需，如何影響市場實質利率的決定。$S_1$ 爲市場資金供給曲線，當利率高時，市場資金供給額也較多；$D_1$ 爲市場資金需求曲線，當市場資金利率高時，企業的投資成本變高，導致部份投資方案無利可圖，而減少了對資金的需求。$S_1$ 與 $S_2$ 的交叉點 $E_1$，即爲市場均衡利率，資金的供給等於資金的需求。

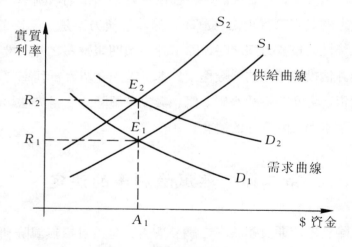

圖 4-1　均衡實質利率分析

假設投資者對於今天的消費偏好增強，要投資者遞延其消費，則投資者必定要求較高於目前水準的利率作爲補償；在這種狀況下，資金的供給曲線，將由 $S_1$ 移至 $S_2$，在 $S_2$ 曲線上，同樣資金供給數額下，其利

率水準均較 $S_1$ 曲線上的利率高。其次，假設企業由於創新而產生許多有利可圖的投資方案，企業對資金的需求即會因此增加；此時，資金需求曲線會由 $D_1$ 往上移至 $D_2$，在同樣利率水準下，$D_2$ 曲線的資金需求額度均較 $D_1$ 曲線上的額度高。在資金供需市場上，因而形成新的均衡利率 $R_2$，較原來之利率 $R_1$ 為高；而資金最後的供需額度則仍為 $A_1$，與先前數額一樣。

基本上，實質無風險利率與名目無風險利率間的關係，可以 (4-1) 式求得；因此，有了名目無風險利率與通貨膨脹率的資料，我們就可以利用 (4-1) 式估計出實質利率。

$$1 + R = \frac{(1 + r)}{(1 + i)}$$

$$1 + r = (1 + R)(1 + i)$$

$$r = R + Ri + i \qquad (4-2)$$

在 (4-2) 式中，若通貨膨脹率 $i$ 的數值很小時，$R$ 與 $i$ 的交叉值 $Ri$ 變得微不足道；因此，(4-2) 式可以簡化為下式：

$$r = R + i \qquad (4-3)$$

(4-3) 式稱為費雪效果（Fisher Effect）式子，即名目利率是由實質利率加上通貨膨脹率而得。費雪效果意味著，當通貨膨脹預期上升一個百分點，名目利率也會上漲一個百分點。因此，我們可以利用通貨膨脹率名目利率（例如銀行掛牌之六個月定存利率）來推估當期的實質利率。

## 第三節　報酬率與風險

　　前面說明了在無風險狀況下，報酬率的高低取決於資金的供需；當投資具有風險性時，報酬率應如何決定? 在探討如何決定風險性投資的報酬率之前，我們先區別期望報酬率與實現報酬率及探討風險的衡量。

　　風險指的是實際結果不同於原先預期的結果，而投資風險表示對未來投資報酬率的不確定；在無風險性投資情況下，我們今日計算的報酬率，必定可於未來實現，即投資的未來報酬率機率分配是一點；在風險性投資的情況下，未來投資報酬率可能是二種或二種以上，但眞正出現的報酬率 (即實現報酬率)，只是其中的一種；而期望報酬率是投資者認爲投資方案未來可能出現的報酬率，但此期望報酬率未必會等於實現的報酬率。

　　每項資產均有其期望報酬率與實現報酬率，而無風險資產的期望報酬率與實現報酬率相同；風險性資產的實現報酬率則可能不同於原先預期的報酬率，而實現報酬率與期望報酬率間的差異大小，可以用來表示該項資產風險的大小。假設資產未來的報酬率分配可以求得的話，我們通常以該報酬率的期望值作爲期望報酬率的推估值，而以報酬率標準差來衡量資產的風險。

**例一:** 假設表 4-1 爲臺丸公司股票年報酬率機率分配，臺丸公司股票的期望年報酬率與報酬率標準差，分別地計算如下:

$$E(\widetilde{R}_i) = \Sigma P_i R_i$$
$$= 0.1 \times 20 + 0.2 \times 10 + 0.4 \times 5 + 0.2 \times 0 - 0.1 \times 10$$
$$= 2 + 2 + 2 - 1$$
$$= 5$$

亦即臺丸公司股票的期望報酬率為5%。

$$VAR(\widetilde{R}_i) = \Sigma P_i(R_i - E(\widetilde{R}_i)^2$$
$$= 0.1 \times (0.20 - 0.05)^2 + 0.2 \times (0.10 - 0.05)^2$$
$$+ 0.4 \times (0.05 - 0.05)^2 + 0.2 \times (0 - 0.05)^2$$
$$+ 0.1 \times (-0.10 - 0.05)^2$$
$$= 0.1 \times 0.0225 + 0.2 \times 0.0025 + 0.4 \times 0 +$$
$$0.2 \times 0.0025 + 0.1 \times 0.0225$$
$$= 0.0055$$

$$\sqrt{VAR(\widetilde{R}_i)} = 7.42\%$$

而臺丸公司股票報酬率標準差則為7.42%。

表4-1　臺丸公司股票報酬率機率分配

| 經濟情境 | 機　率 | 報酬率(%) |
|---|---|---|
| 很好 | 0.1 | 20 |
| 好 | 0.2 | 10 |
| 平平 | 0.4 | 5 |
| 不好 | 0.2 | 0 |
| 很不好 | 0.1 | -10 |

　　於上述例子中，我們事先已知臺丸公司股票報酬率之機率分配情形，因此得以推估股票之期望報酬率與報酬率標準差。但在實務上，股票報酬率機率之實際分配狀況並非只有上述五種經濟情境的區分方法，因此，一種證券的報酬率機率分配情形並不容易取得。在這種狀況下，我們只能利用過去的歷史報酬率樣本，以推估證券報酬率的期望值與標準差。

例二: 表 4-2 列出臺灣股市與公債於 1981 年至 1993 年間的報酬率，股票的年報酬率與標準差分別估計如下:

$$E(\tilde{R}) = \bar{R} = \left[\frac{\sum\limits_{i=1}^{N} R_i}{N}\right] = 0.3237$$

表 4-2    股票與公債的報酬率與風險 ( 1981–1997 )

| 年度 | 股票 | 五年期公債 |
|---|---|---|
| 1981 | −0.0133 | 0.1425 |
| 1982 | −0.195 | 0.135 |
| 1983 | 0.7177 | 0.0925 |
| 1984 | 0.0999 | 0.0925 |
| 1985 | −0.0035 | 0.0903 |
| 1986 | 0.2443 | 0.0575 |
| 1987 | 1.2518 | 0.0625 |
| 1988 | 1.1878 | 0.0575 |
| 1989 | 0.88 | 0.1 |
| 1990 | −0.5293 | 0.1 |
| 1991 | 0.00937 | 0.0975 |
| 1992 | −0.2666 | 0.0975 |
| 1993 | 0.7397 | 0.078 |
| 1994 | 0.1736 | 0.0625 |
| 1995 | 0.0156 | 0.0625 |
| 1996 | 0.3402 | 0.0512 |
| 1997 | 0.1808 | 0.0496 |
| 平均年報酬率 | 0.284298 | 0.084064706 |
| 幾何平均報酬 | 0.191658 | 0.083737674 |
| 標準差風險 | 0.504882 | 0.027579792 |
| 最大值 | 1.2518 | 0.1425 |
| 最小值 | −0.5293 | 0.0496 |

資料來源: 臺灣經濟新報資料庫

$R_i$ 是 1981 年至 1993 年間的年報酬率，$N$ 為樣本數，

$$VAR(\widetilde{R}) = S^2 = \frac{1}{N-1}\Sigma(R_i - \bar{R})^2 = 0.3267$$

$$S = 0.5716$$

在表 4-2 中的平均年報酬率，是利用算術平均數求得；當投資期間是多期，而每期報酬率不完全相同時，算術平均數的報酬率將比幾何平均數的報酬率大。幾何平均數報酬率的計算公式如下所列：

$$\bar{G} = \prod_{i=1}^{N}[(1 + R_i)]^{\frac{1}{N}} - 1.0$$

利用上式求得股票與公債的年幾何平均報酬率分別為 19.16% 與 8.37%，兩者都比算術平均數報酬率小。當投資者想了解 1981 年初投資 NT$100 萬於臺灣股市，其 1997 年底的價值為多少時，投資者就必須使用幾何年平均報酬率，才能估得正確的 1997 年底投資價值。

## 第四節　風險貼水與風險管理

前一節討論了如何衡量證券的期望報酬率與風險，同時也以臺灣股市與公債為例，估計出股票與公債的期望報酬率與風險；由表 4-2 的資料顯示，股票的報酬率較公債的報酬率為高，而股票的風險（以報酬率標準差代表）相對地也較公債的風險高；這些結果意味著期望報酬率與風險間的交換關係。報酬率與風險的交換關係（Risk/Return Trade-off）即說明了欲獲取較高的期望報酬率，投資者就必須負擔較大的風險。假如投資者不願負擔任何風險的話，則他僅能獲取無風險的報酬率。風險性投資的期望報酬率與無風險報酬率的報酬率差距稱為風險貼水，是用來補償投資者所承擔的風險。

一項風險性投資的風險主要來源有下列四種：

### 1. 利率變動的風險（Interest Rate Risk）

證券的利率風險是指證券的價格受到利率變動，而產生證券價格的變動；一般而言，大部份證券價格的變動與利率變動呈相反方向；即利率上升時，證券價格會下跌，而利率下跌時，證券價格會上漲；這種相反方向變動的現象，表現在債券上最為明顯。假使證券受到利率風險的影響，則該證券的期望報酬率應為無風險報酬率加上利率風險貼水。

### 2. 違約風險（Default Risk）

違約風險指證券發行公司，無法履行合約的條款。對一些信用評等較差的債券來言，其違約風險相對地較高。這些債券持有者可能無法如期地收到債息，或債券到期時，無法領回本金。當債券違約風險高時，投資者會要求較高的違約風險貼水。

### 3. 流動性風險（Liquidity Risk）

假使一種證券或資產能以合理的價格迅速買賣成交，則該項證券或資產擁有較高的流動性；相反地，一項資產若無法以合理的價格迅速成交的話，則該資產的流動性較低。一般而言，上市買賣的股票，其流動性均較未上市的股票高；未上市買賣的股票，其流動性風險較高；因此，投資者買賣未上市股票，將要求較高的流動性風險貼水補償。

### 4. 匯率風險（Exchange Rate Risk）

匯率風險是由匯率變動所造成。近年來，國人投資外國市場的情況日趨活躍，例如：購買海外基金。由於這些海外基金的買賣計價貨幣以美金或投資當地國的貨幣為主；因此，國人投資這些海外基金也必須將匯率變動的風險納入考慮，要求適當的匯率風險貼水。

　　面對上述這些風險時，投資者應如何進行風險管理，俾使風險降低至自己所能承受的程度呢？一般而言，風險管理可以下列三種方式來進行：

### 1.購買保險合約

　　爲了預防房屋發生火災而遭致損失，投資者可以向產物保險公司購買房屋保險單；而爲了避免股市重挫所帶來的損失，投資者亦可以利用股票選擇權或期貨來規避股市風險；關於期貨與選擇權的避險功能，將於以後的章節做詳細介紹。

### 2.從事風險分散活動（Diversification）

　　當投資組合內各證券報酬率不是完全正相關時，投資組合內某一證券的意外投資損失，可經由組合內其他證券的意外投資利益來沖抵；因此，個別證券的風險可以利用投資組合風險分散來規避。

### 3.資產配置（Asset Allocation）

　　類似於投資組合風險分散的原理，資產配置係將投資組合內證券之類別，由股票擴充至債券、黃金、或房地產，以調整投資組合的風險水平。圖4-2是由臺灣股市與公債所構成的各種資產配置，當投資組合內的股票投資比率降低時（即增加公債的投資比率），整個投資組合的風險水準也隨著股票投資比率的降低而遞減。

## 第五節　結　　語

　　本章主要介紹風險與報酬率兩個基本投資概念；一種證券的期望報

酬率與該證券的風險間存有交換關係（Risk/Return Trade-off）。當一種
證券有較高風險時，投資者將要求較高的報酬率。證券風險的來源是多
方面，有利率變動的風險、流動性風險、違約風險、與匯率變動風險
等。要投資者承擔這些風險，必須給予投資者適當的風險貼水補償。另
一方面，投資者可以購買保險合約、建構一個適當的投資組合、或調整
投資組合內各類資產的投資比率，以規避或降低其所面臨的風險。

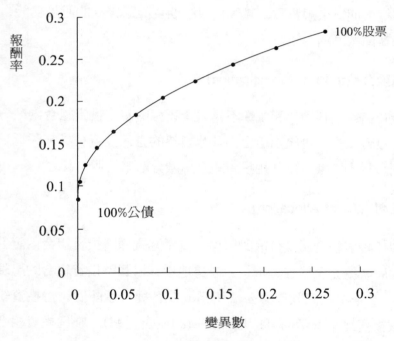

圖 4-2　臺灣股市與公債所構成的資產配置

# 關鍵詞彙

實質無風險利率　　Real Risk-free Rates

名目無風險利率　　Nominal Risk-free Rates

費雪效果　Fisher Effect

利率變動的風險　Interest Rate Risk

違約風險　Default Risk

流動性風險　Liquidity Risk

匯率風險　Exchange Rate Risk

資產配置　Asset Allocation

# 習 題

1.何謂實質利率與名目利率?

2.說明決定無風險實質利率的兩個重要因素?

3.何謂費雪效果?

4.請說明違約風險與流動性風險?

5.下面是臺泥股票的報酬率機率分配, 請計算臺泥股票的期望報酬率及
   標準差:

| 機率值 | 報酬率 |
|--------|--------|
| 0.10 | 0.40 |
| 0.20 | 0.20 |
| 0.50 | 0.10 |
| 0.15 | −0.10 |
| 0.05 | −0.20 |

# 第 貳 篇

## 個別證券分析

# 第五章　債券價格與利率風險

## 第一節　前　　言

　　本書第四章探討證券期望報酬率與風險之間的關係，這類關係適用在股票與債券的價值分析上，本章探討固定收益證券（Fixed-Income Securities)的風險與報酬率的決定因素及其評價方法，下一章則接著探討固定收益證券的風險管理。

## 第二節　債券特性及評等介紹

　　債券是資金借貸雙方間的一種書面協定，債券發行者，即資金需求者，答應於債券存續期間，支付特定的債息予債券持有者。債券擁有許多異於其他證券（普通股或優先股）的特性，下面簡述一些較重要的特性：

### 1. 面額（Face Value or Principal）

　　債券面額是債券發行人於債券到期日時，必須償還債券持有者的金額。基本上，美國公司債券的面額設定為美金 1 千元。而臺灣公司債券面額則大抵設定為新臺幣 10 萬元。

## 2.到期日 （Maturity Date）

大部份債券均有到期日，債券的到期日可長至三十年，國內可轉換公司債的到期日，則大抵介於五年至十年間。

## 3.票息 （Coupon）

除了零票息債券 （Zero-Coupon Bonds）外，債券均會書明債券的票息利率 （Coupon Rate），而債券的票息利率在債券存續期間大都是固定不變的，少數的指標債券 （Index Bonds），其票面利率可能隨著通貨膨脹率的變化，作適度的調整。美國公司債券票息的給付，大都是半年一付，而國內則大都是一年一付。

## 4.可贖回 （Callable）

部份公司債券、市政公債、及政府債券具有贖回的特性。贖回條款對債券發行人是有利的，因此，為了保護債券持有者，通常會有一段贖回保護期間 （Call Protection）的設定，規定債券發行者於債券發行後的數年內，不能贖回債券。而可贖回債券的市場利率也較同風險等級的一般債券高。

## 5.可轉換 （Convertible）

可轉換公司債允許債券持有者，於特定的轉換期間內，將可轉換公司債，依一定的轉換比率，轉換成普通股；因此，轉換權利有利於債券持有者。一般而言，可轉換公司債大都也是可贖回的。

上面是一般公司債券所具有的一些較重要特性，而公司債券與政府債券較不同的一點，在於公司債券有違約風險，而政府債券則無違約風險；當債券發行公司宣佈倒閉時，債券持有者勢必無法依約取得利息及

本金款項，因此，當債券違約風險偏高時，投資者勢必對該等債券要求
較高的市場利率，作為風險負擔之補償。為了便利投資者評斷各種公司
債券違約機率的高低，部份金融投資服務公司從事債券評等之研究，將
債券分成各種不同的信用等級；例如：美國 Standard and Poor's 與
Moody's 兩家公司均提供債券評等資訊，供投資者參考，然而，在臺灣，
由於債券市場的規模小且市場交易不甚熱絡，尚無投資服務公司提供臺
灣債券評等之結果。下面簡述美國公司債券評等的概況：

　　Standard and Poor's 公司利用 AAA, AA, A, BBB, …, D 等符號表示公
司債券發生違約相對機率的高低，被列為 AAA 等級的債券，其違約相
對機率最低，而 AA 等級的債券，其違約相對機率則比 AAA 等級稍高
一點，越往下面等級的債券，其違約風險逐漸增加。這些等級的評定，
反應出 Standard and Poor's 公司對債券發行公司償息能力及履約決心的
評斷，表 5-1 列出 Standard and Poor's 公司債券評等的簡單標準。

表 5-1　Standard and Poor's 公司債券評等標準

| 評　　等 | 內　　　　　　　　　容 |
|---|---|
| AAA | 代表最高等級債券；發行公司財務狀況極為健全，可以定期地支付債息與本金。 |
| AA | 發行公司財務狀況非常地良好；違約風險稍高於 AAA 等級的債券，其利潤波動性略大。 |
| A | 發行公司財務狀況尚稱良好；然而，公司營運狀況易受經濟狀況變化的影響。 |
| BBB | 發行公司可適度地支付債息與本金；然而，經濟蕭條對公司償債能力造成重大衝擊；此等級債券有少許投機味道。 |
| BB | 經濟狀況變差時，發行公司將無法如期地支付債息與本金。 |
| B | 目前發行公司有能力支付債息與本金；然而，當經濟狀況變差時，發行公司將不願償還債息與本金。 |
| CCC | 經濟景氣不佳時，債息會停付。 |
| CC | 比 CCC 等級的債券更具投機味道。 |

| C | 債信不佳，可能立即違約。 |
| D | 債息已停止支付。 |

等級在 BBB 及以上的債券歸類為投資型的債券，而等級列為 BB 及以下的債券，則屬於投機型的債券，意即債券發行公司依約償還債息及本金的能力較差。投機型的債券又稱為垃圾債券（Junk Bonds），垃圾債券的發展對美國償券市場演進有重大影響；在 1980 年以前，甚少債券一發行便被歸類為垃圾債券，即等級被評為 BB 或以下的等級，大部份的垃圾債券是由投資等級的債券降級而來；然而，在 1980 年代，投資銀行為了替購併公司尋找資金，乃有垃圾債券的大量發行，而投資銀行也說服了投資者購買高報酬、高風險的垃圾債券，造成 1980 年代垃圾債券市場的蓬勃發展，而在所有參與垃圾債券業務的投資銀行中以 Drexel, Burnham & Lambert 最負盛名。然而，在 1980 年代末期美國經濟景氣持續不振，造成很多垃圾債券違約事件，垃圾債券出現負的年報酬率；同時，Drexel, Burnham & Lambert 於 1989 年承認承銷垃圾債券時曾違反證券交易法令，而該公司於 1990 年向法院聲請破產，造成垃圾債券市場的萎縮。在 1990 年代初期，垃圾債券市場流動性差，債券價格大幅下跌，而部份發行公司也趁機買回垃圾債券，垃圾債券市場的風光也暫告一段落。

臺灣債券市場規模小，流動性也差，政府公債發行後，大多被銀行或機構投資者長期持有至到期日；而公司債市場規模更小，雖然大部份可轉換公司債在臺灣證券交易所上市買賣，但並不是每天均有成交紀錄。表 5–2 列出民國 88 年 1 月 21 日臺灣證券交易所可轉換公司債交易情形。我們可以清楚地看出可轉換公司債的交易並不熱絡，部份可轉換公司債當日並無交易紀錄，例如：東元二與聲寶三。有關可轉換公司債的特性及其評價方式，本書將於第十二章作進一步的介紹。

表 5-2　臺灣證券交易所上市買賣可轉換公司債

民國 88 年 1 月 21 日

| 債券名稱 | 漲　跌<br>△　　× | 收盤 | 開盤 | 最高 | 最低 | 成交量 |
|---|---|---|---|---|---|---|
| 大裕一 | △1.90 | +29.60 | 29.50 | +29.60 | 29.50 | 19 |
| 大穎一 | | | | | | |
| 大穎二 | | | | | | |
| 遠交一 | | | | | | |
| 新纖二 | × 0.20 | 116.40 | 116.60 | 116.60 | 116.40 | 60 |
| 嘉裕一 | | | | | | |
| 新燕一 | | | | | | |
| 達永一 | | 100.00 | 100.00 | 100.00 | 100.00 | 150 |
| 新藝一 | | | | | | |
| 士電一 | | | | | | |
| 東元二 | | | | | | |
| 臺安一 | | | | | | |
| 太電一 | | | | | | |
| 聲寶三 | | | | | | |
| 華新一 | | 98.70 | 98.70 | 98.70 | 98.70 | 1 |
| 榮化二 | △ 0.80 | 106.30 | 105.60 | 106.30 | 105.60 | 17 |
| 生達一 | | | | | | |
| 榮成一 | | | | | | |
| 榮成二 | | | | | | |
| 嘉益一 | | | | | | |
| 威致一 | | | | | | |
| 中橡一 | | −160 | −160 | −160 | −160 | 1 |
| 中橡二 | | −160 | −160 | −160 | −160 | 1 |
| 中華一 | | | | | | |
| 中華二 | | 98.00 | 98.00 | 98.00 | 98.00 | 2 |
| 聯電三 | △ 0.70 | 115.00 | 114.00 | 116.50 | 114.00 | 351 |
| 全有一 | | 96.00 | 96.00 | 96.00 | 96.00 | 1 |
| 神達二 | | 97.00 | 97.00 | 97.00 | 97.00 | 60 |
| 宏電四 | △ 0.60 | 109.00 | 109.00 | 109.00 | 109.00 | 281 |
| 友訊一 | | | | | | |
| 光罩一 | | 95.00 | 95.00 | 95.00 | 95.00 | 10 |
| 光磊一 | × 0.20 | 101.30 | 101.50 | 101.50 | 101.30 | 10 |

表 5–2　臺灣證券交易所上市買賣可轉換公司債（續）

民國 88 年 1 月 21 日

| | | | | | | |
|---|---|---|---|---|---|---|
| 茂矽一 | | 147.00 | 147.10 | 147.40 | 147.00 | 253 |
| 茂矽二 | △ 0.40 | 99.60 | 99.40 | 99.70 | 99.40 | 86 |
| 精業一 | | | | | | |
| 華邦一 | △ 2.00 | 139.80 | 137.80 | 140.00 | 137.80 | 102 |
| 華邦二 | △ 0.50 | 100.80 | 101.00 | 101.20 | 100.80 | 332 |
| 所羅一 | | | | | | |
| 鴻友一 | | | | | | |
| 倫飛一 | | 99.90 | 100.00 | 100.00 | 99.00 | 170 |
| 震旦一 | × 0.20 | 97.00 | 97.00 | 97.00 | 97.00 | 6 |
| 太設一 | | | | | | |
| 寶建一 | | | | | | |
| 長谷一 | | | | | | |
| 長谷二 | | | | | | |
| 長億一 | | 62.10 | 61.00 | 62.10 | 61.00 | 2 |
| 啟阜一 | △ 0.50 | 50.00 | 50.00 | 50.00 | 50.00 | 5 |
| 華建一 | | | | | | |
| 華建二 | | | | | | |
| 尖美一 | | | | | | |
| 建工一 | | | | | | |
| 宏普一 | | | | | | |
| 春池一 | | 99.80 | 99.80 | 99.80 | 99.80 | 10 |
| 基泰一 | | | | | | |
| 陽明一 | △ 0.20 | 93.20 | 93.00 | 93.20 | 93.00 | 27 |
| 華航一 | | | | | | |
| 華航二 | | 110.10 | 110.10 | 110.20 | 110.00 | 107 |
| 遠倉一 | | | | | | |
| 遠倉二 | | | | | | |
| 統實一 | | | | | | |
| 統實二 | | | | | | |
| 福興一 | | | | | | |

資料來源:《聯合晚報》

# 第三節　債券的收益率與風險

債券的收益率包括票面收益率、債券到期收益率（Yield to Maturity, YTM)、債券贖回收益率（Yield to Call, YTC）、債息收益率（Current Yield）、及票面收益率（Coupon Rate）。下面分別介紹這些收益率的意義。

## 1. 票面收益率（Coupon Rate）

所謂票面收益率，指的是債券每年債息除以債券面額的報酬率。例如：債券面額爲 NT＄100,000 而每年債息爲 NT＄8,000,則該債券的票面收益率爲 8%。

## 2. 債息收益率（Current Yield）

所謂債息收益率，指的是債券每年債息除以債券價格的報酬率。例如：債券每年債息爲 NT＄8,000,而今天債券價格爲 NT＄80,000,則該債券的債息收益率爲 10%。

## 3. 債券到期收益率（YTM）

所謂債券到期收益率，指的是使債券未來債息與面額的現值總和等於債券今日市價之折現率。假設債券市價、每年債息、與到期日均爲已知，則可以利用下式求得債券到期收益率：

$$P = \sum_{t=1}^{n} C/(1+i)^t + V/(1+i)^n \qquad (5-1)$$

上式中，$P$ 爲債券的市場價格；$C$ 爲每期債息流量；$V$ 爲債券到期時之面額；$n$ 爲債券的到期日；$i$ 爲債券到期收益率。

由（5-1）式可以看出，等號左邊債券的價格 $P$ 代表今日的現金流量，而等號右邊是債息與債券面額，代表著未來的現金流量；因此，債券到期收益率代表著某一折現率，使債券未來現金流量的現值相等於債券今日的價格。債券到期收益率類似於財務管理課程內的投資專案內部報酬率（Internal Rate of Return, IRR）。

**例一：** 假設有一種十年後到期債券，其面額爲 NT＄100,000 票面利率爲 10％，每年發放利息一次，而債券價格爲 NT＄113,400,債券到期收益率應爲多少？

利用公式（5–1）求得下式：

$$113,400 = \sum_{t=1}^{10} 10,000/(1 + i)^t + 100,000/(1 + i)^{10}$$

經過多次試算結果，求得債券到期收益率爲 8％。

若不借助計算機，債券到期收益率不易求取。下面是大略估計債券到期收益率的公式：

$$YTM = \frac{每期債息 + （面額 - 債券市價）/債券到期期數}{（面額 + 債券市價）/2}$$

$$\frac{10,000 + （100,000 - 113.400）/10}{（100,000 + 113,400）/2} = 8.12\%$$

8.12％的到期收益率略高於正確的 8％債券到期收益率。

### 4.債券贖回收益率（Yield to Call, YTC）

所謂贖回收益率，是指持有債券至可贖回日的收益率；因此，贖回收益率與到期收益率的估計公式是相類似，兩者間的差異主要在於贖回日早於到期日；因此，今日至贖回日間的債息流量將少於至到期日的債息流量；然而贖回價格一般均高於債券的面額。假設債券市價、每年債息、與第一可贖回日期均已知，則可以利用下式求取債券的贖回收益率：

$$P = \sum_{t=1}^{ct} C/(1+i)^t + R/(1+i)^{ct} \qquad (5-2)$$

上式中，$P$ 爲債券的市場價格；$C$ 爲每期債息現金流量；$R$ 爲債券贖回價格；$ct$ 爲最早可贖回日期；$i$ 爲債券的贖回收益率。

**例二：**假設有一種十年後到期債券，其面額設定爲 NT＄100,000，票面利率爲 10%，每年發放債息一次，五年後，發行公司有權利以面額的 120% 贖回此債券；假設債券今日市價爲 NT＄116,888，請問債券的贖回收益率爲多少？

利用公式（5-2）求得下式：

$$116,888 = \sum_{t=1}^{5} 10,000/(1+i)^t + 120,000/(1+i)^5$$

經過多次運算，求得贖回收益率爲 9%。

在上面各種債券收益率的計算過程中，假設債券持有者均可如期地收取債息與債券面額；然而，債券投資並非沒有風險，這些風險包括：(1)市場利率變動風險，(2)債券違約風險，(3)債息再投資利率風險，(4)債券提早贖回的風險，(5)債券的流動性風險等等。這些風險的變動，使得債券的實現收益率（Realized Yield）異於債券的期望報酬率（Expected Return）。其中利率的變動與債券價格變化有著某種關係。

### 1. 債券價格變動與利率變動呈相反方向

市場利率的變動會影響到債券價格的變動，稱爲債券的價格風險；價格風險可以前面的債券到期收益率來說明；在求取到期收益率時，債券的債息與本金的現金流量均爲已知，假使債券的市價可以獲得，則可以計算出債券的到期收益率（應有報酬率）。假如投資者以當時的債券市價買入債券後，由於市場內某種因素的變化，造成市場利率變動，將造成持有該債券應有報酬率的變動。假使應有報酬率上升，債券價格將下跌，投資者將遭受價格下跌的損失。假使應有報酬率下降，債券價格將上揚，投資者則有價格上揚的利益。

債券價格變動與債券收益率（應有報酬率）間的關係，可以現值理論（Present Value Theory）加以說明；由於債券的未來現金收入流量是固定不變，因此，當市場利率上揚造成應有報酬率的上升，投資者將以較高折現率，將未來的現金流量折現，其現值（也就是債券價格）必然會降低。相反地，當市場利率下降，債券的價格則會上揚。

**例三：**假設有一種二十年到期的債券，其面額為 NT＄100,000，票面利率為10％，每年發放一次債息，表 5－3 列出在8％，10％，與12％應有收益率下的債券市場價格。

假設原先應有收益率為10％，債券價格為 NT＄100,000，若收益率上升為12％，則債券價格下跌為 NT＄85,064；相反地，應有收益率下跌為8％，則債券價格將上升為 NT＄119,631。雖然利率上升或下降，其幅度均為2％；然而，表 5－3 的價格變動比率則顯示出，利率下跌所造成價格變動比率的幅度較利率上升所造成價格變動比率幅度大。

表 5－3　各種應有收益率下的債券價格

| 債券應有收益率 | 8% | 10% | 12% |
|---|---|---|---|
| 債券面額 | ＄100,000 | ＄100,000 | ＄100,000 |
| 每年債息 | 10,000 | 10,000 | 10,000 |
| 債券期限 | 20 年 | 20 年 | 20 年 |
| 債券價格 | ＄119,631 | ＄100,000 | ＄85,064 |
| 價格變動比率 | 19.63% | — | 14.94% |

假設債券發行後，利率隨即變化，而至債券到期前，利率不再發生

變化。圖5-1列出債券價格發行後至到期日的變動情形。圖5-1中的
1曲線，代表8%應有收益率的債券價格變動情形，由於債息收益率為
10%，高出應有收益率，因此，債券價格會高於債券面額，處於這種狀
況的債券稱為溢價債券（Premium Bonds）。而債券價格每年均會下跌，
產生2%的資本損失，使得債券的實現報酬率等於應有的收益率8%；
相反地，圖5-1中的2曲線，代表12%應有收益率的債券價格變動情
形，由於債息收益率為10%，低於應有收益率，因此，債券價格會低於
債券面額，處於這種狀況的債券稱為折價債券（Discount Bonds）。而債
券價格每年均會上漲，產生2%的資本利得，使得債券的實現報酬率等
於應有的收益率12%。而當債息收益率等於債券應有收益率（10%）
時，債券價格會維持在債券面額上，不會有任何變化。

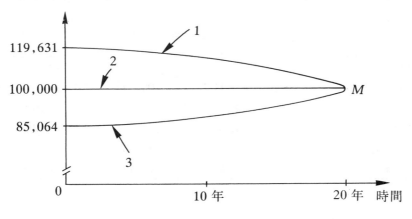

圖5-1　債券價格變動圖

## 2.債券價格變動幅度與到期日長短的關係

假設除了到期日長短不等外，兩種債券的其他特性完全相同，當市場
利率（應有的收益率）變動時，這兩種債券價格的變動幅度，將隨著到期
日長短不等而有所差異。表5-4列出三種到期日分別為一年、十年、與

二十年的債券，其面額均爲 NT＄100,000，票面利率爲 10%，每年支付債息一次。當應有收益率爲 10%時，三種債券的價格均爲 NT＄100,000；假設應有收益率上升爲 12%，一年期的債券價格下跌了 1.78%，十年期的債券價格下跌了 11.30%，而二十年期的債券價格則下跌了 14.94%。當利率變動時，到期日越長的債券，其價格變動的幅度也越大。

另外，債券價格變動比率的幅度，則隨著到期日遞增呈遞減現象。表 5-4 中，債券到期日由一年延長爲十年時，債券價格變化比率由 1.78%增爲 11.30%，平均到期日每延長一年，價格變化比率增加約 1.05%（（11.30%－1.78%）/9）；然而，當債券到期日由十年延爲二十年時，債券價格變化比率由 11.30%延長 14.94%，平均到期日每增加一年，價格變化比率增加約 0.164%；比前十年的價格變化比率低了很多。

表 5-4　債券價格變化與到期日長短的關係

| 到期日 | 一年期 | 十年期 | 二十年期 |
|---|---|---|---|
| 面額 | NT＄100,000 | NT＄100,000 | NT＄100,000 |
| 債息 | 10% | 10% | 10% |
| 債券應有收益率 | 12% | 12% | 12% |
| 債券市價 | 98,219 | 88,702 | 85,064 |
| 債券價格變化比率 | 1.78% | 11.30% | 14.94% |

### 3. 債券價格變動幅度與票面債息的關係

假設除了票面債息不同外，兩種債券的其他特性完全相同，當市場利率（應有的收益率）變動時，這兩種債券價格變動幅度，將隨著票面債息的不同而有所差異。表 5-5 列出兩種不同票面債息的債券，一種債券的票面債息爲 10%，另一種債券爲無債息債券；當債券應有收益率由 10%上升爲 12%時，債息債券的價格變化比率爲 11.30%，而無債息

債券的價格變化比率則為 16.47％。因此，票面債息低的債券，其價格
變化幅度高於票面債息高的債券。

表 5－5    債券價格變化與票面債息多寡的關係

|  | 10％債息債券<br>十年到期 | 零債息債券<br>十年到期 |
|---|---|---|
| 面額 | NT＄100,000 | NT＄100,000 |
| 債券應有收益率的變化 | 10％→12％ | 10％→12％ |
| 債券價格的變化 | －11.30％ | －16.47％ |

上面介紹了利率風險與債券價格變動的關係；而利率的變動，會影
響到債息再投資的報酬率，此為債息再投資利率風險。就兩種債息不同
的債券作比較，基本上，票面債息高的債券，受到再投資利率風險的影
響較大，因為票面債息高的債券，其再投資的利息數額較大。

債券的利率風險包括債券價格變動的風險與債息再投資的風險；而
這二種風險對債券的影響是呈相反方向。當市場利率上揚時，債券價格
風險對債券有負面的影響，然而，債息再投資風險對債券則有正面的影
響。相反地，當市場利率下跌時，債券價格風險對債券有正面的影響，
然而，債息再投資風險對債券則有負面的影響。

# 第四節    債券的存續期間 (Duration)

在第三節中，我們探討了利率風險對債券價格的影響。利率風險對
債券價格影響的幅度，與債券的到期日長短及債券票面債息高低有關。
由前節的分析得知，當債券的到期日愈長，其利率風險愈大；當債券的
票面債息愈小，其利率風險也較大。所以，當甲債券的到期日較乙債券
的到期日長，同時甲債券的票面債息小於乙債券的票面債息時；甲債券

的利率風險將大於乙債券的利率風險。然而，假使甲債券的票面債息大於乙債券的票面債息時，則不易分辨出甲、乙兩種債券的利率風險孰大。存續期間可克服上述問題，分辨出甲、乙兩種債券利率風險的大小；存續期間是用來比較兩種不同到期日與不同票面債息債券間的利率風險的大小。換言之，存續期間代表債券的利率風險。

Macaulay 的存續期間是使用最普遍的存續期間公式，其計算公式如下所列示：

$$D = \sum_{t}^{n} \left[ \frac{PV(CF_t) \times t}{\sum_{t}^{n} PV(CF_t)} \right] \qquad (5-3)$$

上式中，$PV$（$CF_t$）代表第 $t$ 期現金流量的現值；$CF_t$ 為第 $t$ 期的現金流量；$n$ 為債券到期的期數；$D$ 為債券的存續期間。式子（$5-3$）顯示出，存續期間（D）的大小受到到期日長短與各期現金流量多寡的影響。存續期間是債券現金流量的加權平均到期日，而加權權數是各期現金流量的現值 $\left[ PV(CF_t) / \sum_{t}^{n} PV \ (CF_t) \right]$。

**例四：債券存續期間的計算**

假設有三種四年到期的債券，其票面利率分別為8%、4%、與零票息；這三種債券的到期報酬率均為 10%，請計算這三種債券的存續期間。

假設這三種債券的面額均為 NT＄100,000，表 5-6 列出票面利率8%債券存續期間的計算過程，其存續期間約為 3.56 年；而表 5-7 則列出票面利率 4%債券的存續期間約為 3.75 年；表 5-8 列出零票面利率債券的存續期間為四年。

表 5-6　四年到期，票面利率 8%，到期日報酬率 10% 的債券存續期間

| 年度 | 現金流量 | 現金流量現值 | 現金流量現值×年度/債券價格 |
|---|---|---|---|
| 1 | 8,000 | 7,273 | 0.07765 |
| 2 | 8,000 | 6,612 | 0.14119 |
| 3 | 8,000 | 6,011 | 0.19253 |
| 4 | 108,000 | 73,765 | 3.15030 |
| | | 93,661 | 3.56167 |
| | | 債券價格 | 存續期間 |

表 5-7　四年到期，票面利率 4%，到期日報酬率 10% 的債券存續期間

| 年度 | 現金流量 | 現金流量現值 | 現金流量現值×年度/債券價格 |
|---|---|---|---|
| 1 | 4,000 | 3,636 | 0.04490 |
| 2 | 4,000 | 3,306 | 0.08165 |
| 3 | 4,000 | 3,005 | 0.11324 |
| 4 | 104,000 | 71,033 | 3.50867 |
| | | 80,980 | 3.74846 |
| | | 債券價格 | 存續期間 |

表 5-8　四年到期，零票面利率，到期日報酬率 10% 的債券存續期間

| 年度 | 現金流量 | 現金流量現值 | 現金流量現值×年度/債券價格 |
|---|---|---|---|
| 1 | 0 | 0 | 0 |
| 2 | 0 | 0 | 0 |
| 3 | 0 | 0 | 0 |
| 4 | 100,000 | 68,301 | 4 |
| | | 68,301 | 4 |
| | | 債券價格 | 存續期間 |

前面談及存續期間是衡量債券利率風險的指標，而債券利率風險的大小，則受到債券到期日長短、票面利率高低、票息發放頻率、與市場利率水準等因素的影響。因此，這些因素間接地也會影響到債券的存續期間：

### 1.存續期間與到期日長短的關係

債券的到期日越長，其存續期間也越大；由於債券到期日變長，較近期的債息現值權數變小，即 $t = 1$、2、或 3 的權數($PV(CF_t)/\sum\limits_{t}^{n}PV(CF_t)$)變小，造成存續期間變大。存續期間與到期日長短成相同方向變化。

### 2.存續期間與票面利率的關係

一般而言，當債券票面利率愈高，債券的存續期間將較短；由於債券票面利率的提高，造成較近期債息現值的權數變大，所以，存續期間將變短。

### 3.存續期間與票息發放頻率的關係

一般而言，債券利息發放有一年一次與一年二次兩種發放頻率。當發放次數較多時，較近期的債息現值權數變大，造成存續期間縮短。

### 4.存續期間與市場利率水準的關係

當市場利率水準變高時，較遠期的現金流量（債息與本金）所受影響將大於較近期的現金流量所受影響；即遠期債息的現值變化大於近期債息的現值變化，因此，較近期的債息現值權數變大，造成存續期間的縮短。存續期間與市場利率應有的報酬率水準成相反方向變化。

存續期間除了可作為衡量債券利率風險的指標外，也是債券利率風險管理的工具之一；市場利率發生變化時，存續期間較長的債券，其價格變化幅度也較大；我們可以下式說明殖利率變化與價格變化幅度間的關係：

$$\frac{\Delta P}{P} \approx - D \times [\frac{\triangle y}{1 + y}] \qquad\qquad (5-4)$$

或

$$\frac{\Delta P}{P} \approx - D^* \Delta y,而\ D^* = D/(1 + y)$$

在第（5-4）式中，$D$ 為債券存續期間，$y$ 為殖利率，而 $P$ 為債券價格，$D^*$ 為修飾後存續期間（Modified Duration）。所以，當債券的存續期間確定後，而殖利率變化幅度知曉後，我們便可以利用（5-4）式估計概略的債券價格變化幅度。

**例五：** 利用例四中三種債券的資料，估計殖利率上升1%對三種債券價格的影響。

票面利率 8% 的債券：

$$\Delta P \approx - 3.56167 \times \frac{1\%}{1 + 10\%} \times 93,661 = 3,033$$

票面利率 4% 的債券：

$$\Delta P \approx - 3.74846 \times \frac{1\%}{1 + 10\%} \times 80,980 = 2,760$$

票面利率 0% 的債券：

$$\Delta P \approx - 4 \times \frac{1\%}{1 + 10\%} \times 68,301 = 2,484$$

# 第五節 利率的期間結構

債券的殖利率受到債券各種特性的影響，例如：違約風險、市場流動性、債券是否可贖回、與債券到期日長短等等。當兩種債券的各方面特性均相同，其間唯一的差異僅是到期日長短時，這兩種債券將因到期日的不同，而各有其殖利率。利率的期間結構即在說明債券殖利率與到期日長短間的關係。圖 5-2 畫出三條債券殖利率與到期日間的關係曲線，這些曲線稱為殖利率曲線（Yield Curves）。

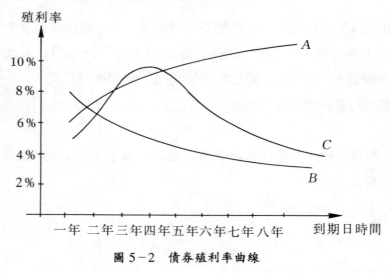

圖 5-2 債券殖利率曲線

圖 5-2 中的 A 殖利率曲線，隨著到期日延長而往上攀升；B 殖利率曲線，則隨著到期日延長而往下漸降；最後，C 殖利率曲線，隨著到期日延長先往上升，至某一時點再往下漸降，成駝峰形狀。截至目前，有三種主要理論試圖解釋殖利率曲線的形狀：期望理論（The Expectation Theory）、流動性偏好理論（The Liquidity Preference Theory）、與市場區隔理論（The Market Segmentation Theory）。下面簡單介紹這三種

理論：

### 1.**期望理論**（The Expectation Theory）

　　期望理論認為長期債券利率，乃是長期債券到期之前各短期期望利率的平均值。下面以一個例子說明期望理論：假設今天一年到期的債券市場利率為6％，投資者預期一年後一年到期的債券市場利率將上升為10％，則今日二年到期的債券市場利率應為多少？

　　假設某一投資者擬從事為期兩年的債券投資；有兩種投資策略可供其挑選，第一種投資策略為買入兩年後到期的債券，並持有至債券到期日；另外一種投資策略則為先買入一年後到期的債券，俟一年後，再利用到期債券的本金與利息買入屆時一年後到期的債券。上述兩種策略均能滿足投資者投資兩年的需求。

　　假設投資者對未來一年期利率的預期是正確的話，在不考慮交易成本的情況下，上述兩種投資策略應提供投資者相同的報酬率；否則，市場上就有套利機會存在。因此，下列關係式應存在於無套利機會的情況下：

$$(1 +_0R_2)^2 = (1 +_0R_1)(1 + E(_1R_1)) \qquad\qquad (5-5)$$

上式中，$_0R_2$ 為今日 2 年到期的債券殖利率

　　　　$_0R_1$ 為今日 1 年到期的債券殖利率

　　　　$E(_1R_1)$ 為預期一年後，一年到期的債券利率

利用式子（5-5）求出二年到期債券的殖利率如下：

$$(1 +_0R_2)^2 = (1 +_0R_1)(1 + E(_1R_1))$$
$$= (1 + 6\%)(1 + 10\%)$$
$$\Rightarrow _0R_2 = \sqrt{(1 + 6\%)(1 + 10\%)} - 1$$

$$= 7.98\%$$

因此，依據期望理論，二年期債券殖利率應為 7.98%。在這種情況下，殖利率曲線是往上升。

假設投資者預期一年後，一年到期的債券利率為 6%，則二年期債券殖利率應為多少？

利用式子（5-5），求出二年期債券殖利率如下：

$$(1 +_0 R_2)^2 = (1 +_0 R_1)(1 + E(_1 R_1))$$
$$= (1 + 6\%)(1 + 6\%)$$
$$\Rightarrow_0 R_2 = \sqrt{(1 + 6\%)^2} - 1$$
$$= 6\%$$

今日二年期債券殖利率為 6%。在這種情形下，殖利率曲線維持水平狀態。

期望理論認為殖利率曲線的形狀，主要是受到投資者對未來短期利率的預期所影響；若投資者預期未來短期利率會上升，則殖利率曲線將往上升；相反地，若投資者預期未來短期利率會下降，則殖利率曲線將往下降；若投資者預期未來短期利率將維持在同一水準，則殖利率曲線為一水平線。

## 2.市場區隔理論（The Market Segmentation Theory）

市場區隔理論認為資金需求者與供給者各有其融資與投資期間的偏好；例如：商業銀行的資金來源為客戶的短期存款，因此，商業銀行可能偏好從事短期投資活動；而人壽保險公司，其保費收入屬長期性的資金，因此，保險公司偏好長期投資活動；因此，投資與融資期間相同的資金借、貸者，形成了各種到期日的資金供需市場；譬如：短期資金市場提供借貸一年以內到期資金的場所；而長期資金市場，則提供借貸五

年或十年到期資金的場所。市場區隔理論認為殖利率曲線上升或下降，
端視各長、短期資金市場內資金供、需情形而定。圖 5－3 是市場區隔
理論下可能的殖利率曲線。

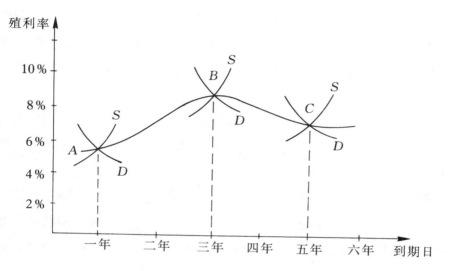

圖 5－3　市場區隔理論的殖利率曲線

### 3. 流動性偏好理論（The Liquidity Preference Theory）

　　流動性偏好理論，認為資金供給者偏好短期借貸，而資金需求者則
偏好長期借貸，以降低重新融資的不確定性；因此，當資金供給者被要
求從事較長期的資金借貸時，必定會要求較高報酬，以補償其遞延消費
的損失；而資金需求者也願意付出較高的資金借貸成本，以避免重新融
資的風險。

　　依據流動性偏好理論的假設，殖利率曲線應隨著到期日的延長，而
往上升；但上升的幅度則呈遞減現象。

## 第六節 結 語

　　本章介紹債券的一些基本特性，這些特性包括債券是否有贖回條款、債券到期日長短、及債券是否可轉換成其他證券等等，這些特性多少對債券的價值造成影響。除了這些債券特性外，債券的違約風險與利率變動風險，對債券的報酬率有莫大的影響。

　　債券評等即在評估債券發生違約風險的機率，美國的 Moody's 公司及 Standard and Poor's 公司提供投資者債券評等的資訊；由於國內公司債券市場規模尚小，因此，尚無專業機構從事債券評等的業務。

　　債券的利率風險主要有價格風險與再投資風險；價格風險說明債券價格的變動與利率的變動成相反方向，而債券的再投資風險指的是債券票息再投資報酬率的變動；價格風險與再投資風險對債券投資價值的影響是呈相反方向。

　　另外，本章也介紹債券的存續期間觀念，存續期間是利率風險的衡量指標；因此，投資者可以利用存續期間觀念，設計各種規避利率風險的投資策略，下一章介紹這些債券的投資策略。

## 關鍵詞彙

**固定收益證券**　　Fixed-Income Securities

**面額**　　Face Value

**到期日**　　Maturity Date

**票息**　　Coupon

零票息債券　　Zero-Coupon Bonds

指標債券　　Index Bonds

可贖回　　Callable

可轉換　　Convertible

垃圾債券　　Junk Bonds

債券到期收益率　　Yield to Maturity，YTM

債券贖回收益率　　Yield to Call，YTC

債息收益率　　Current Yield

票面收益率　　Coupon Rate

內部報酬率　　Internal Rate of Return，IRR

現值理論　　Present Value Theory

溢價債券　　Premium Bonds

折價債券　　Discount Bonds

存續期間　　Duration

修飾後存續期間　　Modified Duration

殖利率曲線　　Yield Curves

期望理論　　The Expectation Theory

流動性偏好理論　　The Liquidity Preference Theory

市場區隔理論　　The Market Segmentation Theory

# 習　題

1. 請比較債券到期收益率與贖回收益率？

2. 請解釋債券的存續期間 (Duration)？

3. 何謂利率的期間結構理論？

4. 何謂殖利率曲線？請說明解釋殖利率曲線形狀的三種利率的期間結構理論？

5. 為何票息較高的債券，其存續期間小於票息較低的債券？

6. 為何到期日越長、票息越低的債券，其利率風險越大？

7. 請計算下列債券的存續期間：

| | |
|---|---|
| 債券面額 | NT＄100,000 |
| 票面利率 | 12％ |
| 到期日 | 5 年 |
| 到期收益率 | 8％ |
| 票息發放 | 每年一次 |

8. 下列是各種不同到期日的政府公債市場利率：

| 到期日 | 殖利率 |
|---|---|
| 1 年 | 5.17％ |
| 2 年 | 6.82 |
| 3 年 | 7.21 |
| 4 年 | 8.00 |

請估計一年後一年到期的政府公債預期殖利率？

# 第六章　債券的投資策略

## 第一節　前　言

前一章中，我們探討了債券的利率風險、利率風險的衡量指標——存續期間（Duration）、及利率的期間結構理論；利用這些利率風險指標與利率理論，投資者可以設計出各式各樣的債券投資策略。一般而言，債券投資策略可以概略地分成積極性（Active）與消極性（Passive）兩種投資策略；基本上，積極性的債券投資策略，建立在對未來利率預測的基礎上；即投資者首先預測未來長、短期利率的走勢，然後，依照預測結果，採取適當的投資活動，以套取所預期的利潤。相反地，消極性的債券投資策略，則不對未來利率的變化作任何預測；消極性的債券投資策略，以規避未來利率變動風險為主。

本章第二節介紹積極性債券投資策略，這些策略包括債券換券（Bond Swaps）與殖利率曲線交易（Riding the Yield Curve）；第三節則介紹消極性的債券投資策略，例如：利率風險免疫策略（Immunization）與資產與負債現金流量相抵策略（Cash Flow Matching and Dedication）；第四節介紹混合型的債券投資策略；第五節為本章結論。

## 第二節　積極性的債券投資策略

積極性的債券投資策略建立在對未來利率預測之基礎上，因此，利率預測準確與否，直接地影響到積極性投資策略的績效。下面介紹兩種積極性的債券投資策略：

### 1. 殖利率曲線交易策略（Riding the Yield Curve）

當殖利率曲線呈現往上漸升的形狀時，投資者或許可以利用殖利率曲線賺取較高的投資報酬率。若投資者預期一段期間後，殖利率曲線仍然維持穩定的上升狀態，則可以經由持有到期日較長的債券，於一段期間後賣出，便可能賺取較高的報酬率；因為殖利率曲線往上升，長期債券的殖利率，將隨到期日的縮短而下降；因此，債券的價格會因殖利率下降而上升，投資者可獲取價格變動的利益。下面以一個簡單例子說明殖利率曲線交易策略：

**例一：**假設目前殖利率曲線顯示一年期債券殖利率為8％，而二年期債券的殖利率為10％，其面額均為10萬元；投資者預計將手上資金投入債券市場一年，有兩種方案可供投資者選擇：第一種投資方案是購買一年期債券，另一種投資方案為購買二年期債券，而於一年後賣出債券；假設兩種債券均為零票息債券，則一年期債券的目前市價為92,593元，而二年期債券的市價為82,645元；投資者若購買一年期債券，將可獲取8％的報酬率；相反地，投資者若購買二年期債券，其一年的報酬率則視殖利率的變化而定；表6-1列出各種不同殖利率曲線變化情況下，對二年期債券投資報酬率的影響。在第一種情形下，一年後殖利率曲線往上平行提升2％報酬率，一年期債券的殖利率上升為10％，因此，一年期債券價格變成90,909元；持有二年期債券，在第一年的報酬率為10％（(90,909 - 82,645)/82,645 = 10％），比原先一年期債券的殖利率（8％）高出2％；在第二種情形下，一年後殖利率曲線往下調整，一年期債券殖利率下降成6％，一年期債券價格變成94,340元；原先持有二年期債券，在第一年的報酬率為 14.15%（(94,340 - 82,645)/82,645 = 14.15%）；最後，一年後殖利率曲線仍然維持原狀；原先持有二年期債券，在第一年的報酬率為 12.04%（請讀者自行驗算）。

表 6-1　殖利率曲線交易策略例子

| 殖利率曲線變化 | 一年期債券報酬率 | 二年期債券報酬率 | 殖利率曲線交易策略一年報酬率 |
|---|---|---|---|
| 今日殖利率曲線 | 8% | 10% | |
| 一年後殖利率曲線上升 | 10% | 12% | 10% |
| 一年後殖利率曲線下降 | 6% | 8% | 14.15% |
| 一年後殖利率曲線不變 | 8% | 10% | 12.04% |

在例一中的幾種殖利率曲線變化，對殖利率曲線交易策略均有正面的影響，即投資者經由持有二年期債券，在第一年所獲取報酬率，均高出原先一年到期債券的殖利率。假使一年後，殖利率曲線往上揚的幅度變大，例如：一年期債券殖利率變成 14%，則殖利率曲線交易策略，在第一年的報酬率（6.14%）將少於原先一年期債券的殖利率（8%）。因此，殖利率曲線交易策略的成敗繫於對未來殖利率曲線預測的精確度，然而，殖利率曲線變化的預測，對一般投資者而言，並不是一件容易的事情。

### 2.債券換券策略（Bond Swaps）

債券換券策略是更換手上債券投資組合內的部份債券，以獲取較高的報酬率，進而提升整個債券投資組合的價值；下面略述數種債券換券策略：

(1)**利率預期換券**（Rate Anticipation Swap）

利率預期換券策略建立在未來利率預測的基礎上；假設投資者預期

利率即將下跌，則投資者可將手上存續期間較短的債券，換成存續期間較長的債券，以獲取較高額的價格上揚利得（因為利率下跌，債券價格將上升，而存續期間較長的債券，其價格上漲幅度將較大）。相反地，當投資者預期利率即將上揚，則應更換手上債券，降低債券的存續期間，以減少因利率上揚所造成債券價格下跌的損失。

例二：假設投資者持有四年期債券，票面利率為8％，債券面額為10萬元，每年計息一次，而該債券的殖利率為10％，故債券的今日價格為93,661元；另外，有一同等級的零票息四年期債券，其價格為68,301元。假設市場利率即將由10％下跌為8％，存續期間長的債券，其價格上揚幅度將較大，因此，投資者應持有存續期間較長的債券（在本例中，零票息債券存續期間較長）。表6-2比較上述兩種債券投資金額的變化幅度；零票息債券投資金額的變化為23,794元，而8％票息債券投資金額的變化為6,339元。

表6-2　利率預期換券策略

|  | 8％票息債券投資一個單位 | 零票息債券投資1.37個單位 |
|---|---|---|
| 殖利率10％的投資價值 | 93,661 | 93,661 |
| 　8％票息債券市價：93,661 |  |  |
| 　零票息債券市價：68,301 |  |  |
| 殖利率8％的投資價值 | 100,000 | 117,455 |
| 　8％票息債券市價：100,000 |  |  |
| 　零票息債券市價：85,734 |  |  |
| 投資價值的變化 | 6,339 | 23,794 |

(2)替代換券策略（Substitution Swap）

替代換券策略乃更換手上持有的債券，而以另一特性相同的債券入替，而入替債券的殖利率稍爲高出被更換的債券的殖利率。爲何兩種特性（包括：到期日長短，票息，違約風險，與贖回條款等特性）完全相同的債券，會有不同的殖利率？這可能是市場的短暫不效率性所造成。替代換券策略即在利用此種短暫價格失調現象，以賺取較高的殖利率；因此，投資者以殖利率較高的債券入替殖利率較低的債券，預期入替債券的殖利率會下跌至應有的殖利率水準，而投資者就可獲取價格上揚的利得。

替代換券策略並不牽連到未來利率的預測。然而，在從事此項換券策略之前，投資者必須確定入替債券的各種特性與原先更換的債券特性完全一致。換言之，必須確定這兩種債券殖利率的差異，並不是由特性差異所造成。

(3)**殖利率獲取策略**（Yield Pick-up Swap）

殖利率獲取策略相近於上述的替代換券策略，即以較高殖利率債券入替手上較低殖利率債券，而這二種債券的特性均相同。然而，替代換券策略與殖利率獲取策略仍有少許差異存在：第一、殖利率獲取策略是以較高殖利率債券入替較低殖利率債券爲主；而替代換券策略有時會以殖利率較低的債券入替殖利率較高的債券。第二、替代換券策略通常於入替債券旳價格或殖利率回復到預期水準時，便結束換券策略。

(4)**債券區間市場換券策略**（Sector Swap）

整個債券市場可以依照債券等級、票息高低、或其他特性，劃分成各類債券區間市場；例如：債券市場可分爲公司債券市場與政府公債市場，而公司債券市場又可依違約風險大小，劃分爲投資等級公司債市場與投機等級公司債市場。

基本上，不同區間市場內的債券殖利率有所差異，而殖利率差異理應維持在某一範圍內；當殖利率差異超越出此一範圍時，債券區間市場換券策略便可能有利可圖。

例三：假設有一風險等級爲 AAA 的五年期公司債券，面額爲 10 萬元，
票息爲 10%，而殖利率爲 8%；另外，有一風險等級爲 BBB 的五年期公
司債券，面額爲 10 萬元，票息爲 12%，殖利率則爲 14%；投資者預計
一年後，AAA 公司債券與 BBB 公司債券的殖利率，將分別變成爲 10%
與 12%。在這種情況下，投資者將手上 AAA 公司債券轉換成 BBB 公司
債券，則可以獲取較大利益。表 6-3 列出債券區間市場換券策略的利
益。

表 6-3　債券區間市場換券策略

| | AAA10%票息債券 | BBB12%票息債券 |
|---|---|---|
| 今日債券價格 | 107,984 | 93,134 |
| 一年後債券價格 | 100,000 | 100,000 |
| 債券票息收入 | 10,000 | 12,000 |
| 合計價值 | 110,000 | 112,000 |
| 實現報酬率 | 1.87% | 20.26% |

表 6-3 預估 AAA10% 票息債券的年報酬率爲 1.87%，然而，
BBB12%票息債券的年報酬率則爲 20.26%；因此，投資者採取債券區
間市場換券策略，將手上 AAA 債券轉換成 BBB 債券，將可以獲取較高
的報酬率；然而，此種換券策略涉及殖利率差異變化的預測；因此，若
殖利率差異變化與原先預測方向相反，投資者將反而遭受損失，不可不
慎。

# 第三節　消極性的債券投資策略

第二節介紹了兩大類積極性的債券投資策略，這些投資策略大多建
立在未來利率變動預測的基礎上；即利率預測的精準程度，會影響到債

券投資策略的績效。相反地，本節介紹的消極性債券投資策略，不牽涉到利率變化的預測，這些消極性債券投資策略的目的，以規避利率變化對債券價值所產生的不利影響。下面分別地介紹免疫（Immunization）投資策略，現金配合（Cash Flow Matching）投資策略，與債券指數化（Bond Indexation）投資策略。

## 1.債券投資組合的免疫投資策略

在一些金融機構中，例如：商業銀行，其資產負債表內的資產與負債種類，大抵是固定收益型（Fixed-income Securities）的證券；因此，這些資產與負債的價值將隨著市場利率的改變，而有所變化。當利率的變化降低了銀行資產的價值或增加了銀行負債的金額時，銀行將有經營虧損產生，造成銀行股東權益的減少。免疫策略可用來規避利率變動風險，以確保股東權益。

免疫投資策略的設計，乃建立在前一章介紹的存續期間（Duration）基礎上，存續期間是衡量債券利率風險的一個簡單指標。當債券或債券投資組合的存續期間較長時，該債券或債券投資組合的價值受到利率變化的影響將較大；相反地，當債券或債券投資組合的存續期間甚短時，則債券或債券組合的價值受利率變化的影響將較微小。因此，商業銀行為了免疫於利率波動的影響，可以儘量地設定資產的存續期間相等於負債的存續期間；當市場利率變動造成資產價值的降低時，銀行負債金額也同時會降低約略相同的價值，如此，股東權益便可以免除受利率變動的影響。

另外，人壽保險公司或退休基金收受投資者的保費，從事各類的投資活動；而這些金融機構有義務於一段期間後，連本帶利地償付保戶先前繳納的保費。而這些負債的償付期間及金額均已事先知曉，人壽保險公司為了確保有足夠資金以償還到期的負債金額，可以採取免疫的債券投資策略。下面列舉一例以說明免疫投資策略的應用。

**例四：** 假設有一保險公司於四年後有義務支付 NT＄167,300 給投資者，爲了確保四年後能如期地支付該筆款項，保險公司預計購買一票息債券，屆時將該債券投資的收入用於支付該項負債。保險公司的負債存續期間爲四年，因此，其所投資債券的存續期間也應接近四年，才可以免疫利率變動的影響。設若有五年到期的公司債券，其票息利率爲 13.77％，而債券的殖利率爲 10％，假設債券面額爲 NT＄100,000，則債券的市價與存續期間分別計算如表 6－4。

表 6－4　五年期 13.77％票息公司債券（殖利率＝10％）

| | 現金流量 | 現金流量現值 | 現金流量現值×年數/債券價格 |
|---|---|---|---|
| 第一年票息 | 13,770 | 12,518 | 0.1095 |
| 第二年票息 | 13,770 | 11,380 | 0.1991 |
| 第三年票息 | 13,770 | 10,346 | 0.2716 |
| 第四年票息 | 13,770 | 9,405 | 0.3292 |
| 第五年票息 | 13,770 | 8,550 | 0.3740 |
| 第五年本金 | 100,000 | 62,092 | 2.7164 |
| 債券價格 | | 114,291 | |
| 債券存續期間 | | | 3.9998 |

　　表 6－4 計算出債券今日市價爲 NT＄114,291，而其存續期間則約略爲四年；因此，保險公司可以購買此公司債券，進行免疫投資策略。假設保險公司以 NT＄114,291 市價買入此公司債券後，殖利率發生變動，表 6－5 列出四種殖利率變化情況下，免疫投資策略的績效表現。

　　表 6－5 列出公司債券四年後的投資總值；首先，假設債券殖利率

爲 10%時，公司債券四年後的投資總值爲 NT＄167,334，與所需的金額
NT＄167,300 相差甚小。當殖利率變成 9%時，公司債券四年後的總值
爲 NT＄167,511，仍足以支付所需 NT＄167,300 的數額；而前數年債息
的投資總值變小，這是由於債息的再投資報酬率降低所造成，而出售債
券的現金總值則提高，這是由於正面的債券價格風險所造成。當殖利率
再下降至 8%時，公司債券四年後期末投資總值爲 NT＄167,392，仍然
足夠支付 NT＄167,300；由於再投資報酬率降爲更低，債息的投資總值
變得更小；而債券價格風險的影響也變大，因此，出售債券的價格變得
更高。

表 6-5　不同殖利率假設下，公司債券的投資總值

| A. 殖利率＝10% | 現金流量 | 公司債券累計四年後投資總值 |
|---|---|---|
| 第 1 年票息 | 13,770 | 18,328 |
| 第 2 年票息 | 13,770 | 16,662 |
| 第 3 年票息 | 13,770 | 15,147 |
| 第 4 年票息 | 13,770 | 13,770 |
| 出售債券 | 103,427 | 103,427 |
| | | 167,334 |
| B. 殖利率＝9% | | |
| 第 1 年票息 | 13,770 | 17,996 |
| 第 2 年票息 | 13,770 | 16,360 |
| 第 3 年票息 | 13,770 | 15,009 |
| 第 4 年票息 | 13,770 | 13,770 |
| 出售債券 | 104,376 | 104,376 |
| | | 167,511 |
| C. 殖利率＝8% | | |
| 第 1 年票息 | 13,770 | 17,346 |
| 第 2 年票息 | 13,770 | 16,061 |
| 第 3 年票息 | 13,770 | 14,872 |
| 第 4 年票息 | 13,770 | 13,770 |

|  | | |
|---|---|---|
| 出售債券 | 105,343 | 105,343 |
| | | 167,392 |
| D. 殖利率＝11% | | |
| 第 1 年票息 | 13,770 | 18,832 |
| 第 2 年票息 | 13,770 | 16,966 |
| 第 3 年票息 | 13,770 | 15,285 |
| 第 4 年票息 | 13,770 | 13,770 |
| 出售債券 | 102,459 | 102,459 |
| | | 167,312 |
| E. 殖利率＝12% | | |
| 第 1 年票息 | 13,770 | 19,346 |
| 第 2 年票息 | 13,770 | 17,273 |
| 第 3 年票息 | 13,770 | 15,422 |
| 第 4 年票息 | 13,770 | 13,770 |
| 出售債券 | 101,580 | 101,580 |
| | | 167,391 |

在另一方面，當殖利率由 10% 變成 11%，甚或 12% 時，公司債券四年後的投資總值變成 NT＄167,312 或 NT＄167,391，均足以支付 NT＄167,300 的負債。而前數年債息的投資總值變大，這是由於再投資報酬率上漲（由 10% 上升為 11% 或 12%）所造成；而價格風險對於債券出售價格有負面的影響。

免疫投資策略有下列優點：(1)債券免疫投資策略執行容易，且花費成本不多；(2)投資者擁有更多彈性，以挑選所需的債券；(3)免疫策略內的債券與未來應支付的負債，受到利率變動影響的幅度，相差很小。

當然，免疫投資策略也有其缺點：(1)免疫投資策略必須隨著市場利率變動，而重新建構債券組合內的個別債券，以使債券組合的存續期間相等於負債的存續期間；(2)當負債的還款排程改變後，債券組合也必須隨著重新建構；(3)免疫投資策略在殖利率曲線平行變動的情形下，其規避利率變動風險的效果較佳。若殖利率曲線的變動不是平行移動的話，免疫投資策略的功效將大打折扣。

### 2.現金配合策略（Cash Flow Matching）

　　現金配合策略，或又稱為保證現金收入策略（Dedication），乃在建構一個債券投資組合，而該組合所產生的未來現金流量能適時適量地支付未來一系列的還款排程。下面列舉一例以說明現金配合策略：

**例五：**假設某一保險公司於五年後有一還款排程，其金額為 NT $10,000,000；保險公司可於債券市場上，買入面額為 NT $10,000,000，五年後到期的零票息債券，即可構成現金配合策略。五年後，保險公司保證可以利用到期的債券支付其負債。圖6-1列出五年期間資產與負債的現金流量情形。兩者現金流量在每一時點均相等。

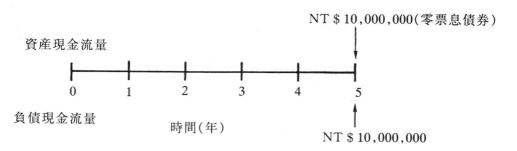

圖6-1　現金配合策略（零票息債券）

　　上例中，負債還款時點僅在五年後這一時點，較複雜的還款排程可能有數個還款時點；在這種情況下，投資者可就個別還款時點，購買同時到期的零票息債券，以完成現金配合策略；然而，此種策略可能面臨一個難題，即市場上並無適當到期日的零票息債券供投資者交易。

現金配合策略有下列優點：(1)現金配合策略容易了解；(2)現金配合策略可以完全去除利率變動的風險；(3)現金配合策略於執行期間，無需重新平衡組合內的債券，也無債息再投資的問題。

然而，現金配合策略也有其限制：(1)當負債還款排程複雜時，建構一個完全現金配合策略將耗費較高的成本；(2)當負債還款排程超過二、三十年時，由於市場上並無到期日超過二、三十年之債券可供買賣，因此，投資者也就無法建構所要的現金配合策略；(3)假若現金配合策略內的債券有提前贖回規定（Call Provision），則當債券被發行公司贖回後，將破壞整個現金配合策略。

### 3. 債券指數化投資策略（Bond Indexation）

所謂債券指數化投資策略，即以某一債券指數為標準，建構一個類似於該債券指數的債券投資組合；而建構的準則則以債券指數的存續期間為標的（Benchmark Duration）；投資者建構一個債券投資組合，其存續期間則釘住債券指數的存續期間；由於債券指數的存續期間，會因時間的經過或指數內債券的更迭而改變；因此，投資者也必須隨時調整債券投資組合，以配合債券指數的存續期間。

債券指數化投資策略除了跟隨債券指數的存續期間特性外，投資者也可設計其他風險特性的債券指數化策略，例如：跟隨債券指數的票息特性、到期日特性、或贖回風險特性等。

債券指數化投資策略有下列優點：(1)債券指數化投資策略可減少投資組合的周轉率，進而減少債券交易成本；(2)債券指數化的投資組合通常能對利率風險作較充分的分散；(3)指數化的債券組合管理費用，通常低於積極性投資策略的管理費用，因此，債券投資組合可以獲取較高的報酬率。

然而，債券指數化投資策略也有其缺點：⑴任一債券指數並不是很容易複製；⑵當債券指數的標的債券有變化時，投資者必須調整手上的債券投資組合，而這些調整耗時且成本高；⑶假使債券指數所涵蓋的債券數目眾多，且其各方面特性均有很大差異存在時，則複製債券指數的成本將很高。尤其當債券投資組合的規模不大時，建構一個指數債券組合的起始成本，將是相當可觀的。

# 第四節　混合型債券投資策略

前面第二節與第三節介紹了債券的積極性與消極性的投資策略，本節介紹混合型的債券投資策略：情境免疫策略（Contingent Immunization）。

投資者進行情境免疫策略之前，投資者先設定未來投資期間的債券投資組合報酬率下限。報酬率下限設定後，利用今日投資組合的價值，便可以估算出投資期間屆滿時，債券投資組合應有的最低終值。圖 6 - 2 列出情境免疫策略過程中，各投資組合價值的可能變化情形；假設投資者設定投資期間為五年，而今日投資組合價值為 85 萬元，投資者設定投資期間屆滿時，整個投資組合目標價值至少應為 100 萬元；依照今日的 5 年期市場利率水準，投資者若採取消極性的免疫投資策略，以規避市場利率變動的風險，則投資者為了確保五年後投資組合價值為 100 萬元，投資者今日應投入 80 萬元以進行消極性的免疫投資策略。然而，現今投資組合價值為 85 萬元，高出消極性投資策略所需的資金 80 萬元；在這種情境下，投資者尚有 5 萬元的資金可從事積極性的債券投資策略，以獲取較高的報酬率。

過了一段期間後（一個月，三個月，或半年），由於市場利率的變動或投資組合價值的增減，投資者必須重新評估當時的投資組合價值，是否仍然大於達到 100 萬元投資終值之消極性投資策略所需的投資金

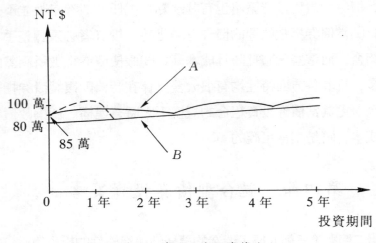

圖 6-2　情境免疫投資策略

額? 假使仍能達到 100 萬元終值, 投資者仍然可以進行積極性的投資策略, 希冀獲取較高的投資終值; 圖 6-2 中的 A 黑色實線描述此種情況的結果, 其投資組合終值可能高出 100 萬元。

　　相反地, 假使投資組合價值無法達到 100 萬元的期末終值時, 投資者立刻轉換原先積極性的投資策略, 改採消極性的投資策略, 希望儘可能達成 100 萬元的期末投資價值。圖 6-2 中的黑色虛線, 代表著初期投資組合價值變化, 當虛線穿破 B 黑色實線時, 意味著投資者必須採取消極性的免疫投資策略, 以確保 100 萬元的期末終值。

　　情境免疫投資策略乃是混合積極性與消極性的投資策略, 投資者應於那一時點採用消極性的免疫投資策略, 端視投資組合價值的變化與市場利率的變動情況而定。

## 第五節　結　　語

　　本章介紹債券的投資策略, 這些投資策略可以概略地分為消極性的

投資策略與積極性的投資策略。積極性的投資策略牽涉到未來市場利率
變動方向的預測，投資者預測未來長、短期利率的變化，針對預期的利
率水準，設計各類債券投資策略，以套取利潤。

　　相反地，消極性的投資策略則不預測未來利率的變化，這類投資策
略以規避利率變動對債券投資價值的影響為目的。

## 關鍵詞彙

**積極性投資策略**　　Active Strategy

**消極性投資策略**　　Passive Strategy

**債券換券**　　Bond Swaps

**殖利率曲線交易**　　Riding the Yield Curve

**利率風險免疫策略**　　Immunization

**資產與負債現金流量相抵策略**　　Cash Flow Matching and Dedication

**利率預期換券**　　Rate Anticipation Swap

**替代換券策略**　　Substitution Swap

**殖利率獲取策略**　　Yield Pick-up Swap

**債券區間市場換券策略**　　Sector Swap

**提前贖回規定**　　Call Provision

**債券指數化投資策略**　　Bond Indexation

**情境免疫策略**　　Contingent Immunization

# 習 題

1.比較積極性債券投資策略與消極性債券投資策略的差異?

2.請解釋殖利率曲線交易策略 (Riding the Yield Curve)?

3.請說明利率預期換券是高風險的債券投資策略?

4.何謂債券區間市場換券策略 (Sector Swap)?

5.解釋債券免疫投資策略 (Bond Immunization)? 免疫投資策略屬於利率風險規避策略, 請略述此種策略的優、缺點?

6.何謂現金配合策略? 比較現金配合策略的優、缺點?

7.請估計下列殖利率曲線交易策略的年報酬率:

| | |
|---|---|
| 買入時的債券到期日 | 2 年 |
| 買入時的債券殖利率 | 10% |
| 賣出時的債券到期日 | 1 年 |
| 賣出時的債券殖利率 | 8% |

# 第七章　股票評價分析

## 第一節　前　言

　　本章與下面兩章介紹股票評價方法、股票基本分析、與股票技術分析等課題，這些評價模式或分析方法是屬於傳統的股票評價範疇；而晚近的股票評價理論及分析方法，本書將於後面章節介紹，這些章節包括投資組合理論、資本市場理論、與效率市場學說等課題。

　　本章主要內容在探討各種股利折現評價模式（Discounted Dividend Models，DDM）應用於股票評價上；股利折現評價模式認為股票的真正價值（Intrinsic Value）視持有股票所獲取股利金額的多寡而定。

　　除了股利折現評價模式外，本章也將介紹其他股票評價方法，例如：本益比分析法（P/E Ratio Approach）、每股淨值評估法（Book Value Approach）、與現金流量倍數法（Multiple of Cash Flow Approach）。

　　在介紹上述各種股票評價方法之前，第二節探討股票報酬率與股票投資風險；第三節介紹股利折現評價模式；第四節則介紹其他股票評價方法；第五節為本章結語。

## 第二節　股票報酬率與風險

　　報酬率與風險是各類證券分析中的兩個重要因素，因此，在探討股票的評價方法之前，必須先了解股票報酬率與風險的特性。在前面兩章的債券分析中，債券報酬率（或債券殖利率）的計算，大多以一年為計算期間或以債券到期日為報酬率計算期間（例如：債券的到期殖利率）。而股票報酬率的計算期間，則為固定單一期間，例如：一週報酬率、一個月報酬率、或一年報酬率。

股票的期間報酬率可以分成兩部份，一為股利收入，另一為持有股票的資本利得或損失：

股票的總報酬率＝股利收入報酬率＋資本利得或損失

$$TR = \frac{D_t}{P_{t-1}} + \frac{P_t - P_{t-1}}{P_{t-1}} \qquad\qquad (7-1)$$

（7-1）式中，$TR$ 為股票在第 $t$ 期的報酬率，$D_t / P_{t-1}$ 為第 $t$ 期股利收入報酬率，而 $(P_t - P_{t-1}) / P_{t-1}$ 則為第 $t$ 期的資本利得或損失。

**例一：** 假設今年年初，臺泥股票的價格為每股 NT＄60，而臺泥公司今年發放每股 NT＄4 股利，另外，假設臺泥股票年底的價格為 NT＄50，則今年臺泥股票的總報酬率為負 10％，其中股利的報酬率為 6.67％，資本利得或損失報酬率為負 16.67％。

上例中，臺泥股票的年報酬率為負值，然而股利報酬率則為正值；在一般投資者的觀念中，認為股票投資報酬率似乎應以資本利得佔較重要的部份；事實上，在國外股市或臺灣股市，一些績優股票，例如：臺泥、亞泥、南亞、或臺塑等股票，其過去一、二十年的投資報酬中，股利收入的報酬率佔股票投資報酬率的絕大部份。

股票報酬率的多寡受到股票投資風險的影響，當股票風險高時，投資者將要求較高的期望報酬率，以作為承受風險的補償。股票的總風險依不同的分類標準，可分爲營運風險及財務風險、或市場風險及非市場風險，下面分別介紹這些股票投資風險：

1.**公司營運風險（Business Risk）**

此項風險與公司日常營業活動有關；一般而言，公司的固定成本比率越大或公司的產品項目較少，此類公司的營運風險相對地高於其他公司的營業風險；由於公司固定成本高或營業項目少，當銷售量萎縮時，銷貨收入可能無法支付生產成本，造成營業損失。因此，營業風險較高。

2.**公司財務風險（Financial Risk）**

此項風險與公司負債金額的多寡有關；一般而言，公司債權人對利息與公司財產的請償權均優於公司股東；當其他條件維持不變時，公司負債金額越大，股東可獲取的利潤將越小；公司若能以融資方式從事報酬率高於融資利率的營運計劃時，則股東的利潤將增多；相反地，若營運計劃報酬率低於融資利息費用，則股東利潤將銳減；因此，提高負債金額將加大股東利潤變動幅度，此即財務風險的影響。

3.**市場風險（Market Risk）**

股票的市場風險是由整個股票市場變動所造成；基本上，大部份股票價格的變動方向是相當一致的，即股票均會同時上漲或同時下跌；而股票市場是由個別股票所構成，因此，個別股票價格變動方向與市場變動方向也相當一致性，其間的差異僅在於價格變動幅度的大小；股票的市場風險即在衡量個別股票價格變動幅度相對於股票市場的變動幅度。貝他係數（Betas）則是用來估計個別股票的市場風險；理論上，貝他係數可爲正值，也可以爲負值；當貝他係數爲負值時，表示股票價格變動與市場變動呈現相反方向；由於大部份股票價格變動方向均相當一致，因此，貝他係數爲負值的股票較少存在。市場風險主要是受總體經濟變數變動的影響，這些總體經濟變數有市場利率、通貨膨脹率、及失業率等。

### 4.非市場風險（Non-Market Risk）

此項風險又稱為公司特有風險（Firm-Specific Risk）；基本上，這部份股票價格變動與整體市場的變動間並無任何關係；非市場風險主要是受到公司個別因素的影響，這些個別因素包括：公司管理階層的更迭及公司員工罷工事件等。

## 第三節　股利折現評價模式（DDM）

股利折現評價模式認為今日股票的價值，乃是持有股票期間，投資者所獲取各種現金流量現值的總和；股利折現評價模式包括基本評價模式（Fundamental Valuation Model）、單期報酬模式（Single-Period Return Model）、固定股利成長模式（Constant Dividend Growth Model）、及多階段股利成長模式（Multiple-Stage Growth Model）等。

### 1.基本評價模式

基本評價模式認為股票今日的價值，乃是未來預期股利的現值總和：

$$P_0 = \frac{\overline{D}_1}{(1+R_1)} + \frac{\overline{D}_2}{(1+R_1)(1+R_2)}$$
$$+ \frac{\overline{D}_3}{(1+R_1)(1+R_2)(1+R_3)} + \cdots + \infty \qquad (7-2)$$

在（7-2）式中，$\overline{D}_1$、$\overline{D}_2$、與 $\overline{D}_3$ 分別是第 1 年、第 2 年、與第 3 年的預期每股股利；$R_1$、$R_2$ 與 $R_3$ 則分別是投資者所要求的第 1 年、第 2 年、與第 3 年的股票報酬率，這些報酬率的高低受到股票風險多寡的影響。

在基本評價模式中，股票每一期的報酬率均不相等（$R_1 \neq R_2 \neq R_3 \neq \cdots \neq R_\infty$），即投資者估計股票每一期的風險均不相等；針對每一期間，估計股票的風險與報酬率是曠日費時之事，因此，為了簡化估計工作，投資者可以估計一個平均風險與平均報酬率，以代替各期的報酬率：

$$P_0 = \frac{\overline{D_1}}{(1 + R)} + \frac{\overline{D_2}}{(1 + R)^2} + \frac{\overline{D_3}}{(1 + R)^3} + \cdots + \frac{\overline{D_\infty}}{(1 + R)^\infty}$$

(7−3)

$$= \sum_{t=1}^{\infty} \frac{\overline{D_t}}{(1 + R)^t}$$

(7−4)

上式中；$\overline{D_t}$ 為股票第 $t$ 年的預期每股股利；$R$ 為股票各期的平均報酬率。

### 2. 單期報酬模式

在上述基本評價模式的（7−3）或（7−4）式中，雖然簡化了各期股票報酬率的估計工作，然而，投資者仍然必須估計股票每一期的預期股利金額；估計無限期的股利金額是不可能之事，因此，必須稍加修改基本評價模式後，才有可能應用股利折現模式於股票評價上。

基本評價模式中，今日股票價值可以（7−2）式估計如下：

$$P_0 = \frac{\overline{D_1}}{(1 + R_1)} + \frac{\overline{D_2}}{(1 + R_1)(1 + R_2)}$$
$$+ \frac{\overline{D_3}}{(1 + R_1)(1 + R_2)(1 + R_3)} + \cdots + \infty$$

(7−5)

同理，一年後股票價值也可以利用基本評價模式估計如下：

$$P_1 = \frac{\overline{D_2}}{(1+R_2)} + \frac{\overline{D_3}}{(1+R_2)(1+R_3)} +$$
$$\frac{\overline{D_4}}{(1+R_2)(1+R_3)(1+R_4)} + \cdots + \infty \qquad (7\text{-}6)$$

綜合 (7-5) 式與 (7-6) 式，可求得下式：

$$P_0 = \frac{\overline{D_1}}{(1+R_1)} + \frac{\overline{D_2}}{(1+R_1)(1+R_2)} +$$
$$\frac{\overline{D_3}}{(1+R_1)(1+R_2)(1+R_3)} + \cdots + \infty$$
$$= \frac{\overline{D_1}}{(1+R_1)} + \frac{1}{(1+R_1)}\left[\frac{\overline{D_2}}{(1+R_2)} +\right.$$
$$\frac{\overline{D_3}}{(1+R_2)(1+R_3)} + \frac{\overline{D_4}}{(1+R_2)(1+R_3)(1+R_4)} + \cdots$$
$$\left. + \infty \right]$$
$$= \frac{\overline{D_1}}{(1+R_1)} + \frac{P_1}{(1+R_1)} \qquad (7\text{-}7)$$

(7-7) 式就是單期報酬模式，$P_1$ 爲股票第 1 年期末的預期價值；投資者只要估計第 1 年的預期股利金額、第 1 年的股票應有的報酬率、與第 1 年期末的股票價值後，即可估計出今日股票的價值。

**例二：** 假設某證券分析師估計臺泥公司每股股利爲 4 元，而臺泥股票一年後股價爲每股 50 元；另外，投資於臺泥公司股票的應有年報酬率爲 8%，依照單期報酬模式估計，臺泥公司股票今日的價值應爲每股 50 元。

$$P_0 = \frac{\overline{D}_1}{(1 + R_1)} + \frac{P_1}{(1 + R_1)}$$

$$= \frac{\$4}{(1 + 0.08)} + \frac{\$50}{(1 + 0.08)}$$

$$= \frac{\$54}{(1 + 0.08)}$$

$$= \$50$$

換言之；投資者今日投入 50 元，若報酬率為 8%，則一年後，投資者將可獲取 54 元的價值。

### 3. 固定股利成長模式

在 (7-3) 式及 (7-4) 式中，我們假設股票每一期報酬率均相等，然而，每期的預期股利則未必相等，因此，投資者仍然必須估計每期的股利或盈餘數額；在某些情況下，公司的盈餘或股利或許會以某一固定比率成長；在這種情況下，盈餘或股利估計工作就很簡單了，而股利折現模式也可以用來估計股票今日的價值：

$$P_0 = \frac{\overline{D}_1}{(1 + R)} + \frac{\overline{D}_2}{(1 + R)^2} + \frac{\overline{D}^3}{(1 + R)^3} + \cdots + \infty \qquad (7-8)$$

假設股利每年的成長率為 $g$，則式子 (7-8) 可以化簡如下：

$$P_0 = \frac{\overline{D}_1}{(1 + R)} + \frac{\overline{D}_2}{(1 + R)^2} + \frac{\overline{D}_3}{(1 + R)^3} + \cdots + \infty$$

$$= \frac{\overline{D}_1}{(1 + R)} + \frac{\overline{D}_1(1 + g)}{(1 + R)^2} + \frac{\overline{D}_1(1 + g)^2}{(1 + R)^3} + \cdots + \infty$$

$$= \sum_{t=1}^{\infty} \frac{\overline{D}_t(1 + g)^{t-1}}{(1 + R)^t} \qquad (7-9)$$

式子（7-9）乃是一個等比級數數列，因此，股票今日價值可以化成下式：

$$P_0 = \frac{\overline{D}_1}{R - g} \tag{7-10}$$

上式中，$\overline{D}_1$ 為股票第 1 年預期股利，$R$ 為應有報酬率，$g$ 為盈餘或股利的成長率。

在固定股利成長率（$g$）及固定報酬率（$R$）的假設下，式子（7-10）可以化為下列通式：

$$P_t = \frac{\overline{D}_{t+1}}{R - g} \tag{7-11}$$

股票的價值隨著股利（$\overline{D}_{t+1}$）金額與股利成長率（$g$）的變動，成相同方向的變化；而股票的價值則與應有報酬率（$R$）成相反方向的變動。

從式子（7-11），我們可以看出股利成長率（$g$）的估計值，將影響到股票價值的估計；下列介紹一種股利成長率（$g$）的估計方法：

這種方法認為盈餘及股利成長率（$g$）乃是股東權益報酬率（Return on Equity，$ROE$）與盈餘保留比例（Retention Ratio，$b$）兩者的乘積：

$$g = b \times ROE \tag{7-12}$$

在（7-12）式中；$b$ 為公司盈餘保留比例；基本上，當公司的股東權益報酬率固定時，假如盈餘保留比例越高，則股利成長率越大；同樣地，當公司的盈餘保留比例固定時，假如股東權益報酬率越大，則股利成長率也將較大。下面以一個例子說明利用（7-12）式估計股利成長率（$g$）：

**例三：** 假設臺北公司年初的總資產與股東權益均爲 1 億元，臺北公司並無任何負債；臺北公司的股東權益報酬率爲 15%；另外，臺北公司將每年盈餘的 60% 發放股利予股東，40% 的盈餘則從事再投資；這些新投資也爲臺北公司帶來 15% 的股東權益報酬率，則股利成長率爲多少？

第一年臺北公司的稅後盈餘爲 1,500 萬元（1 億元的 15%），其中 900 萬元發放股利，每股股利爲 0.9 元（假設臺北公司發行在外股數爲 1,000 萬股）；另外，600 萬元則再進行投資，股東權益總值爲 1 億 600 萬元。

臺北公司第二年的稅後盈餘爲 1,590 萬元（1 億 600 萬元的 15%）；其中 954 萬元發放股利，因此，第二年每股股利爲 0.954 元，股利成長率爲 6%（0.954 元 = 1.06 × 0.9 元）；而 6% 即爲股東權益報酬率（15%）與公司盈餘再投資比率（40%）的乘積。

由上例的分析可以看出，當公司盈餘再投資比率不變時，若股東權益報酬率增加，則股利成長率將變大；同理，當股東權益報酬率維持不變，若公司提高盈餘再投資比率，則股利成長率也將較快。

下面以例子說明固定股利成長模式的應用：

**例四：** 假設臺北公司今年的股利金額爲每股 2 元；投資者預期臺北公司的股利成長率爲 9%；而投資於臺北公司應有的報酬率爲 15%；則臺北公司的股價估計值爲：

$$\hat{P}_0 = \frac{\overline{D_1}}{R-g}$$

$$= \frac{\$2(1.09)}{0.15 - 0.09} = \$36.33$$

上述固定股利成長模式乃建立在下列三個假設之上：

(a)盈餘及股利的成長率固定不變；

(b)資本結構不變，即負債對股東權益的比率維持固定不變；

(c)公司盈餘的再投資金額比率維持固定不變。

然而，在某段期間，股利成長率未必維持固定不變，股利成長率 ($g$) 甚至大於股票本身應有的報酬率 ($R$)，在這種情況下，則無法利用固定股利成長率模式，來估計股票應有的價值。下面介紹如何應用多階段股利成長模式於股票評價上。

### 4.多階段股利成長模式

二階段股利成長模式是最簡單的多階段股利成長模式；二階段股利成長模式假設第一階段的股利成長率高出或低於第二階段的固定股利成長率，即過完第一階段後，股利成長率將維持不變。假設第二階段股利成長率維持固定不變的理由是：一般而言，投資者以 5 年或 10 年後的股利成長率來判定公司的價值，是件困難之事；因爲 5 年或 10 年後，今天高成長率的公司可能無法維持同樣的成長率；相反地，今天營運不佳的公司可能於 5 年或 10 年後，脫胎換骨地享有高成長率。由於 5 年或 10 年後的狀況很難預測，因此，假設第二階段的股利成長率固定不變，以簡化估計工作。

假設第一階段的股利成長率爲 $g_1$，而第二階段的股利成長率爲 $g_2$；另外，假設第一階段期間爲 $N$ 年，$N$ 年後的股價估計值爲 $P_N$；則今日股票的價值可以下式估計：

$$P = \left[ \frac{D}{(1+R)} + \frac{D(1+g_1)}{(1+R)^2} + \frac{D(1+g_1)^2}{(1+R)^3} + \cdots + \frac{D(1+g_1)^{N-1}}{(1+R)^N} \right]$$

$$+ \frac{P_N}{(1+R)^N} \tag{7-13}$$

(7-13) 式可以簡化成 (7-14) 式：

$$P = D\left[\dfrac{1 - \left(\dfrac{1 + g_1}{1 + R}\right)^N}{R - g_1}\right] + \dfrac{P_N}{(1 + R)^N} \qquad (7-14)$$

$N$ 年後，股利成長率將維持在 $g_2$；因此，可以利用前面的股利固定成長模式估計 $N$ 年後的股價，$P_N$：

$$P_N = \dfrac{D_{N+1}}{R - g_2} = \dfrac{D_N(1 + g_2)}{R - g_2} = \dfrac{D_0(1 + g_1)^{N-1}(1 + g_2)}{R - g_2}$$

$$(7-15)$$

將 (7-15) 式代入 (7-14) 式，可求得 (7-16) 式：

$$P = D\left[\dfrac{1 - (\dfrac{1 + g_1}{1 + R})^N}{R - g_1}\right] + \left[\dfrac{D(1 + g_1)^{N-1}(1 + g_2)}{R - g_2}\right]\left[\dfrac{1}{(1 + R)^N}\right]$$

$$(7-16)$$

(7-16) 式可以用來評估股票的價值；投資者有了股利數額 ($D$)、股票應有報酬率 ($R$)、及股利在兩個階段的成長率 ($g_1$ 與 $g_2$)，就可以估計出股票今日的價值。

雖然 (7-16) 式可以直接地估計出股票的價值，然而，在實務應用上，則對 (7-16) 式稍加修改；假如公司經過 $N$ 年後，股利成長率、股利政策、及公司風險程度等特性，都與市場大多數公司一致的話，則這家公司 $N$ 年後的本益比與整個市場的本益比應相同。假設 $M_N$

為 $N$ 年後公司或整個市場的本益比，則公司 $N$ 年後的股價，$P_N$，可以下式表示：

$$P_N = \frac{P_N}{E_N}(E_N) = M_N E_N \tag{7-17}$$

將 (7-17) 式代入前面 (7-14) 式後，可得下式：

$$P_0 = D\left[\frac{1 - (\frac{1+g_1}{1+R})^N}{R - g_1}\right] + \frac{M_N E_N}{(1 + R_N)^N} \tag{7-18}$$

(7-18) 式中，$D = D_0 (1 + g_1)$；$D_0$ 為今年剛發放的股利金額；$E_N$ 為第 $N$ 年的每股盈餘，$E_N = E_0 (1 + g_1)^N$。

**例五：** 假設臺北公司今年的每股盈餘為 8 元，每股股利金額為 2 元；臺北公司的股利成長率為9%；臺北公司股票應有報酬率為15%；而 3 年後，整個市場的本益比估計為10；則臺北公司的股價估計值為：

$$P_0 = \$2(1.09)\left[\frac{1 - (\frac{1.09}{1.15})^3}{0.15 - 0.09}\right] + \frac{10(\$8)(1 + 0.09)^3}{1.15^3}$$
$$= \$5.395 + \$57.335 = \$62.73$$

在例五中，假設股利成長率與盈餘成長率相等；換言之，臺北公司盈餘的發放比率（Payout ratio）維持不變；假設臺北公司盈餘成長率為20%，則臺北公司的股價估計值為：

$$P_0 = \$2(1.09)\left[\frac{1 - (\frac{1.09}{1.15})^3}{0.15 - 0.09}\right] + \frac{10(\$8)(1 + 0.20)^3}{1.15^3}$$
$$= \$5.395 + \$90.895 = \$96.29$$

　　二階段股利成長模式假設股利成長率於 N 年後，由某一固定比率變成另一固定成長率；然而，股利成長率的變化應是漸近地；因此，加入另一股利成長率變化階段，應與實際情形比較吻合，此即三階段股利成長模式。

　　在三階段股利成長模式中，股利成長率在第一階段爲一固定比率；在第二階段，股利成長率則每期變化；至第三階段，股利成長率又趨向於一固定比率；在三階段股利成長模式中，股票價格可以下式估計：

$$P = \left[\frac{D}{1+R} + \frac{D(1+g_1)}{(1+R)^2} + \cdots + \frac{D(1+g_1)^{N-1}}{(1+R)^N}\right] +$$
$$\frac{(1+g_1)^{N-1}(1+g'_2)}{(1+R)^{N+1}} +$$
$$\frac{D(1+g_1)^{N-1}(1+g'_2)(1+g''_2)}{(1+R)^{N+2}} + \frac{P_{N+2}}{(1+R)^{N+3}}$$

$$(7-19)$$

　　(7-19) 式假設第二階段期間爲 2 期；第一階段的股利成長率爲 $g_1$；第二階段第一期的股利成長率爲 $g'_2$，第二期的股利成長率爲 $g''_2$；第三階段的股利成長率均爲 $g_3$。

**例六：**假設臺北公司今年的每股股利金額爲 2 元；臺北公司未來股利成長率可以劃分爲三階段；第一階段 3 年的股利成長率，每年均爲 9%；第二階段計 2 年，第 1 年股利成長率爲10%，第 2 年成長率爲11%；第三階段股利成長率則將維持在12%；假設臺北公司股票應有的投資報酬率爲15%，則臺北公司的股價估計值爲：

$$P_0 = \left[\frac{\$2(1.09)}{1.15} + \frac{\$2(1.09)^2}{(1.15)^2} + \frac{\$2(1.09)^3}{(1.15)^3}\right] +$$

$$\left[\frac{\$2(1.09)^3(1.1)}{(1.15)^4} + \frac{\$2(1.09)^3(1.1)(1.11)}{(1.15)^5}\right] +$$

$$\left[\frac{\$2(1.09)^3(1.1)(1.11)(1.12)}{(0.15 - 0.12)} \frac{1}{(1.15)^6}\right]$$

$$= \$5.395 + \$1.572 + \$51.043 = \$58.01$$

# 第四節　其他股票評價方法

除了股利折現模式外，其他的股票評價方法包括：本益比分析法 (P/E Ratio Approach)、現金流量倍數法（Multiple of Cash Flow Approach）、與每股淨值評估法（Book Value Approach）等。

### 1. 本益比分析法

第三節的股利折現模式必須估計未來好幾期的股利金額；而股利估計是件不易之事，因此，股利折現模式有其應用上的困難；因此，實務界經常利用本益比分析法來評估股票應有的價值：

$$P = E \times \frac{P}{E} \tag{7-20}$$

上式中，$P$ 爲股票價值；$E$ 代表每股盈餘；$P/E$ 爲本益比。因此，投資者只要估計每股盈餘與本益比，即可估計出股票價值。這裡要強調的是，式子（7-20）中的每股盈餘與本益比均是未來的數值；而國內報載的本益比則大多以過去的盈餘作爲每股盈餘數值。因此，投資者利用本益比分析法估計股票價值，必須先估計公司未來每股盈餘的金額。

每股盈餘估計值與本益比估計值可以由投資專業刊物（例如：財

訊）取得；這些刊物大抵只報導每股盈餘估計值或本益比估計值，而對估計方法或所使用的計量模型，則甚少說明；因此，讀者對這些估計值的可信性應持審慎態度。

**例七：** *假設臺北公司來年每股盈餘預估為 2 元；而投資者估計臺北公司合理的本益比為 20，則依照本益比分析法估計臺北公司股票價值為每股 40 元：*

$$P_0 = E_1 \times \frac{P_0}{E_1} \Rightarrow P_0 = 2 \times 20 = 40$$

在本益比分析法中，本益比值對股票價值的影響甚鉅；而影響本益比值的因素有那些呢？

我們利用前節的固定股利成長模式為例，探討影響本益比值的因素；式子（7-10）除於預估每股盈餘 $E_1$ 後，即可得到下式：

$$\frac{P_0}{E_1} = \frac{\overline{D_1}/E_1}{R - g} \tag{7-21}$$

（7-21）式中，本益比值的變化與盈餘配息比率（$\overline{D_1}/E_1$）的變化，有正向關係；本益比值的變化與股利成長比率（$g$）變化，也有正向關係；而本益比值的變化與股票應有報酬率變化，則有負向關係。

影響本益比值的上述三個因素並非互相獨立不相關，其中一個因素的變化會影響到其他兩個因素的變化，進而影響本益比值；例如：公司可以經由提高盈餘配息比率讓本益比值變大；然而，高盈餘配息政策容易造成投資者的誤解，認為公司成長機會少，才提高盈餘配息比率；因此，投資者預測公司未來股利成長率會下降，而股利成長比率的降低將造成本益比值的下降。因此，投資者評估某一因素變動對本益比值影響之際，也應將其他因素的可能變化納入考量。

### 2.現金流量倍數法

在本益比分析法中，投資者必須預估每股盈餘金額；公司盈餘金額的計算乃建立在一套會計原理原則上，當公司更改原先採用的會計原理原則後，公司盈餘可能會產生重大變動；因此，預估每股盈餘金額並不是一件很容易的工作。

由於每股盈餘金額不易準確地估計，部份投資者使用每股現金流量值來估計股票價值。一般而言，相對於每股盈餘，每股現金流量值的估計較容易；然而，投資者仍然必須先估計每股現金流量倍數值（Price/Cash Flow Ratio）後，才能使用現金流量倍數法估計出股票價值。

### 3.每股淨值評估法

每股淨值是由資產負債內的股東權益除以流通在外股數而得；每股淨值評估法比較適合用來評估金融機構的股價，一般而言，金融服務業的資產大抵是放款，而較少機器設備等固定資產；因此，每股淨值較能反映出公司的真正價值，部份投資者經由比較每股淨值與股價的差額，以判斷股價的合理性。部份研究顯示，投資於股價淨值比（Price to Book Value Ratio）較低的股票，可以獲取較高的報酬率。因此，每股淨值評估法不失為一種簡單有效的股票評價方法。

## 第五節　結　　語

本章介紹各種股價評估方法；理論上，股票今日價值應等於未來所能收到各期股利現值的總和，此即為股利折現模式；本章介紹了固定股利成長模式、二階段股利成長模式、及三階段股利成長模式。除了股利折現模式外，本章也介紹其他股票評價方法，這些方法包括：本益比評

估法、現金流量倍數法、及每股淨值評估法。在這三種評估方法中，本
益比法為實務界經常採用的股票評價方法。

## 關鍵詞彙

股利折現評價模式　　Discounted Dividend Models，DDM
眞正價值　　Intrinsic Value
本益比分析法　　P/E Ratio Approach
每股淨值評估法　　Book Value Approach
現金流量倍數法　　Multiple of Cash Flow Approach
公司營運風險　Business Risk
公司財務風險　Financial Risk
市場風險　Market Risk
貝他係數　Betas
非市場風險　Non-Market Risk
公司特有風險　Firm-Specific Risk
基本評價模式　Fundamental Valuation Model
單期報酬模式　Single-Period Return Model
固定股利成長模式　Constant Dividend Growth Model
多階段股利成長模式　Multiple-Stage Growth Model
股東權益報酬率　Return on Equity，ROE
盈餘保留比例　Retention Ratio

# 習 題

1.何謂營運風險與財務風險?

2.何謂市場風險與非市場風險?

3.說明固定股利成長模式的假設?

4.何謂本益比分析法? 實務界爲何偏好本益比分析法於股票評價上?

5.爲何三階段股利成長模式優於二階段股利成長模式?

6.臺泥公司剛發放每股股利 NT＄2.00，假設股利成長率固定爲每年 10％，而持有臺泥股票應有的報酬率爲 15％，請估計臺泥股票的價值?

7.南亞公司目前股價爲 NT＄60，而其股利金額爲 NT＄3：

　(1)假設十年後，每股股利成長爲 NT＄6，請估計南亞股票的應有報酬率?

　(2)假設五年後，每股股利成長爲 NT＄9，請估計南亞股票的應有報酬率?

# 第八章 股票基本分析

## 第一節 前 言

第七章介紹股票的基本評價模式，本章則介紹股票的基本分析，基本分析的途徑可以分為由上而下途徑（Top-Down Approach）、由下而上途徑（Bottom-Up Approach）、及市場導向途徑（Market-Oriented Approach）三種。

表 8-1 各種基本分析途徑的強調重點順序

---

**一、由上而下的基本分析**

　　1.總體經濟分析

　　2.產業分析

　　3.公司分析

　　4.擇時分析

**二、由下而上的基本分析**

　　1.公司分析

　　2.產業分析

　　3.擇時分析

　　4.總體經濟分析

**三、市場導向的基本分析**

　　1.擇時分析

　　2.公司分析

　　3.總體經濟分析

　　4.產業分析

---

如同表 8-1 所列, 由上而下的基本分析途徑, 首重總體經濟分析 (Economic Analysis), 其次為產業分析 (Industry Analysis), 再其次為公司分析 (Company Analysis), 最後為擇時分析 (Market Timing); 而由下而上的基本分析途徑, 則首重公司分析, 其次為產業分析, 再其次為擇時分析, 最後為總體經濟分析; 市場導向的基本分析途徑, 則首重擇時分析, 其次為公司分析, 再其次為總體經濟分析, 最後為產業分析。

上述三種基本分析途徑的內容相互一致, 其間的差異僅在於強調分析重點的不同而已; 因此, 本章股票基本分析的介紹, 將依照由上而下的基本分析途徑, 第二節介紹總體經濟分析, 第三節介紹產業分析, 第四節則介紹公司分析, 第五節為本章結語。市場擇時分析則將於本書第十八章資產配置課題內介紹。

## 第二節　總體經濟分析

經濟分析是由上而下基本分析途徑中的第一個步驟, 經濟分析的主要目標, 在使用各種技術與指標, 從事短期 (半年至一年期間) 的經濟景氣預測。

經濟分析中所使用的預測技術與方法, 有下列數種: 1.專家意見調查 (Anticipatory Surveys); 2.經濟指標 (Economic Indicators); 3.貨幣供給額與股價指數法 (Money Supply and Stock Prices); 4.計量經濟模型 (Econometric Model)。

### 1.專家意見調查

利用訪問眾多學者、專家、及政府官員所得資料, 整理出未來經濟景氣的走勢。基本上, 專家意見調查所得的結果, 並不代表著專家們的預測, 而是專家對未來經濟景氣的大致看法。大部份的財經刊物及報紙均會定期地刊載學者及專家的觀點，專家的意見或許分歧，但不失爲一種簡單的景氣預測方法。

## 2.經濟指標

　　由於經濟景氣循環有其週期性，因此，景氣循環可以約略地加以預測；各國政府都設計各式各樣的經濟指標，用來預測或了解短期的經濟景氣情況。這些經濟指標可分爲領先指標（Leading Indicators）、同時指標（Coincident Indicators）、及落後指標（Lagging Indicators）等三個類別。顧名思義，領先指標的變化先於經濟景氣的變化，同時指標的變化則與經濟景氣變化同步，而落後指標的變化則晚於經濟景氣的變化。因此，領先指標可以供作經濟景氣預測上的參考。表 8－2 列出美國政府所編製的 11 種領先指標。

### 表 8－2　11 種經濟景氣領先指標

1. 製造業平均週工時（Average weekly hours of production workers, manufacturing）

2. 首次請領失業救濟平均週金額（Average weekly initial claims for unemployment insurance）

3. 製造業新接訂單（Manufacturers' new orders）

4. 機器設備採購訂單（Contracts and orders for plant and equipment）

5. 民宅建照核可數（New private housing units authorized by local building permits）

6. 貨幣供給額（Money supply, M2）

7. S&P 500 股價指數（S&P 500 Composite index of common stocks）

8. 尚未出貨耐久財訂單金額變動數（Change in manufacturers' unfilled orders）

9. 重要原料價格變化（Change in sensitive materials prices）

10. 延滯出貨率（Vendor performance, percent of companies receiving slower deliveries）

11. 消費者預期指數（Index of consumer expectations）

基本上，當經濟景氣到達高峰之前，領先指標就先行下滑；而經濟景氣下滑至谷底前，領先指標則已開始往上攀升。因此，經由觀察領先指標的變化，可以預測未來經濟景氣的變化。然而，領先指標有時會出現錯誤的訊息，例如：領先指標雖然已由下往上爬升，經濟景氣仍然持續地在谷底盤旋；另外，領先指標只是標示未來經濟景氣變化的方向，這些指標並無法指出景氣變化的時點；最後，表8-2列出股價指數是屬於領先指標內的一種，因此，投資者無法利用經濟景氣變化來預測股市的變化。

### 3. 貨幣供給額與股價指數法

政府的貨幣政策對經濟景氣與股市起伏造成影響；因此，要預測股價變化與經濟景氣走向，必須將體系內的貨幣供給額變化納入考慮。

當經濟體系處於景氣蕭條階段時，政府爲了刺激經濟活動，中央銀行會採取較寬鬆的貨幣政策，增加體系內的貨幣供給額，例如：經由公開市場買回短期國庫券，以釋出通貨。

由於景氣蕭條時，商業銀行的放款業務少，商業銀行被迫將資金投入政府公債。同時，由於政府債券殖利率低，個人投資者將出售政府公債，以獲取公債投資的資本利得（因爲利率由上往下，債券價格將上漲）。個人投資者出售政府公債後，個人投資組合內的現金餘額增加，造成個人消費的增加或將資金投入股市。因此，貨幣供給額的增加刺激了經濟景氣及影響了股市變動。

　　上述理論認為貨幣供給額變化，可供投資者預測經濟景氣變化與股票市場變動。換言之，貨幣供給額變化領先股價的變化；早期的研究結果支持此項論調；然而，晚近的研究顯示投資者已預期到貨幣供給額變化，因而造成股價變化提前反應貨幣供給額的變化，這種現象顯然符合效率市場學說的論調。

　　另外，貨幣供給額變化是否可用來預測經濟活動變化？大多數的總體經濟理論均認為貨幣供給額增加，會增進體系的經濟活動。然而，部份實證研究結果，顯示貨幣供給額變化對經濟活動沒有影響；因此，貨幣供給額變化是否可用來預測經濟活動變化，仍然尚無一致的看法。

### 4.計量經濟模型

　　使用計量經濟模型預測經濟活動之前，必須先評估並挑選與經濟活動變化有關的經濟變數；經濟變數決定後，根據變數間的互動關係，建立聯立方程式（Simultaneous Equations），例如：

$$GNP = a_1 + b_1 X_1 + b_2 X_2 + \cdots + b_n X_n$$
$$IR = a_2 + c_1 X_1 + c_2 X_2 + \cdots + c_n X_n$$
$$\vdots$$
$$SI = a_n + k_1 X_1 + k_2 X_2 + \cdots + k_n X_n$$

*GNP* 代表國民生產毛額；*IR* 代表利率水準；*SI* 代表股票指數；而 $X_1 \cdots X_n$ 則為其他經濟變數。

　　計量經濟模型能預測未來經濟活動的變化方向及其幅度的小大；目前，部份國內、外研究機構有建立計量經濟模型，以預測短期經濟活動的變化。

## 第三節　產業分析

　　在由上而下的股票基本分析架構中，產業分析的重要性僅次於總體經濟分析。產業分析主要在探討影響產業成本結構、產業原料供給、與產業成品需求的一些重要因素；這些因素包括：政府對產業的管制與產業技術的更新，對產業未來的前景所造成的衝擊；而在同一產業下的個別公司，多多少少也會受到這些產業因素變動的影響，此種影響稱之為產業效果（Industry Effect）。

衆多的股票分析研究指出，一家公司報酬率中的 18％ 是受到產業因素的影響，而在大部份的產業內，產業效果對產業內三分之二以上的個別公司，有相當重要的影響力。因此，產業分析是證券基本分析中的重要一環。

### 1.景氣循環與產業分析

大部份產業的榮衰均受到景氣循環變化的影響，只是影響程度不盡相等。造成影響程度差異的因素有銷售額穩定度、公司營運槓桿、與財務槓桿等。一些公司的銷售額受到經濟景氣循環影響至鉅，例如：生產家電用品等耐久財的廠商；在景氣蕭條期，消費者常常遞延家電用品的採購，因此，家電用品廠商的銷售額也隨之下降。然而，有些產業受景氣循環的影響很微小，食品業就是最佳的例子；民生問題是消費者每天的問題，因此，不論景氣狀況如何，消費者必須花費一定量預算於食品及日常用品上；食品業及民生用品業的銷售額，不會受景氣循環的影響，而有重大的起伏變化。

另外，產業的營運槓桿與景氣循環的交互作用，對產業的獲利性有很大的影響；營運槓桿代表固定生產成本佔所有生產成本的比重。不管生產量的多寡，固定生產成本每期均須支出；而變動生產成本則隨每期的生產量成相同方向變動；當景氣處於蕭條期時，銷售量大幅降低，固定生產成本高的公司或產業，因無法立刻降低固定生產成本，以大幅地減少整體生產成本，因而造成公司利潤大幅萎縮。相反地，營運槓桿低的公司或產業，可以經由變動成本的減少，而大幅地減少整體生產成本，因此，公司利潤受景氣循環的衝擊較小。

最後，產業財務槓桿與景氣循環的交互作用，對產業獲利能力也有重大的影響；財務槓桿代表公司舉債金額的比重。由於負債的利息費用每期均須支付，因此，利息費用對公司利潤所造成的影響，類似於固定生產成本的影響。舉債額度高的公司，公司利潤受到景氣循環的衝擊比較大。

## 2.產業生命週期與產業分析

就像人類由出生至死亡有不同的成長階段，產業也有其不同的發展階段，這些不同的發展階段構成了產業生命週期。人類成長階段可劃分為嬰兒期、青少年期、成年期、與老年期；而產業發展階段也可以概分為早期開發期（Early Development）、快速成長期（Rapid Expansion）、成熟成長期（Maturity）、與穩定衰退期（Relative Decline）。圖 8－1 描述產業銷售額、銷貨毛利、與盈餘，在不同產業發展階段的變化。

### (1)早期開發期

在產業早期開發期的前半階段，公司必須投入相當多研究開發資金，因此，生產成本很高；而市場對新產品的接受性尚不高，所以公司銷售金額少；高生產成本與低銷貨量，造成公司營運上的虧損。當早期開發期快結束時，市場對新產品接受性提高，而公司研究開發成本也大幅減少，因此，公司營運處於損益兩平的狀況。

### (2)快速成長期

由於新產品接受性變高，公司的銷售額快速成長，新產品攻佔舊產品的市場；因此，公司的銷貨毛利與盈餘也快速成長，轉變了早期開發期虧損的情形。

### (3)成熟成長期

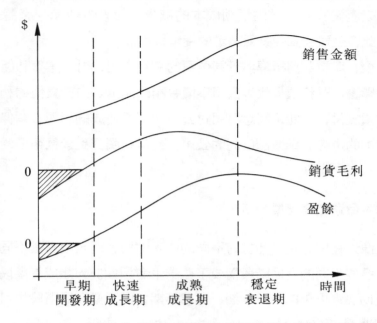

圖 8-1 產業生命週期內銷售額、銷貨毛利與盈餘的變化

由於新產品市場日趨飽和，公司銷售額的成長速度趨緩；而在快速成長期間，公司為了供應市場需求，均投入相當多的資金於廠房生產設備上；而這些生產成本分配至成熟成長期，造成公司銷貨毛利與盈餘無法維持高成長。

(4)穩定衰退期

整個產業的成長率遠低於整個經濟體系的成長率；銷售額、營運毛利、與盈餘均呈衰退的跡象。

投資者可以經由產業所處的發展階段，評估該產業的成長潛力；基本上，投資者或許偏好處於快速成長期的產業，這些產業的銷售額與盈餘以倍數成長，當然是理想的投資對象，例如：臺灣的電子業。然而，這些產業的公司股票價格可能已大幅上漲，反應出該行業快速成長的潛力；因此，投資者介入該產業，未必能獲取理想的報酬率，所以，投資者仍然必須審慎地評估這些公司獲利情形，判斷股價是否偏離了應有的價位。

　　處於早期發展期的產業提供投資者高報酬的機會，然而，投資風險也相對較大；假如公司能渡過早期開發期而進入快速成長期，投資者將可獲取相當可觀的報酬率，相反地，若公司在早期開發期被淘汰出局，投資者的資金將血本無歸。另外，投資者應避開穩定衰退期的產業，這些產業大多是夕陽產業，遲早會被其他產業所取代，其獲利能力逐年衰退，直至被淘汰出局。

### 3.產業分析的其他注意事項

　　投資者可以經由景氣循環與產業生命週期分析概略地了解產業未來的前景；下面所探討的一些產業情境分析，可供投資者進一步了解產業的未來發展。

#### (1)產業過去的銷售額與盈餘變化

　　雖然我們無法完全依賴產業過去的歷史紀錄，去判斷產業未來發展的確切方向；但在預估產業未來的銷售額與盈餘成長方面，過去的歷史資料仍然經常地被用來作為預測的基礎；投資者可以從一些財經雜誌或期刊（例如：《財訊》），獲取產業的銷售與盈餘歷史資料，作為預測的參考。

#### (2)勞力供給情形

　　大部份製造業均需僱用眾多的勞工，假如勞力供應不足，將對產業造成鉅大的影響；產業為了取得不足的勞力，被迫提高工資，造成盈餘的減少；例如：臺灣目前正在進行六年國建計劃，需要大批勞工；然而，臺灣民眾追求高學歷，基層勞力供應不足，造成工資飛漲及開放外勞。因此，投資者必須了解產業的勞力供需情形，評估勞力供需不平衡對產業的衝擊。

### (3)政府對產業所持的態度

在不同的經濟發展階段，政府所重視的產業也會不同；臺灣經濟發展初期，政府強調輕工業與重視出口導向的產業（例如：紡織與製鞋）；這些產業獲取相對較多的協助與獎勵；民國 80 年以來，由於國內勞力供給不足與為了產業升級，政府的重點產業轉移至電子業與化工業，這兩種產業獲得較多的政府協助（例如：臺塑六輕設廠與工業園區設置）。了解政府對各個產業的態度，有助於了解產業的發展潛力。

另外，每種產業或多或少受到政府法令的規範（例如：環境保護與勞工保險等），投資者有必要評估各種法令規章，對產業所造成的影響。

### (4)產業的競爭情況

產業的競爭情況很激烈時，產業勢難維持較高的報酬率；影響產業競爭情況的因素包括：廠商進出產業的難易程度、產業上游供應商的影響力、產業下游廠商的影響力、其他代替品的威脅程度、產業的資本密集程度、及產業的經濟規模。

新廠商較難加入的產業，產業的競爭程度較緩和；上游與下游廠商影響力較小的產業，產業的競爭程度也較不激烈；產業代替品的威脅程度大時，產業的競爭情形將較激烈；而產業所需資本額小或經濟規模生產量較小，產業的競爭情況將較激烈。

## 第四節　公司分析

公司分析可以分為質的分析（Qualitative Analysis）與量的分析（Quantitative Analysis）兩大類；量的分析包括：財務報表分析、非財務資料的統計分析（例如：生產量、資本支出、及廠房產能等資料）、與財務比率分析。質的分析則包括較難量化的資料分析，這些分析資料包括：公司的管理制度、公司的行銷通路、員工與公司的關係、與公司的產品專利權等。

## 1.量的分析

量的分析偏重在下列財務層面的分析：銷售額與盈餘成長率、獲利性、盈餘的變異程度、公司信用額度、股利政策、及本益比分析。

### (1)財務報表分析

公司的財務報表包括損益表、資產負債表、現金流量表、與盈餘分配表；這些報表可由公司的年度報告書（Annual Reports）內取得。

損益表說明公司在某一期間的獲利情形；損益表內的重要項目包括：營業收入、營業成本、營業費用、營業外收入，營業外支出、及營業所得稅。營業收入項目則包含銷貨收入淨額、勞務收入，與其他營業收入等子項目；營業成本項目包含銷貨成本、勞務成本，與其他營業成本等子項目；營業費用項目包含推銷費用與管理費用；營業外收入則包含利息收入、投資收入，與其他收入；而營業外支出包含利息費用與其他費用。

表8-3是臺灣化學纖維股份有限公司民國82年度與81年度的損益表。損益表的主要功能在計算公司年度稅後純益金額，臺化公司的稅後純益由民國81年度的39億2,802萬元降為民國82年度的33億7,769萬元；一般而言，投資者對每股稅後淨利較感興趣，臺化公司每股純益也由81年度的1.99元下降為1.71元，這些資料顯示臺化公司82年度的營運結果略遜於81年度的營運結果。

### 表 8-3 臺灣化學纖維股份有限公司
### 損 益 表

單位：新臺幣元                                        民國 82 及 81 年度

| 項　　　　　　　目 | 82 年 1 月 1 日至 12 月 31 日 | | 81 年 1 月 1 日至 12 月 31 日 | |
|---|---|---|---|---|
| | 金　　　額 | % | 金　　　額 | % |
| 營業收入淨額 | 25,741,460,215.00 | 100 | 26,330,287,932.00 | 100 |
| 　銷貨收入 | 25,865,615,923.00 | | 26,299,056,064.00 | |
| 　　減：銷貨退回 | 81,928,952.00 | | 65,112,849.00 | |
| 　　　　銷貨折讓 | 259,725,653.00 | | 99,021,745.00 | |
| 　銷貨收入淨額 | 25,523,961,317.00 | | 26,134,921,470.00 | |
| 　勞務收入 | 174,579,833.00 | | 153,099,367.00 | |
| 　其他營業收入 | 42,919,065.00 | | 42,267,095.00 | |
| 營業成本 | 20,911,276,572.00 | 81.24 | 20,693,595,686.00 | 78.59 |
| 　銷貨成本 | 20,738,687,880.00 | | 20,533,157,460.00 | |
| 　勞務成本 | 131,604,069.00 | | 118,248,064.00 | |
| 　其他營業成本 | 40,984,623.00 | | 42,190,162.00 | |
| 營業毛利 | 4,830,183,643.00 | 18.76 | 5,636,692,246.00 | 21.41 |
| 營業費用 | 3,153,257,166.00 | 12.25 | 3,103,063,289.00 | 11.79 |
| 　推銷費用 | 1,045,883,646.00 | | 901,666,652.00 | |
| 　管理費用 | 2,107,373,520.00 | | 2,201,396,637.00 | |
| 營業利益 | 1,676,926,477.00 | 6.51 | 2,533,628,957.00 | 9.62 |
| 營業外收入 | 2,482,801,675.00 | 9.65 | 2,356,773,087.00 | 8.95 |
| 　財務收入 | 157,214,739.00 | | 240,519,914.00 | |
| 　投資收入 | 1,482,755,739.00 | | 318,469,782.00 | |
| 　其他收入 | 842,831,197.00 | | 1,797,783,391.00 | |

| 營業外支出 | 407,680,620.24 | 1.58 | 319,385,698.10 | 1.21 |
|---|---|---|---|---|
| 財務費用 | 194,018,380.00 | | 268,972,772.00 | |
| 其他費用 | 213,662,240.24 | | 50,412,926.10 | |
| 本期稅前純益 | 3,752,047,531.76 | 14.58 | 4,571,016,345.90 | 17.36 |
| 減：預計所得稅 | −374,355,321.00 | −1.46 | −643,000,000.00 | −2.44 |
| 本期稅後純益 | 3,377,692,210.76 | 13.12 | 3,928,016,345.90 | 14.92 |
| 每股淨利 | | 1.71 | | 1.99 |

資料來源:《臺灣化學纖維股份有限公司年度報告書》，民國83年。

　　財務報表乃根據會計原理原則編製，採用不同的會計原理原則，將產生不同的稅後純益與每股純益資料；例如：機器設備折舊方式有直線折舊法與加速折舊法，採用不同的折舊方法，對公司的稅後純益造成或多或少的影響；因此，投資者應注意公司所採用的會計原理原則是否前後年度一致。

　　資產負債表說明公司於某一時點的財務狀況；資產負債表內的三大重要項目爲資產、負債、與股東權益。資產項目包括流動資產、固定資產、長期投資、與其他資產；流動資產內有現金、短期有價證券投資、應收帳款、與存貨等重要科目；固定資產包括土地、廠房、與機器設備；長期投資則是持有其他公司的長期有價證券。負債項目則可分爲流動負債、長期負債、與其他負債；流動負債包括應付帳款、應付費用、與短期借款等重要科目；長期負債則爲長期借款與未到期長期公司債券；股東權益則包括股本、資本公積、與保留盈餘等科目。

　　表8-4是臺灣化學纖維股份有限公司民國82年底與81年底的資產負債表。臺化公司82年底的總資產金額約爲474億2,300萬元；流動資產金額爲120億5,955萬元佔總資產金額的25.43%；長期投資金額爲

## 表 8-4　臺灣化學纖維股份有限公司 資產負債表

民國 82 年及 81 年 12 月 31 日

單位：新臺幣元

### 資產

| 資產 | 82年12月31日 金額 | % | 81年12月31日 金額 | % |
|---|---|---|---|---|
| 流動資產 | 12,059,550,615.06 | 25.43 | 13,627,567,591.30 | 28.61 |
| 現金、週轉金、銀行存款 | 857,979,798.06 | | 2,008,452,267.30 | |
| 短期投資 | 281,627.00 | | 309,000.00 | |
| 應收票據 | 700,656,013.00 | | 542,712,000.00 | |
| 應收關係企業票據 | 160,034,929.00 | | 158,744,972.00 | |
| 應收帳款 | 861,664,927.00 | | 493,998,622.00 | |
| 應收關係企業帳款 | 376,217,140.00 | | 371,862,133.00 | |
| 減：備抵呆帳 | -89,910,209.00 | | -89,448,209.00 | |
| 應收企業往來款 | 1,307,500,000.00 | | - | |
| 存貨 | 7,562,245,794.00 | | 8,964,851,709.00 | |
| 其他應收款 | 145,870,688.00 | | 621,167,901.00 | |
| 預付款項 | 177,009,908.00 | | 554,917,196.00 | |
| 長期投資 | 12,484,929,771.00 | 26.33 | 12,097,319,013.00 | 25.40 |
| 長期投資 | 12,484,929,771.00 | | 12,097,319,013.00 | |
| 固定資產 | 21,951,765,709.00 | 46.29 | 20,057,418,738.00 | 42.11 |
| 土地 | 2,621,632,630.00 | | 2,331,112,342.00 | |
| 房屋及設備 | 4,428,200,195.00 | | 3,739,588,933.00 | |
| 機器及設備 | 31,245,222,865.00 | | 27,236,778,693.00 | |

### 負債及股東權益

| 負債及股東權益 | 82年12月31日 金額 | % | 81年12月31日 金額 | % |
|---|---|---|---|---|
| 流動負債 | 10,296,206,411.00 | 21.71 | 12,125,641,896.50 | 25.46 |
| 應付帳款 | 448,780,377.00 | | 795,968,140.00 | |
| 應付關係企業帳款 | 112,536,790.00 | | 164,666,301.00 | |
| 應付工程款 | 79,442,855.00 | | 182,721,791.00 | |
| 應付關係企業工程款 | 215,697,927.00 | | 81,934,221.00 | |
| 應付費用 | 1,798,147,914.00 | | 1,793,845,820.00 | |
| 短期借款 | 3,779,720,575.00 | | 4,992,573,560.00 | |
| 員工短期票券 | 403,621,847.00 | | 467,314,490.50 | |
| 應付短期票券 | 682,776,138.00 | | 799,001,325.00 | |
| 應付企業往來款 | 1,499,900,000.00 | | 1,355,500,000.00 | |
| 應付所得稅 | - | | 86,375,254.00 | |
| 預收款項 | 321,431,288.00 | | 361,502,007.00 | |
| 一年內到期長期負債 | 698,198,946.00 | | 839,755,223.00 | |
| 其他應付款 | 164,230,199.00 | | 167,990,980.00 | |
| 代收款項 | 91,721,555.00 | | 36,492,784.00 | |
| 長期負債 | 1,250,822,807.00 | 2.64 | 1,214,040,420.00 | 2.55 |
| 長期借款 | 1,240,940,895.00 | | 1,192,158,508.00 | |
| 分期繳納關稅 | 9,881,912.00 | | 21,881,912.00 | |

續下頁

資產

| 項目 | 金額 | ％ | 金額 | ％ |
|---|---|---|---|---|
| 運輸及設備 | 242,702,892.00 | | 242,346,466.00 | |
| 減：備抵折舊 | -23,615,206,275.00 | | -20,930,583,840.00 | |
| 未完工程 | 4,601,031,248.00 | | 4,904,582,515.00 | |
| 預付土地及工程設備款 | 2,533,593,629.00 | | 2,428,182,154.00 | |
| 其他資產 | 926,750,763.00 | 1.95 | 1,848,279,189.00 | 3.88 |
| 技術合作費 | 603,738,512.00 | | 893,374,799.00 | |
| 其他資產——土地 | — | | 643,439,670.00 | |
| 預付造林款 | 1,352,714.00 | | 39,983,349.00 | |
| 墊付款 | 5,198,481.00 | | 3,554,867.00 | |
| 存出保證金 | 78,009,025.00 | | 85,632,960.00 | |
| 出租資產 | 324,180,393.00 | | 262,261,590.00 | |
| 減：備抵折舊 | -85,728,362.00 | | -79,968,046.00 | |
| 催收款項 | 2,126,288.00 | | 2,588,288.00 | |
| 減：備抵呆帳 | -2,126,288.00 | | -2,588,288.00 | |
| 代加工成品 | — | | — | |
| 資產總額 | 47,422,996,858.06 | 100.00 | 47,630,584,531.30 | 100.00 |

負債及股東權益

| 項目 | 金額 | ％ | 金額 | ％ |
|---|---|---|---|---|
| 其他負債 | 1,686,844,934.50 | 3.56 | 2,208,003,403.00 | 4.64 |
| 存入保證金 | 35,870,691.00 | | 28,576,143.00 | |
| 保管款項 | 14,203,404.50 | | 15,307,081.00 | |
| 應付保管品 | 56,993.00 | | 24,121,838.00 | |
| 職工退休金準備 | 539,619,984.00 | | 539,619,984.00 | |
| 長期股權投資資項 | — | | 521,953,843.00 | |
| 遞延貸項 | 2,333,760.00 | | 2,965,715.00 | |
| 遞延所得稅負債 | 1,094,760,102.00 | | 1,075,458,799.00 | |
| 負債總額 | 13,233,874,152.50 | 27.91 | 15,547,685,719.50 | 32.65 |
| 股東權益 | 34,189,122,705.56 | 72.09 | 32,082,898,811.80 | 67.35 |
| 資本 | 19,704,490,650.00 | | 18,589,142,130.00 | |
| 資本總額 | 19,724,003,750.00 | | 19,724,003,750.00 | |
| 減：未發行股份 | -19,513,100.00 | | -1,134,861,620.00 | |
| 資本公積 | 4,549,340,888.00 | | 4,020,873,435.00 | |
| 保留盈餘 | 9,985,576,895.56 | | 9,570,624,869.80 | |
| 法定公積 | 3,713,076,471.00 | | 3,466,748,926.00 | |
| 特別公積 | 2,335,207,025.00 | | 2,335,560,860.00 | |
| 未分配盈餘 | 3,937,293,399.56 | | 3,768,315,083.80 | |
| 換算調整數 | -50,285,728.00 | | -97,741,623.00 | |
| 負債及股東權益總計 | 47,422,996,858.06 | 100.00 | 47,630,584,531.30 | 100.00 |

資料來源：同表 8－3

124 億 8,493 萬元佔總資產金額的 26.23%；固定資產金額為 219 億
5,176 萬元佔總資產金額的 46.29%。臺化公司 82 年底的負債總金額為
132 億 3,387 萬元佔總資產金額的 27.91%；而臺化公司 82 年底的股東
權益金額為 341 億 8,912 萬元佔總資產金額的 72.09%。

　　資產負債表顯示公司在某一時點的價值；總資產扣除總負債後即為
公司的帳面淨值（即股東權益金額），將帳面淨值除以發放在外的股數，
即可求得每股帳面價值（Book Value per Share）：

$$每股帳面價值 = \frac{股東權益金額}{發行在外股數}$$

　　以臺化公司為例，臺化公司的每股帳面價值為 17.35 元
（ $34,189,122,705 ÷ 1,970,449,065 股）。

　　因為資產負債表的保留盈餘項目，受到損益表純益金額的影響，所
以資產負債表內的各科目金額也受到所採用的會計原理原則之影響；除
了受會計原理原則的影響外，資產負債表有時並無法完整地列總所有公
司的資產與負債；例如：越來越多的公司及銀行參與衍生性證券的業
務，這些業務的或有負債往往未被列入資產負債表內，降低公司每股帳
面價值的可信性；此外，有些公司每年均投入相當大量的資金於新產品
研究發展上，這些投資均可視為公司的無形資產，其效益將於未來出
現，這些無形資產也未被列入資產負債表內。上述這些或有負債與無形
資產大多以附註加以說明，因此，除了財務報表外，投資者也應詳讀報
表的附註說明。

　　現金流量表說明公司在某一段期間的現金流入與流出量；公司現金
流量的變化受到公司營運活動、投資活動、與融資活動的影響。

　　現金流量表內的現金包括流動性高的短期有價證券，這些有價證券
包括：政府短期國庫券、可轉換定存單、與商業本票；由於變現速度

快，這些有價證券視同現金。

　　營運活動方面的現金流量主要是由損益表內的帳戶產生；現金流入來源包括銷貨收入、勞務收入、利息收入、與長期投資的股利收入等；而現金流出去處包括原料進貨支出、營業費用支出、利息費用、與營業方面的賦稅等。投資活動方面的現金流量主要是由資產負債表內的資產帳戶產生；這方面的現金流入量包括出售固定資產、出售長期投資有價證券、與收回客戶的欠款或貸款；而現金流出量包括取得固定資產、買進長期有價證券、與貸放資金予客戶。融資活動方面的現金流量主要是由資產負債表內的負債與股東權益帳戶產生；這方面現金流入量包括：發行公司債或股票；而現金流出量則包括：贖回公司所發行的公司債或股票、與公司發放股利予股東。

　　表8-5是臺灣化學纖維股份有限公司民國82年度與81年度的現金流量表。臺化公司82年度的營業活動之現金流入量為62億7,535萬元，比81年度的營業活動之現金流入量增加了約24億元；82年度的投資活動之現金流出量為47億7,063萬元，比81年底的投資活動之現金流出量減少了約17億元；82年度的融資活動之現金流出量為26億5,698萬元，而81年度則有71億1,825萬元的融資活動之現金流入量。

　　投資者可以經由分析現金流量表內的營業活動、投資活動、與融資活動之現金流量變化，以了解公司未來的現金流入數量、公司償還到期債務之能力、與公司未來是否需要借款；此外，公司投資策略與融資策略的執行績效，也可以經由現金流量之變化來判斷。

　　上述介紹了最重要的三種財務報表：損益表、資產負債表、與現金流量表。財務報表分析的對象也以這三種報表為主。財務報表分析工作可以下列步驟來完成：

　　第一、建立財務報表分析所要達成的目標。

　　第二、分析公司所屬產業未來的展望。

### 表 8-5　臺灣化學纖維股份有限公司
### 現金流量表

民國 82 年及 81 年 1 月 1 日至 12 月 13 日

單位：新臺幣元

| | 82　　　年　　　度 | 81　　　年　　　度 |
|---|---|---|
| 營業活動之現金流量： | 3,377,692,210.76 | 3,928,016,345.90 |
| 本期純益 | | |
| 調整項目： | | |
| 　折舊費用 | 2,747,522,230.00 | 2,532,121,193.00 |
| 　攤銷費用 | 327,605,954.00 | 325,166,592.00 |
| 　依權益法認列投資收入超過當年度 | | |
| 　現金股利收現部份 | −301,698,252.00 | 199,329,566.00 |
| 　外幣資產負債匯率影響數 | 46,246,189.00 | 43,825,542.00 |
| 　被投資公司清算收回投資收益 | − | |
| 　奇零尾數 | − | |
| 　出售長期投資利益 | −677,851,524.00 | |
| 　出售固定資產利益 | −241,644,794.00 | −1,435,436,938.00 |
| 　出售閒置資產利益——土地 | −293,639,136.00 | −23,517,381.00 |
| 　出售固定資產損失 | 605,910.00 | 927,629.00 |
| 　固定資產報廢損失 | 979,345.00 | 2,948,340.00 |
| 　災害損失 | − | − |
| 　外幣債務兌換損失準備轉列收入 | − | − |
| 　外銷損失準備轉列收入 | − | − |
| 　應收票據淨額（增加）減少 | −149,058,418.00 | 68,582,961.00 |
| 　應收關係企業票據淨額（增加）減少 | −1,097,379.00 | 90,406,856.00 |
| 　應收帳款淨額（增加）減少 | −351,116,147.00 | 256,589,208.00 |
| 　應收關係企業帳款淨額（增加）減少 | −3,849,814.00 | 202,889,059.00 |
| 　其他應收款淨額（增加）減少 | 516,827,122.00 | −237,679,640.00 |
| 　存貨（增加）減少 | 1,402,605,915.00 | −1,846,807,449.00 |

| | | | |
|---|---|---|---|
| 預付款項（增加）減少 | 377,907,288.00 | | 250,735,370.52 |
| 應付款項增加（減少） | −347,079,512.00 | | 15,665,701.00 |
| 應付關係企業款項增加（減少） | −52,129,511.00 | | 3,637,689.00 |
| 應付費用增加（減少） | 4,302,094.00 | | −125,624,184.00 |
| 其他應付款增加（減少） | − | | − |
| 預收款項增加（減少） | −40,070,719.00 | | −42,256,365.00 |
| 應付所得稅增加（減少） | −86,375,254.00 | | −369,877,689.00 |
| 遞延貸項增加（減少） | −631,955.00 | | −10,990,735.00 |
| 遞延所得稅負債增加（減少） | 19,301,303.00 | 2,897,660,935.00 | 30,000,000.00 | −69,364,674.48 |
| 　營業活動之淨現金流入（出） | | 6,275,353,145.76 | | 3,858,651,671.42 |
| 投資活動之現金流量： | | | | |
| 短期投資（增加）減少 | 27,373.00 | | 708,784,209.00 |
| 應收同業往來（增加）減少 | −1,307,500,000.00 | | 1,020,244,000.00 |
| 出售固定資產售價 | 262,539,866.00 | | 1,562,288,562.00 |
| 購置固定資產 | −4,720,508,015.00 | | −5,176,891,956.00 |
| 出售其他資產售價——土地 | 937,078,806.00 | | 26,381,381.00 |
| 出售長期投資售價 | 105,847,681.00 | | − |
| 預付工程及土地款訂金收回 | − | | − |
| 長期投資股款收回 | 44,750,000.00 | | − |
| 長期投資（增加）減少 | −99,510,446.00 | | −4,579,036,722.00 |
| 遞延費用（增加）減少 | −37,969,667.00 | | −12,429,229.00 |
| 遞延費用退稅 | − | | |
| 存出保證金（增加）減少 | 7,623,935.00 | | −14,895,209.00 |
| 一年以上到期票據淨額（增加）減少 | − | | − |
| 其他什項資產（增加）減少 | 36,987,021.00 | | −2,628,381.00 |
| 　投資活動之淨現金流入（出） | | −4,770,633,446.00 | | −6,468,183,345.00 |
| 理財活動之現金流量： | | | | |
| 發放現金股利 | −1,302,106,454.00 | | −2,060,817,099.00 |
| 發放員工紅利及董監事酬勞 | −20,224,704.00 | | −41,899,081.00 |
| 償還長期負債 | − | | − |
| 舉借長期負債 | 700,000,000.00 | | 266,412,593.00 |
| 短期借款增加（減少） | −1,180,787,308.00 | | 1,150,540,329.00 |
| 員工借款增加（減少） | −63,692,643.50 | | −30,770,641.09 |

| | | |
|---|---|---|
| 應付短期票券淨額增加（減少） | -116,225,187.00 | 799,001,325.00 |
| 應付工程款增加（減少） | -103,278,936.00 | 94,178,775.00 |
| 應付關係企業工程款增加（減少） | 133,763,706.00 | 65,613,341.00 |
| 應付同業往來增加（減少） | 144,400,000.00 | 1,335,000,000.00 |
| 代收款項增加（減少） | 55,228,771.00 | 2,338,290.00 |
| 存入保證金增加（減少） | 7,294,548.00 | 6,139,594.00 |
| 其他什項負債增加（減少） | -25,168,521.50 | 10,267,919.00 |
| 償還一年內到期長期負債 | -886,180,184.00 | -884,180,708.00 |
| 　理財活動之淨現金流入（出） | -2,656,976,913.00 | 711,824,636.91 |
| 匯率影響數 | 1,784,744.00 | 4,746,530.00 |
| 本期現金及約當現金增加（減少）數 | -1,150,472,469.24 | -1,892,960,506.67 |
| 期初現金及約當現金餘額 | 2,008,452,267.30 | 3,901,412,773.97 |
| 期末現金及約當現金餘額 | 857,979,798.06 | 2,008,452,267.30 |
| 現金流量資訊之補充揭露： | | |
| 　支付利息（不含資本化之利息） | 260,315,586.00 | 253,444,988.00 |
| 　支付所得稅 | 441,429,272.00 | 982,877,689.00 |
| 不影響現金流量之投資及理財活動： | | |
| 　轉列流動項下之長期負債 | 727,133,240.00 | 886,180,184.00 |
| 　長期投資聯業公司呈負數先行 | | |
| 　沖轉應收聯業公司往來款 | – | – |
| 　長期投資聯業公司呈負數先行 | | |
| 　沖轉其他應收款 | – | – |
| 　長期投資聯業公司經前項沖轉仍 | | |
| 　呈負數轉列長期股權投資貸項 | – | 364,534,376.00 |
| 　長期投資以資產負債表日匯率 | | |
| 　換算產生之換算調整數 | 47,455,895.00 | 11,789,202.00 |
| 　由固定資產轉出之出租資產淨額 | 56,158,487.00 | 30,269,103.00 |
| 　應付股利、員工紅利及董監事酬勞 | – | 7,130,778.00 |

資料來源：同損益表。

第三、詳細研究公司的特性及其高階管理階層的素質。

第四、應用財務比率、趨勢分析、與競爭者分析等方法，探討公司的短期流動性、資本結構、營運效率、獲利性、與市場佔有率等問題。

第五、綜合上述分析結果，完成財務報表分析之目標。

(2)**財務比率分析**

所謂財務比率分析，乃是建立一些重要的財務比率，並藉助這些財務比率以判斷公司的財務優勢與缺點。這些財務比率可以分為下列五大類：㈠流動性比率（Liquidity Ratios），㈡負債管理比率（Leverage Ratios），㈢營運效率比率（Activity Ratios），㈣獲利能力比率（Profitability Ratios），及㈤市價效率比率（Market Ratios）。

財務比率分析可分為靜態（Static）的比率分析與動態（Dynamic）的比率分析兩種；靜態比率分析乃比較一家公司與另一家同業公司（或整個產業）在同一時期的財務狀況，因為這種分析僅涉及一個時點或一段期間的財務資料，故稱為靜態的比率分析；相反地，動態比率分析乃比較一家公司在不同時點或期間的財務狀況，因為涉及兩段期間的資料比較，故稱為動態比率分析。

以下我們以臺化公司的財務報表（表8-3至表8-6）為例，介紹一些實務上經常使用的財務比率。

①流動性比率

流動性比率是用來衡量公司短期間內的償債能力；因此，公司短期的債權人較重視流動性比率。流動性比率有流動比率（Current Ratio）、速動比率（Quick Ratio）、及現金流動性比率（Cash-flow Liquidity Ratio）三種。

·流動比率

流動比率乃流動資產對流動負債之比率，它衡量公司的短期流動性：

表8-6 臺灣化學纖維股份有限公司
盈餘分配表
民國82年度

單位:新臺幣元

| 項 目 | | 金 額 |
|---|---|---|
| 可供分配盈餘: | | |
| 　1.上期末分配盈餘 | | 1,068,068,641.80 |
| 　加:調整數 | | 20,000,000.00 |
| 　2.本期稅後純益 | 3,377,692,210.76 | |
| 　減:1.出售資產稅後收益轉資本公積 | −527,241,760.00 | |
| 　　　2.權益法認列被投資公司出售資產之稅後收益轉資本公積 | −1,225,693.00 | 2,849,224,757.76 |
| 　　合　計 | | 3,937,293,399.56 |
| 分配項目: | | |
| 　1.提列法定盈餘公積(按稅後10%) | | 284,922,476.00 |
| 　2.股息及紅利分配現金(每股0.60元) | | 1,182,269,445.00 |
| 　3.股息及紅利轉資本增資配股(每股0.40元,每百股配4股) | | 788,179,620.00 |
| 　4.特別公積 | | 670,518,043.00 |
| 　5.未分配盈餘轉下期 | | 1,011,403,815.56 |
| 　　合　計 | | 3,937,293,399.56 |
| 說明 | 1.本公司登記資本總額19,724,003,750元,實收資本額19,704,490,650元,參加分配股本19,704,490,650元,發行股數2,049,267,027股。 | |
| | 2.預計增資後實收資本額為20,492,670,270元,參加分配股份1,970,449,065股。 | |

$$流動比率 = \frac{流動資產}{流動負債}$$

以表 8-4 臺化公司的資產負債表為例，民國 81 年底與 82 年底的流動比率分別計算如下：

$$流動比率(81) = \frac{13,627 \text{ 百萬元}}{12,125 \text{ 百萬元}} = 1.124$$

$$流動比率(82) = \frac{12,059 \text{ 百萬元}}{10,296 \text{ 百萬元}} = 1.171$$

臺化公司 82 年底的流動比率高於 81 年底的流動比率，意味著臺化公司短期償債能力有改善。一般投資者均認為流動比率應維持在 1.5 至 2 之間，然而，這個數值並非完全絕對的；以臺化公司為例，臺化公司的流動比率均小於 1.5，臺化公司的流動比率是否偏低，必須由靜態的財務比率分析來判斷，或許化纖業（臺化公司所屬的產業）的流動比率均較低。

．速動比率

公司存貨是所有流動資產項目中最不具有流動性，因此，專家建議將存貨排除於流動性資產外，以估計較精確的流動性比率；為了有別於流動比率，這個比率稱之為速動比率：

$$速動比率 = \frac{流動資產 - 存貨}{流動負債}$$

臺化公司 81 年底與 82 年底的速動比率分別計算如下：

$$速動比率(81) = \frac{13,627 \text{ 百萬元} - 8,965 \text{ 百萬元}}{12,125 \text{ 百萬元}} = 0.384$$

$$速動比率(82) = \frac{12,059\,百萬元 - 7,562\,百萬元}{10,296\,百萬元} = 0.437$$

臺化公司 82 年底的速動比率略高於 81 年底的速動比率，至於 0.437 的速動比率是否合理，仍然必須由靜態的比率分析來判斷。

·現金流動性比率

現金流動性比率是用來衡量公司極短期的償債能力，因此，現金流動性比率只包括流動資產內的現金與短期有價證券；另外，由營運而來的現金流入量（一週期間）也可計算在內：

$$現金流動性比率 = \frac{現金 + 有價證券 + 營運現金流入量}{流動負債}$$

以表 8–5 的營業活動之現金流量為例，81 年與 82 年的一週營運現金流入量分別為 76 百萬元（3,928 百萬元/52 週）與 65 百萬元（3,377 百萬元/52 週）；臺化公司 81 年底與 82 年底的現金流動性比率分別地計算如下：

$$現金流動性比率(81) = \frac{(2,008 + 0.3 + 76)\,百萬元}{12,125\,百萬元} = 0.172$$

$$現金流動性比率(82) = \frac{(858 + 0.3 + 65)\,百萬元}{10,296\,百萬元} = 0.090$$

臺化公司 82 年的現金流動性比率有惡化之跡象。

②負債管理比率

負債管理比率是用來衡量公司的長期償債能力；較重要的負債管理比率包括：負債比率（Debt Ratio）、負債/淨值比率（Debt to Equity Ratio）、利息保障倍數（Times Interest Earned），及固定費用保障倍數（Fixed Charge Coverage）。

·負債比率

負債比率係衡量公司資產中有多少是利用舉債取得，負債比率爲負債總額除於資產總額：

$$負債比率 = \frac{負債總額}{資產總額}$$

負債比率過高，表示公司資金大部份由債權人提供，資本結構較不健全，對債權人保護較少；相反地，負債比率過低，表示公司甚少利用財務槓桿，對股東較爲不利。

臺化公司 81 年底與 82 年底的負債比率分別地計算如下：

$$負債比率(81) = \frac{15,547\ 百萬元}{47,631\ 百萬元} = 0.326$$

$$負債比率(82) = \frac{13,234\ 百萬元}{47,423\ 百萬元} = 0.279$$

臺化公司 82 年底的負債比率略低於 81 年底的負債比率；一般而言，負債比率不宜超過三分之二；臺化公司的負債比率是否偏低呢？投資者必須將行業特性、公司獲利能力，及盈餘穩定性等因素納入考量後，始能判斷負債比率值是否適當。

·負債/淨值比率

負債對淨值比率也是衡量公司的長期償債能力：

$$負債對淨值比率 = \frac{負債總額}{股東權益總額}$$

負債對淨值比率與負債比率是互通的，假使負債比率不宜超過三分之二，則負債對淨值比率不宜超過二。

臺化公司81年底與82年底的負債對淨值比率分別計算如下：

$$負債對淨值比率(81) = \frac{15,547 \ 百萬元}{32,083 \ 百萬元} = 0.485$$

$$負債對淨值比率(82) = \frac{13,234 \ 百萬元}{34,189 \ 百萬元} = 0.387$$

臺化公司81年底的負債對淨值比率略低於82年底的負債對淨值比率。

·利息保障倍數

利息保障倍數係用來衡量公司使用營運盈餘以支付利息之能力；利息保障倍數係以稅前及息前純益（Earnings Before Interest and Tax，EBIT）除當期利息費用：

$$利息保障倍數 = \frac{稅前及息前純益}{利息費用}$$

利息保障倍數愈大，表示債權人的利息收入愈有保障；臺化公司81年度與82年度的利息保障倍數分別計算如下：

$$利息保障倍數(81) = \frac{4,840 \ 百萬元}{269 \ 百萬元} = 17.99$$

$$利息保障倍數(82) = \frac{3,946 \ 百萬元}{194 \ 百萬元} = 20.34$$

臺化公司82年度的利息保障倍數略高於81年度的利息保障倍數，顯示債權人的利息保障安全性提高了。

·固定費用保障倍數

固定費用保障倍數係用來衡量公司使用營運盈餘以支付利息與其他固定費用之能力；固定費用保障倍數係以稅前、息前、及扣除其他固定費用前之純益除當期利息與其他固定費用之總和：

$$固定費用保障倍數 = \frac{稅前、息前，及其他固定費用前之純益}{利息及其他固定費用}$$

其他固定費用係指房租費用及機器設備租賃費用，由於這些費用均納入管理費用項目內，而不是單獨列舉於損益表內；因此，表 8 - 3 損益表內的資料無法計算出臺化公司的固定費用保障倍數。

③營運效率比率

營運效率比率是用來衡量公司資產的利用效率；較重要的營運效率指標包括應收帳款周轉率（Accounts Receivable Turnover）、平均收現期間（Average Collection Period）、存貨周轉率（Inventory Turnover）、固定資產周轉率（Fixed Asset Turnover）、及總資產周轉率（Total Asset Turnover）。

・應收帳款周轉率

應收帳款周轉率是淨銷貨收入（Net Sales）除以應收帳款而得之比率；它代表公司一年內收回帳上應收帳款金額的次數；當公司的淨銷貨金額不變時，較高的應收帳款周轉率代表著良好的應收帳款管理績效。

$$應收帳款周轉率 = \frac{淨銷貨金額}{應收帳款}$$

臺化公司 81 年度與 82 年度的應收帳款周轉率分別地計算如下：

$$應收帳款周轉率(81) = \frac{26,330\ 百萬元}{494\ 百萬元} = 53.30$$

$$應收帳款周轉率(82) = \frac{25,741\ 百萬元}{862\ 百萬元} = 29.86$$

臺化公司 82 年度應收帳款周轉率爲 29.86，大概是 81 年度應收帳款周轉率的一半；顯示臺化公司應收帳款管理有惡化現象；這種結果或許是臺化公司於 82 年度放寬對客戶的授信所造成。

·平均收現期間

平均收現期間衡量一筆應收帳款平均回收天數；平均收現期間也是衡量應收帳款的管理成效。

$$平均收現期間 = \frac{365\ 天}{應收帳款周轉率}$$

臺化公司 81 年度與 82 年度的平均收現期間分別地計算如下：

$$平均收現期間(81) = \frac{365\ 天}{53.30} = 6.85\ 天$$

$$平均收現期間(82) = \frac{365\ 天}{29.86} = 12.22\ 天$$

平均收現期間愈短表示應收帳款流動性愈大，帳款收現期間如少於授信期間，則顯示應收帳款管理良好；如果收現期間超出授信期間，則公司有必要評估應收帳款的管理績效。

·存貨周轉率

存貨周轉率衡量公司存貨管理與銷貨的績效。存貨存量控制得當與否關係著公司經營之成敗。

$$存貨周轉率 = \frac{銷貨成本}{存貨}$$

存貨周轉率低，表示存貨積壓過多，增加管理與倉儲費用；相反地，存貨周轉率過高，存貨量偏低，可能有缺貨及停工待料之損失；因此，存貨周轉率是否恰當，應視產業之特性與季節性之需求而定。

臺化公司 81 年度與 82 年度的存貨周轉率分別地計算如下：

$$存貨周轉率(81)=\frac{20,533\ 百萬元}{8,964\ 百萬元}=2.29$$

$$存貨周轉率(82)=\frac{20,911\ 百萬元}{7,562\ 百萬元}=2.77$$

臺化公司 82 年度的存貨周轉率略高於 81 年度的存貨周轉率，顯示存貨管理有少許改進。

·固定資產周轉率

固定資產周轉率衡量公司固定資產管理的效率；固定資產周轉率是以淨銷貨金額除以固定資產金額：

$$固定資產周轉率=\frac{淨銷貨金額}{固定資產}$$

固定資產周轉率愈高，代表固定資產的運用效率愈高，換言之，固定資產閒置時間越短；然而偏高的固定資產周轉率，也可能是設備產能不足所造成。

臺化公司 81 年度與 82 年度的固定資產周轉率分別計算如下：

$$固定資產周轉率(81)=\frac{26,135\ 百萬元}{20,057\ 百萬元}=1.303$$

$$固定資產周轉率(82)=\frac{25,524\ 百萬元}{21,952\ 百萬元}=1.163$$

臺化公司 82 年度的固定資產周轉率略低於 81 年度的固定資產周轉率。

·總資產周轉率

總資產周轉率衡量公司資產的運用效率。

$$總資產周轉率 = \frac{淨銷貨金額}{總資產}$$

臺化公司 81 年度與 82 年度的總資產周轉率分別計算如下:

$$總資產周轉率(81) = \frac{26,135 \ 百萬元}{47,631 \ 百萬元} = 0.549$$

$$總資產周轉率(82) = \frac{25,524 \ 百萬元}{47,423 \ 百萬元} = 0.538$$

臺化公司 81 年度的總資產周轉率稍高於 82 年度的總資產周轉率。

④獲利能力比率

獲利能力比率衡量公司的整體管理效率與經營績效; 較重要的獲利能力比率包括: 純益率 (Net Profit Margin)、資產報酬率 (Return on Investment)、股東權益報酬率 (Return on Equity)、及每股盈餘 (Earnings per Common Share)。

·純益率

純益率是最基本的公司獲利能力指標, 純益率愈高表示公司獲利能力愈佳, 但應注意獲利之來源是否以本業利益為主。

$$純益率 = \frac{稅後純益}{銷貨淨額}$$

臺化公司 81 年度與 82 年度的純益率分別計算如下:

$$純益率 \ (81) = \frac{3,928 \ 百萬元}{26,330 \ 百萬元} = 0.1492$$

$$純益率(82) = \frac{3,378\ 百萬元}{25,741\ 百萬元} = 0.1312$$

臺化公司 82 年度的純益率略低於 81 年度的純益率。

·資產報酬率

資產報酬率係衡量公司總資產之獲利能力，此項報酬率是稅後純益除以總資產金額。

$$資產報酬率 = \frac{稅後純益}{資產總額}$$

臺化公司 81 年度與 82 年度的資產報酬率分別計算如下：

$$資產報酬率(81) = \frac{3,928\ 百萬元}{47,631\ 百萬元} = 0.082$$

$$資產報酬率(82) = \frac{3,378\ 百萬元}{47,423\ 百萬元} = 0.071$$

臺化公司 82 年度資產報酬率略低於 81 年度的資產報酬率。

·股東權益報酬率

股東權益報酬率係衡量普通股股東投資報酬率，其公式為：

$$股東權益報酬率 = \frac{稅後純益}{股東權益}$$

臺化公司 81 年度與 82 年度的股東權益報酬率分別計算如下：

$$股東權益報酬率(81) = \frac{3,928\ 百萬元}{32,083\ 百萬元} = 0.122$$

$$股東權益報酬率(82) = \frac{3,378\ 百萬元}{34,189\ 百萬元} = 0.099$$

臺化公司 82 年度的股東權益報酬率低於 81 年度的股東權益報酬率。

·每股盈餘

每股盈餘代表公司普通股每股在一會計期間所賺取的盈餘。

$$每股盈餘 = \frac{稅後純益 - 特別股股利}{流通在外普通股股數}$$

臺化公司 81 年度與 82 年度的每股盈餘分別計算如下:

$$每股盈餘(81) = \frac{3,928\ 百萬元}{1,859\ 百萬股} = 2.113\ 元$$

$$每股盈餘(82) = \frac{3,378\ 百萬元}{1,970\ 百萬元} = 1.715\ 元$$

⑤市價效率比率

投資人從事股票投資之目的在於賺取適當的報酬率,而報酬率的高低則受到股票購買成本(即股票市價)的影響;市價效率比率衡量股票投資的成本效益;較重要的市價效率比率包括:本益比(Price to Earnings Ratio, P/E)與股利收益率(Dividend Yield)兩種。

·本益比

本益比係衡量股票價位常用的一種比率,本益比的倒數就是投資股票之報酬率。將投資報酬率與市場利率相比較可得知股票價位是否偏高或偏低。

$$本益比 = \frac{股票每股市價}{每股盈餘}$$

臺化公司 81 年度與 82 年度的本益比分別計算如下：

$$本益比(81) = \frac{22.20 \text{ 元}}{2.113 \text{ 元}} = 10.51$$

$$本益比(82) = \frac{31.10}{1.715 \text{ 元}} = 18.13$$

高本益比之公司，可能表示經營成功且未來成長機會較佳；然而，值得注意的是，高本益比公司的股價或許已經反應出未來成長機會，因此，投資風險可能也較大。另外，實務界在估計本益比時，均以估計的每股盈餘代替過去的每股盈餘資料，因為未來的每股盈餘才是投資者所關注的。

·股利收益率

由於為了公司未來的成長，公司未必將盈餘全數發放股利，故股東每年已實現之投資報酬率應以股利收益率來衡量。

$$股利收益率 = \frac{每股股利}{每股市價}$$

臺化公司 81 年度與 82 年度股利收益率分別如下：

$$股利收益率(81) = \frac{1.30 \text{ 元}}{22.20 \text{ 元}} = 0.0586$$

$$股利收益率(82) = \frac{1.00 \text{ 元}}{31.10 \text{ 元}} = 0.0322$$

財務比率分析可供投資者了解公司財務健康狀況；此外，投資者必須進行動態的財務比率分析與靜態的財務比率分析，如此，財務比率分析才較有意義。由於動態分析與靜態分析涉及不同期間或不同公司的財務報表比較，而各個公司可能採用不同的會計原理原則編製財務報表，

例如：存貨評價方法有先進先出法（First-in First-out，FIFO）與後進先
出法（Last-in First-out，LIFO）；折舊攤提方法有直線折舊法與加速折
舊法；因此，進行動態與靜態的財務比率分析之時，必須注意到各個公
司所採用的會計原理原則之差異性。

### 2.質的分析

　　質的分析偏重在未來事件對公司影響的分析，而這些事件對公司的
影響較難以量化；由於結果較難數量化，各種分析結果也較難以比較，
這是質的分析之缺點。搜集質的分析相關資料之途徑包括：(1)報導產業
動態的期刊、(2)政府部門的出版品、(3)對公司產品的競爭公司或公司產
品的使用者進行訪談、及(4)對公司的高階主管進行訪談；上面四種途徑
中的第(4)種方式能取得較多的公司資料，因此，高階主管的訪談應是最
有效的途徑。

　　表8－7是證券分析師訪談公司高階主管時,經常詢問的一些重點問
題;這些詢問重點可概分爲十一個子題:專利權方面、產品生產方面、產品
原料方面、擴充計劃方面、產品研發方面、公司管理方面、勞資關係方面、
財務變動方面、股利政策方面、盈餘變化方面、及其他枝節問題。

### 表8－7　證券分析師訪談公司時所提出的各類型問題

---

**一、銷售方面**

1.本會計年度至今與去年同期的銷售成長率變化情形。

2.整個年度的預估產品銷售單位或是金額爲多少?

3.解釋影響銷售變動的原因。

4.將產品的銷售情況根據部門、主要產品別、以及主要消費市場之不同作分別
的計算(但是許多公司可能並不願意透露該項資訊)。

5.比較銷售額是高於或者是低於同業的平均水準,並解釋其原因。

6. 對於產品需求的展望：近期、中長期、或是長期的**趨勢**。

7. 公司存貨的狀況、其配銷商以及該產品使用者的存貨狀況。

8. 與前幾年相較，價格高低對於銷售的單位以及金額是否有影響。

9. 對於銷售價格的展望：是會上漲或者是下跌?並請解釋原因。

10. 該公司與同業間銷售額的比較。(亦即交易的多寡?)

11. 對於國外銷售的展望：請依出口銷售額的百分比、國外分公司銷售的百分比、以及依不同的國別對於銷售狀況之影響等三個角度來分析。

12. 所銷售的對象中，來自國營事業的比例有多少?

## 二、配銷制度

1. 所使用的方法爲何。直接銷售給顧客、批發、零售、分配給分支機構銷售、或者是以上方法的綜合?

2. 銷售成本佔總銷售額的百分比。

3. 銷售人員的多寡?

4. 是利用電視抑或是何種大衆媒體來作廣告或者是促銷?其廣告的費用爲何?

5. 銷售的目標區域爲何?若有具體的行銷計畫，也請針對行銷區域的規劃和新配銷點的增加加以說明?

6. 從個別的銷售點所延伸出的配銷範圍有多廣，與運輸費用多寡的問題。

## 三、同業間的競爭

1. 作爲本行業主要競爭者，最關切的問題應是什麼?

2. 競爭者的多寡?

3. 競爭者所採取的是割喉式的競爭抑或是君子之爭?

4. 競爭者是否具有強大的財力?

5. 如何使公司的產品及服務勝過競爭者?

6. 新的競爭者是否漸漸加入中?

7. 在該產業領域中，該公司的排行爲何?

8. 商標、品牌、專利、以及服務方式在該公司的重要性爲何?

## 四、專利權

1.對於銷售以及價格的影響。

2.請預估基本專利以及附加專利權到期時,對於銷售、價格、利潤所造成的影響。

## 五、生產

1.與去年同期的營運率作比較,及在可預期的近期中,營運率的預測。

2.營運的基礎爲三班制,抑或是每天七到八小時,或者是持續營運狀態?

3.加班是否有加班費?加班費爲多少?

4.工廠的數目以及其建築的型態,是單層樓,抑或是多層樓?

5.設備的情況,是新機器,現代化機器,抑或是報廢的機器?

6.公司的成本是屬於高成本、低成本,或是位於同業間的平均水準?

7.公司是否有打算採行改善生產方式以及增進生產效率的計劃?

## 六、原料

1.主要使用的原料爲何?原料的來源是國内或是國外?原料供應是否充足,抑或是需要倉儲以因應?

2.查詢所使用原料價格的歷史資料,並觀察其波動是否很大。

3.整合的程度?

4.存貨的會計處理方式是後進先出法否?

## 七、擴展

1.整個擴展計劃的細節:工廠的所在?工廠的增建?欲擴充的生產線爲何?

2.所牽涉的資本支出以及融資的方法?

3.工廠面積每增加一平方公尺所能增加的產品數量?以及增加的銷貨金額?

4.公司有打算購併其他公司嗎?

5.與前一到五年相比,增加一單位生產所必須付出的機器或是設備成本?

6.與前幾年相比,預期若每付出一元的擴充工廠成本,能帶來多少銷貨額的增加?

## 八、研發

1.每年的銷貨金額中,有多少百分比是花費在研發費用上?

2.研究人員的數目,以及其學歷爲何?

3.研發成果取得專利權的記錄如何呢?

4.目前致力的新產品爲何,且對其展望的預測。

5.該公司過去五到十五年中所研發出的新產品,佔目前銷售產品的百分比爲何?(這個問題有助於評估該公司的研發成效)

## 九、管理

1.公司的管理階層職位是否穩定,或是呈經常性的變動?

2.管理人員的平均年齡。

3.公司的管理是否爲一人獨霸全局?

4.新進人員的訓練,以及管理人員訓練的方法?

5.管理架構是採中央集權式或是分工化?

## 十、員工間的關係

1.長時期以來的罷工記錄。

2.員工加入工會的比率?以哪個工廠最高?

3.公司的勞工關係策略爲何?

4.主要員工的利益。

5.員工離職的周轉率?

## 十一、財務方面

1.公司最近的資本化情形以及變動狀況?

2.銀行貸款是否有未償付的狀況?並請解釋其原因。

3.與前幾年相比,若根據目前以及預期的銷貨情況,營運資金的適足性爲何?

4.最近的債務到期日?到期後打算重新籌措資金,亦或是直接還債,試探討公司對於這些債務的償付能力。

5.最近是否有對外籌措資金,其方式爲何?

6.固定資產的保險價值,或是重置成本爲何?並比較固定資產(特別是指天然性的資源)的市場價值及帳面價值間的差異。

## 十二、目前的股利政策及展望

1.股利發放政策、佔盈餘的比率、以及佔現金流量比率?

2.提高股利發放金額的可能性如何?

3.對未來股利的展望?

4.股利金額逐年增加或下降的機會爲何?

## 十三、盈餘

1.比較近年來工資與原料的價格趨勢,並比較工資或原料對銷貨的百分比。

2.公司是否有能力提高產品售價,以因應生產成本的升高?

3.公司目前是否有節省成本的方案?並對該方案作簡單的評估。

4.與前幾年相較,盈餘百分比的表現如何?

5.調查該公司盈餘百分比的歷史資料,並分析其趨勢。

6.對全年度的每股盈餘作粗略的估計(但分析師通常會得到模糊難辨的回答,或公司乾脆地拒絕回答該問題)。

7.盈餘中非經常性的項目,並解釋發生的原因。

8.非營運項目的盈餘變化情形。

## 十四、其他次要問題

1.目前公司是否有訴訟纏身?

2.政府相關法令的制定所造成的影響?

3.公司所簽訂長期銷貨契約的目前狀況?

4.目前罷工所造成的一些後續問題,以及處理問題後的餘波?

5.當洪水或是天然災害發生時,保險公司所付出的保險金是否能涵蓋所有的損失?

取得上述訪談資料後，必須針對各個子題進行歸納分析，以判斷公司在各子題上的優、劣勢。例如：在公司管理方面，可利用下列指標來衡量公司管理方面的品質：

(1)動機：員工與管理階層是否均有很強的動機去完成公司所交付的任務。

(2)創造力：員工與管理階層是否經常提出改善公司經營的方案。

(3)承擔風險的意願：管理階層是否願意投入高風險事業，以獲取較高的利潤。

(4)高階主管培訓計劃：公司是否有計劃地提供管理訓練課程予高階主管人員。

### 3.公司分析範例：中鋼公司

經濟部於民國84年3、4月間釋出大批中鋼公司股票，促成中鋼公司民營化；下面以中鋼民營化的公開招募說明書內容，介紹公司分析的過程：

(1)**財務比率分析**

表8－8是中鋼公司於民國79年至83年間之財務比率與同業之比較；下面分別評估中鋼公司在流動性比率、負債管理能力比率、營運效率比率、獲利能力比率、及市價效率比率等五方面的表現：

①流動性

中鋼公司流動比率在上述5個年度介於1與1.35間，雖然流動比率均小於2，但中鋼公司流動比率表現均優於同業平均值；中鋼公司速動比率之表現也類似於流動比率；這些結果顯示中鋼公司短期償債能力優於同業一般平均水準。

②負債管理能力

中鋼公司負債比率在上述5個年度均低於36％，遠低於同業平均負

## 表 8－8　中鋼公司財務比率及與同業之比較

| 分析項目 | 79年度 中鋼 | 79年度 同業 | 80年度 中鋼 | 80年度 同業 | 81年度 中鋼 | 81年度 同業 | 82年度 中鋼 | 82年度 同業 | 83年度 中鋼 | 83年度 同業 |
|---|---|---|---|---|---|---|---|---|---|---|
| 財務結構(%) 股東權益佔資產比率 | 72.01 | 42.0 | 70.26 | 37.2 | 64.19 | 48.4 | 65.08 | 40.8 | 67.79 | – |
| 財務結構(%) 負債佔資產比率 | 27.99 | 58.0 | 29.74 | 62.8 | 35.81 | 51.6 | 34.92 | 59.2 | 32.21 | – |
| 長期資金佔固定資產比率 | 109.94 | 100.8 | 102.21 | 102.7 | 99.99 | 118.2 | 101.74 | 106.4 | 107.78 | – |
| 償債能力(%) 流動比率 | 133.90 | 85.2 | 110.86 | 86.3 | 104.81 | 103.6 | 108.08 | 87.6 | 122.33 | – |
| 償債能力(%) 速動比率 | 87.42 | 47.1 | 71.83 | 38.7 | 66.09 | 45.4 | 76.84 | 34.0 | 85.51 | – |
| 經營能力 應收款項周轉率(次) | 5.45 | 6.2 | 9.94 | 7.2 | 32.72 | 6.3 | 32.89 | 7.0 | 28.14 | – |
| 經營能力 應收款項收現日數 | 67 | 58.9 | 37 | 50.7 | 11 | 57.9 | 12 | 52.1 | 13 | – |
| 經營能力 存貨周轉率(次) | 2.80 | 5.2 | 3.12 | 4.7 | 2.66 | 4.4 | 3.07 | 5.1 | 3.69 | – |
| 經營能力 平均銷貨日數 | 130.36 | 70.2 | 116.99 | 77.7 | 137.22 | 83.0 | 118.89 | 71.6 | 98.92 | – |
| 經營能力 固定資產周轉率(次) | 0.63 | 1.2 | 0.63 | 1.7 | 0.56 | 1.8 | 0.57 | 1.6 | 0.66 | – |
| 獲利能力 資產報酬率(%) | 9.20 | 6.2 | 8.08 | 3.9 | 6.37 | 3.2 | 4.45 | 1.8 | 6.43 | – |
| 獲利能力 股東權益報酬率(%) | 11.87 | 14.2 | 10.57 | 8.6 | 7.90 | 6.6 | 5.17 | 4.0 | 8.52 | – |
| 獲利能力 利能率% 營業利益佔資本收比率 | 20.92 | – | 17.57 | – | 15.23 | – | 10.75 | – | 15.62 | – |
| 獲利能力 利能率% 稅前純益佔資本收比率 | 22.36 | – | 20.92 | – | 16.22 | – | 10.71 | – | 16.53 | – |
| 獲利能力 純益率(%) | 20.16 | 8.5 | 17.59 | 4.1 | 14.12 | 3.5 | 8.86 | 2.2 | 13.30 | – |
| 獲利能力 每股盈餘(元) | 1.65 | – | 1.49 | – | 1.12 | – | 0.73 | – | 1.22 | – |
| 市價效率 本益比 | 41.82 | – | 29.26 | – | 31.43 | – | 29.31 | – | 15.33 | – |
| 市價效率 股利收益率 | 2.32 | – | 3.21 | – | 3.66 | – | 4.02 | – | 5.83 | – |

資料來源：1.中鋼公司各年度年報。
　　　　　2.金融聯合徵信中心出版之《主要行業財務比率》。

債比率，顯示中鋼公司自有資金充裕，財務結構健全。

③營運效率

應收帳款周轉率方面，中鋼公司表現（79年度除外）均優於同業平均表現；然而，在存貨周轉率及固定資產周轉率方面，中鋼公司表現均遜於同業平均表現，顯示中鋼公司在存貨控制及資產使用效率上，仍有改進空間存在。

④獲利能力

中鋼公司81年度至83年度之資產報酬率、股東權益報酬率及純益率均低於79年度及80年度之比率，這些變化顯示中鋼公司的獲利能力稍爲衰退；而同業的平均獲利能力也呈衰退現象，可能受到鋼鐵業不景氣之影響。

⑤市價效率

中鋼公司本益比由79年度的41.82倍逐年下降爲83年度的15.33倍，顯示中鋼公司的市價效率逐年提高；然而，讀者應注意的是，這些本益比的市價均爲每年度底的市場價格，而中鋼公司股價在上述年度中也逐年下降，因此，上述本益比值有偏低的現象。

⑵**財務報表分析**

損益表、資產負債表、及現金流量表是最重要的三種公司財務報表；而損益表與資產負債表內的重要資訊，可由前述的財務比率分析洞悉；因此，下面僅就中鋼公司的現金流量表內容作分析。

表8-9是中鋼公司82年度及83年度現金流量表，現金流量的變動主要是受公司的營業活動、投資活動、與理財活動之影響；中鋼公司82年度現金餘額增加了約66億元，主要原因是公司短期借款增加所造成，短期借款增加可能是爲了償還到期之商業本票；而82年度營業活動之淨現金流入量高達205億元，雖足以支付投資活動及股利發放之現金流出；然而，爲了償還到期的商業本票約111億元，中鋼公司必須向銀行

籌借短期資金，顯示中鋼公司可自由運用之現金流量（Free Cash Flow）稍爲不足。

### 表 8-9　中國鋼鐵股份有限公司現金流量表

民國 82 年 7 月 1 日至 83 年 6 月 30 日（83 年度）及

81 年 7 月 1 日至 82 年 6 月 30 日（82 年度）

單位：新臺幣千元

|  | 83 年度 | 82 年度 |
|---|---|---|
| 營業活動之現金流量： | | |
| 　純　　益 | $　8,851,372 | $　5,335,569 |
| 　調整項目： | | |
| 　　折　舊 | 11,164,100 | 9,743,739 |
| 　　攤銷及折耗 | 300,487 | 207,295 |
| 　　遞延所得稅 | （　356,224 　） | 745,188 |
| 　　應計退休金準備 | － | 125,290 |
| 　　依權益法認列投資損失 | 33,354 | － |
| 　　資產與負債之變動 | | |
| 　　　應收票據 | （　2,094,424 　） | 702,860 |
| 　　　應收帳款 | 236,535 | （　70,363 　） |
| 　　　應收遠匯款 | | 186,822 |
| 　　　存　貨 | （　401,348 　） | 4,185,487 |
| 　　　預付款項及其他流動資產 | 171,522 | （　19,715 　） |
| 　　　應付帳款 | （　363,096 　） | 179,558 |
| 　　　預收款項 | （　307,791 　） | 85,926 |
| 　　　應付所得稅 | 2,381,310 | （　893,535 　） |
| 　　　其他流動負債 | （　16,098 　） | （　35,535 　） |
| 　　其　他 | 75,376 | 149,266 |
| 　營業活動之淨現金流入 | 19,675,075 | 20,456,000 |
| 投資活動之現金流量： | | |
| 　購置固定資產 | （　6,735,684 　） | （　8,931,954 　） |
| 　定期存款減少 | 500,000 | 2,940,000 |
| 　其他資產增加 | （　235,147 　） | （　1,163,190 　） |
| 　長期投資增加 | （　250,686 　） | 219,940 |
| 　投資活動之淨現金流出 | （　6,721,517 　） | （　7,375,084 　） |
| 理財活動之現金流量： | | |
| 　短期借款及銀行透支增加（減少） | （　8,188,482 　） | 12,116,895 |
| 　支付股利 | （　4,830,171 　） | （　7,777,461 　） |
| 　應付商業本票減少 | （　2,700,000 　） | （　11,100,000 　） |
| 　舉借長期借款 | 500,000 | 500,000 |
| 　償還長期借款 | （　77,105 　） | （　256,220 　） |
| 　理財活動之淨現金流出 | （　15,295,758 　） | （　6,516,786 　） |

| | | |
|---|---|---|
| 現金增加（減少）金額 | ( $ 2,342,200 ) | $ 6,564,130 |
| 年初現金餘額 | 8,051,118 | 1,486,988 |
| 年底現金餘額 | $ 5,708,918 | $ 8,051,118 |

　　中鋼公司 83 年度現金餘額比 82 年度現金餘額短少了約 23 億元，主要原因是公司償還了 82 年度的短期借款約 82 億元，顯示中鋼公司閒餘現金流量不足；雖然 83 年度的純益金額比 82 年度的純益金額增加了約 35 億元，然而，各項應收票據卻增加了約 21 億元，造成 83 年度營業活動之淨現金流入反而低於 82 年度的營業活動之淨現金流入。

　　由上述分析可知，中鋼公司 82 年度與 83 年度的現金流量有所不足，主要原因是中鋼公司固定資產投資金額均相當龐大，例如：82 年度與 83 年度的固定資產投資金額分別為 89 億元與 67 億元；另外，中鋼公司在 82 年度與 83 年度共支付了約 126 億元的現金股利及約 138 億元的商業本票。

### ⑶質方面的其他重要事項分析

　　表 8-10 是有關中鋼公司在人事精簡、擴建計劃、民營化、及污染公害防治等專案之分析；投資者應探討這些專案計劃對中鋼公司獲利性的影響。例如：就人事精簡計劃而言，中鋼短期內必須支付一筆龐大的資遣費用，無疑地將影響中鋼短期的盈餘；然而，人事精簡計劃有利於長期薪資費用的控制，因此，精簡計劃對中鋼公司有長期利益；對長期投資者而言，人事精簡計劃可能是利多於弊。其次，就擴建計劃而言，擴建計劃必須投入一大筆資金，且擴建計劃歷時較長，因此，擴建計劃對中鋼公司短期盈餘有影響；另外，中鋼擴建計劃資金 70％ 以長期借款支應，利息支出對公司盈餘有所影響；總而言之，擴建計劃對長期投資的股東影響較小。

表 8-10 中鋼公司其他重要事項分析

1.專案精簡計劃

中鋼公司依據〈經濟部所屬事業機構專案裁減人員處理要點〉之規定專案精簡人員，84 年度裁減人力預計將不低於 200 人，第一階段作業截至 83 年 9 月 30 日止，已裁減 164 人，總計支付 438,727 千元，其中 22,573 千元係由退休基金及勞工退休準備金帳戶支付，其餘資遣費、一個月預告工資、加發六個月薪給、久任獎金補償及公勞保給付補償費用共計 416,154 千元，則由中鋼公司自行負擔，今依據行政院臺 (83) 孝授二字第 00040 號函規定，中鋼公司如於裁員年度內完成民營化，則加發六個月薪給及公勞保給付補償費用，准比照公營事業移轉民營條例之規定，由政府原編列之民營化員工權益補償金項下或動支第二預備金支付。

2.第四階段擴建計劃

中鋼公司為彌補國內目前熱軋鋼料短缺，配合國家經濟發展成長之需求，增加熱軋鋼品供應量，及擴大供應範圍，取代進口貨，決定推動第四階段之擴建計劃，計劃期間為 82 年 7 月至 86 年 6 月，興建煉鐵、煉鋼、軋鋼及相關公用設施等一貫作業鋼鐵生產設備，完工後可增加粗鋼年產能 240 萬 2 千公噸，每年可增產熱軋鋼品 213 萬 8 千公噸，擴建預算經政府核定為 574.38 億元，其中 30％以中鋼公司自有資金支應，70％以長期借款支應。

3.民營化後可能產生之影響

該公司民營化後，提供融資之往來銀行將可能根據財政部 82 年 9 月 22 日臺財融字第 821153840 號函「銀行對同一法人之授信總餘額，不得超過各該銀行淨值百分之十五，其中無擔保授信總餘額不得超過各該銀行淨值百分之五」規定辦理，惟各該銀行另可依據財政部 82 年 3 月 4 日臺財融第 810595876 號函「為鼓勵公營企業民營化，凡對該公營企業授信之銀行，准自公營企業移轉民營之日起，研訂期限不超過三年

4.污染公害之防治情形

中鋼公司建廠之初，即將防治污染設備視為生產設備一部份，投資設置各式防污設備，截至 83 年 6 月底止投資於空氣污染防治、水污染防治、廢棄物資源回收等設備金額達 197 億餘元，對於由操作不當及設備故障等因素所產生之污染，而遭環保單位罰鍰情事，中鋼公司均已積極檢討改善，尚不致影響中鋼公司正常營運，未來並將繼續推動下列各項污染防治措施：

①加強操作維修管理，包括儘量使用低污染性燃料，落實建立稽查及考核評鑑制度。

②加強前瞻性污染防治投資，以因應未來更嚴格之環保標準。

③繼續推動工作減廢：包括產源減量化，爐石回收再利用，人員培訓及建立管理制度。

④消弭污染糾紛對策：確實做好污染防治改善工程，並適時將改善情形向外界說明，建立完整監測及緊急應變系統，做好睦鄰及廠區綠化美化工作。

⑤睦鄰工作對策：積極做好污染防治工作，主動建立和諧社區關係。

資料來源：＜經濟部出售國庫持有之中鋼公司普通股公開招募說明書＞，民國 84 年 2 月 22 日。

除了表 8－10 內的質的分析資料外，投資者也應了解中鋼公司目前正在進行的訴訟案件、訴訟的可能結果、及訴訟結果對公司盈餘的影響。

最後，衍生性證券交易的目前損益並未列入損益表內，因此，投資者必須詳讀財務報表附註，以了解公司是否有參與衍生性證券交易及評估這些交易對盈餘的影響。

## 第五節　結　語

本章介紹股票的基本分析，基本分析的過程可概分為經濟分析、產業分析、公司分析，及市場擇時分析。總體經濟分析在利用各種分析方法或計量模型預測經濟景氣循環變化。產業分析則著重在景氣循環變化對產業前景的影響；另外，產品生命週期概念也可用來判斷產業發展的階段，進而了解產業未來的前景。最後，公司分析則探討個別公司的經營成效；公司分析可概分為量的分析與質的分析，量的分析著重公司財務資料的分析；而質的分析則著重在公司管理制度、行銷通路、員工士氣、及產品研發等方面的探討。

## 關鍵詞彙

| | |
|---|---|
| 由上而下途徑 | Top-Down Approach |
| 由下而上途徑 | Bottom-Up Approach |
| 市場導向途徑 | Market-Oriented Approach |
| 總體經濟分析 | Economic Analysis |
| 產業分析 | Industry Analysis |
| 公司分析 | Company Analysis |
| 擇時分析 | Market Timing |
| 專家意見調查 | Anticipatory Surveys |
| 經濟指標 | Economic Indicators |
| 領先指標 | Leading Indicators |
| 同時指標 | Coincident Indicators |
| 落後指標 | Lagging Indicators |
| 聯立方程式 | Simultaneous Equations |
| 產業效果 | Industry Effect |
| 產業生命週期 | Industry Life Cycle |
| 早期開發期 | Early Development |
| 快速成長期 | Rapid Expansion |

成熟成長期　　Maturity

穩定衰退期　　Relative Decline

年度報告書　　Annual Reports

每股帳面價值　　Book Value per Share

流動性比率　　Liquidity Ratios

負債管理比率　　Leverage Ratios

營運效率比率　　Activity Ratios

獲利能力比率　　Profitability Ratios

市價效率比率　　Market Ratios

流動比率　　Current Ratio

速動比率　　Quick Ratio

現金流動性比率　　Cash-flow Liquidity Ratio

負債比率　　Debt Ratio

負債／淨值比率　　Debt to Equity Ratio

利息保障倍數　　Times Interest Earned

固定費用保障倍數　　Fixed Charge Coverage

應收帳款周轉率　　Accounts Receivable Turnover

平均收現期間　　Average Collection Period

存貨周轉率　　Inventory Turnover

固定資產周轉率　　Fixed Asset Turnover

總資產周轉率　　Total Asset Turnover

純益率　　Net Profit Margin

資產報酬率　　Return on Investment

股東權益報酬率　　Return on Equity

每股盈餘　　Earnings per Common Share

本益比　　Price to Earnings Ratio，P/E

| 股利收益率 | Dividend Yield |
|---|---|
| 先進先出法 | First-in First-out, FIFO |
| 後進先出法 | Last-in First-out, LIFO |

# 習　題

1.何謂股票基本分析？比較三種不同基本分析途徑的差異？

2.何謂總體經濟分析？其分析的技術與方法有那些？

3.說明經濟領先指標，同時指標，與落後指標的意義？

4.簡述貨幣供給額變化對經濟景氣與股市變動的可能影響？

5.何謂產業分析？說明產業生命週期對產業分析的重要性？

6.公司分析的內容有那些？說明財務比率分析的目的？

7.何謂動態財務比率分析與靜態財務比率分析？

8.公司分析可分成量的分析與質的分析兩部份，質的分析應著重那些層面？

# 第九章　股票技術分析

## 第一節　前　言

前一章的基本分析著重在經濟面、產業面及公司面等層面的分析，以了解個別公司的優勢與弱勢，進而估計公司股價的區間。本章介紹股票分析的另一種型態：技術分析；技術分析著重在使用股市或個別股票的過去成交價與成交量，預測整個股市或個別股票未來的價格變化情形。

雖然技術分析人員承認基本分析因素（例如：盈餘）會影響一家公司的股票價值，然而，技術分析人員咸認爲這些基本分析因素在預測股價變化上並無多大用處。譬如：基本分析利用一些公開的資訊（例如：財務報表）來評估股票的價值，而眾多的投資者均可輕易地獲取這些公開的資訊，因此，大多數投資者所估計的股票價值差異有限；當投資者發現股價低估時，股價或許已經上漲，造成基本分析無多大用處。

依分析所使用的工具來區別，技術分析可分爲線型圖（Charting）的技術分析與技術指標（Technical Indicators）的技術分析兩種；而依照技術分析的對象來區分，技術分析有整體市場（Aggregate Market）的技術分析與個別股票（Individual Stock）的技術分析。本章第二節介紹以整體市場爲對象的技術分析工具；第三節則介紹個別股票的技術分析工具；第四節爲本章結語。

# 第二節 市場面的技術分析

市場面的技術分析主要在判斷多頭市場（Bull Market）或空頭市場（Bear Market）的出現；這些技術分析包括：道氏理論（The Dow Theory）、市場交易量（Trading Volume）、漲跌家數指標線（The Advance/Decline Line）、個股新高與新低價指標（New Highs and New Lows Index）、融券餘額比率（Short-interest Ratio）、及移動平均線（Moving Averages Line）；這些技術分析工具分別介紹如下：

## 1.道氏理論（The Dow Theory）

道氏理論爲《華爾街日報》（*The Wall Street Journal*）主編查爾斯·道（Charles Dow）所創造；道氏被譽爲技術分析鼻祖，大多數技術分析工具均建立在道氏理論基礎上；西元 1910 年，威廉·漢彌爾敦（William Hamilton）則將道氏理論應用在股票市場的長期走勢預測上，道氏理論認爲股價的變動由下列三種走勢構成：

(1)市場主要走勢（Primary Trends）代表市場於未來半年至數年間的移動方向。例如：圖 9－1 中 A 所指的線段方向即爲市場主要走勢。

(2)市場次要走勢（Secondary Trends）代表市場短暫偏離主要走勢的小變動；市場次要走勢通常持續數週至數個月。

(3)不規則變動（Tertiary Trends）代表每日股市上下不規則的變動。

所謂多頭市場（Bull Market）指的是市場主要走勢往上移動；而空頭市場（Bear Market）指的是市場主要走勢往下移動。市場次要走勢又稱爲技術修正（Technical Correction），主要是爲了緩和一下市場主要走勢。不規則變動是每日股市內的小幅變動，這些變動對預測市場走勢並無多大用處。

圖 9-1　臺灣證券交易所加權指數：1988 年至 1997 年

　　道氏理論的主要目的是在預測市場主要走勢的反轉時點（例如：空頭市場或多頭市場的呈現時點），至於市場主要走勢會持續多長期間，並不是道氏理論所要預測。道氏理論使用道瓊工業指數（Dow Jones Industrial Average，DJIA）與道瓊運輸指數（Dow Jones Transportation Average，DJTA）代表市場走勢指標。道氏理論認為這兩種指數必須互相確認對方走勢時，投資者方可確認未來市場走勢；例如：若道瓊工業指數與道瓊運輸指數均呈現上漲趨勢時，表示多頭市場仍將持續；同理，若兩種指數均呈現下跌趨勢時，表示空頭市場尚未結束；然而，若這兩種指數呈現相反走勢時，即沒有互相確認對方走勢時，投資者則無法判斷市場未來的變化。

　　下面以臺灣證券交易所加權指數為例子，說明如何判斷市場是呈現上漲趨勢或呈現下跌趨勢。圖 9－1 是臺灣證券交易所加權指數於民國 77 年至民國 86 年間的變動情形；*A* 所指的兩個線段代表市場主要走勢的方向，從 1988 年初至 1990 年初這段期間，市場呈現多頭市場形勢；而從 1990 年初至 1990 年底這段期間，市場則呈現空頭市場形勢。在多頭市場期間，市場會有暫時性下挫的情形，如圖 9－1*B* 所指的幾段短暫市場走勢，這些即為市場次要走勢；而圖 9－1*C* 所指的部份，即為市場不規則的變動。

　　道氏理論認為市場處於多頭市場時，即主要走勢呈現上漲情形，其間無可避免地有一些往下修正的次要走勢出現；而這些次要走勢的變動情形，有助於判斷市場是否為多頭市場或空頭市場。假使市場確實是處於多頭狀態下，則每次往下挫的次要走勢之最低點，會高出上次次要走勢之最低點；例如：圖 9－1 中 1989 上半年的市場走勢中，幾個市場次要走勢之最低點，均高出上次市場次要走勢之最低點。相反地，假使市場確實是處於空頭狀態下，則每次往上漲的次要走勢之最高點，會低於上次市場次要走勢之最高點；例如：圖 9－1 中 1990 下半年的市場走勢中，幾個市場次要走勢的最高點，均低於前次市場次要走勢之最高點。

　　另外，道氏理論也配合支撐點（Support Level）與抗拒點（Resistance Level）等觀念於市場走勢預測上；所謂支撐點意味著市場不太可能下挫超過此一支撐水平，而抗拒點則意味著市場不太容易往上衝破此一抗拒水平；假如市場下挫超過支撐點，則意味著市場將呈現空頭市場形勢；相反地，市場若往上衝破抗拒點，則是多頭市場的訊息。圖 9－1 的 1993 下半年期間，市場處於盤整階段，而於年底市場往上衝破抗拒點 *D*，隨後而至的是 1994 年的多頭市場。

　　道氏理論雖可應用在預測市場未來的走勢；然而，大部份投資者認為，道氏理論應用在描述歷史資料上比應用在預測市場走勢上更合適。

## 2.漲跌家數指標線（The Advance/Decline Line）

漲跌家數指標線利用股價上漲家數與股價下跌家數之差異來判斷市場的走勢。投資者可以依照下列步驟編製漲跌家數指標線：

(1)挑選某一交易日爲漲跌家數指標線的起始日。

(2)計算起始日當日上漲股票與下跌股票的家數。

(3)將上漲股票家數減掉下跌股票家數，求取淨上漲股票家數。

(4)將淨上漲股票家數加上某一常數值(例如：1,000 或 2,000)後，作爲漲跌家數指標線起始日的數值。

(5)計算第二交易日的淨上漲股票家數。

(6)第二交易日的淨上漲股票家數加上起始日的數值，即爲漲跌家數指標線第二交易日的數值。

(7)重複(5)與(6)兩個步驟，即可求取漲跌家數指標線。

當漲跌家數指標線往上爬升時，代表市場上漲機會大；相反地，當漲跌家數指標線向下竄時，意味著市場下挫機會大。圖 9－2 爲依照臺灣證券交易所上市買賣證券每日漲跌家數資料，所編製之漲跌家數指標線；編製期間始於民國 83 年 11 月 30 日，止於 12 月 30 日；常數值設定爲 200；在這段期間，指標線往上攀升，顯示市場應該往上漲。

## 3.市場交易量（Trading Volume）

大量的成交量經常伴隨著重大的股價變動，成交量的多寡是判斷市場股價變化的一個重要技術指標；假設市場在過去五個交易日期間一直持續地下挫，而成交量也隨著市場價格下挫而漸漸萎縮，技術分析人員將認爲市場繼續往下挫的機會並不大；相反地，若成交量並不隨著市場價格下挫而縮減，則市場繼續往下挫的機會將較大；因此，判斷股價未來走勢，除了股價本身變化資料外，也應該將成交量的變化納入考量。

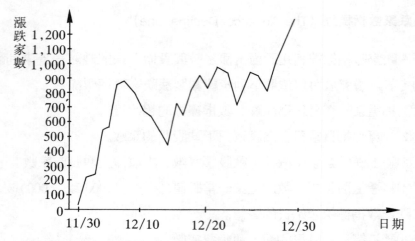

圖 9-2　臺灣證券交易所漲跌家數指標線:民國 83 年 11 月 30 日至 12 月 30 日

　　結合成交量與成交價資料的技術指標中, 以格蘭姆氏 (J. Granville) 的 OBV (On-Balance Volume) 指標線最負盛名; 圖 9-3 是 OBV 指標線的編製範例:

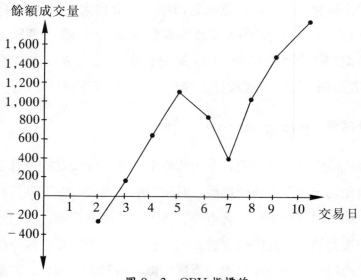

圖 9-3　OBV 指標線

| 交易日 | 股價指數 | 市場成交量 | 股價上漲成交量 | 股價下跌成交量 | 累計餘額成交量 OBV |
|:---:|:---:|:---:|:---:|:---:|:---:|
|  |  | （百萬股） | （百萬股） | （百萬股） | （百萬股） |
| 1 | 6503 | 347 | － | － | － |
| 2 | 6480 | 320 | － | 320 | － 320 |
| 3 | 6555 | 518 | 518 | － | ＋ 198 |
| 4 | 6564 | 458 | 458 | － | ＋ 656 |
| 5 | 6594 | 473 | 473 | － | ＋ 1,129 |
| 6 | 6587 | 310 | － | 310 | ＋ 819 |
| 7 | 6552 | 420 | － | 420 | ＋ 399 |
| 8 | 6570 | 615 | 615 | － | ＋ 1,014 |
| 9 | 6589 | 513 | 513 | － | ＋ 1,527 |
| 10 | 6596 | 275 | 275 | － | ＋ 1,802 |

(1)挑選某一交易日作爲計算 OBV 指標的起始日。

(2)比較本日收盤價與前一交易日收盤價；若本日收盤價上漲時，將前一交易日累計餘額成交量加上本日成交量作爲本日累計餘額成交量；若本日收盤價低於前一交易日收盤價，則將前一交易日累計餘額成交量減掉本日成交量作爲本日累計餘額成交量；若本日收盤價與前一交易日收盤價相同時，則以前一交易日累計餘額成交量作爲本日累計餘額成交量。

(3)將上述各交易日累計餘額成交量連接成線，即爲 OBV 指標線。

格蘭姆氏利用 OBV 指標線設計各式各樣的股票交易法則（Trading Rules），基本上，OBV 指標線往上爬升時，代表多頭市場，投資者應該買進股票；相反地，OBV 指標線往下降時，代表空頭市場，投資者應該賣出股票。

### 4. 個股新高與新低價指標 (New Highs and New Lows Index)

這個指標比較過去 52 週內創新高價股票種類數目與創新低價股票種類數目:

$$個股新高與新低價指標 = \frac{52\ 週期間創新高價股票種類數目}{52\ 週期間創新低價股票種類數目}$$

以一週為指標計算期間,則一年期間可以求得 52 個新高與新低價指標值,將這些數值連成線,即為新高與新低價指標線;新高與新低價指標線的用途類似於漲跌家數指標線,當指標線往上爬升時,代表市場往上漲的機會較大;而指標線往下挫時,意味著市場下跌的機會較大。

### 5. 融券餘額比率 (Short-Interest Ratio)

融券餘額比率為融券賣出股數餘額除以市場日平均交易量:

$$融券餘額比率 = \frac{融券賣出股數餘額}{市場日平均交易量}$$

融券餘額比率可用來預測市場走勢,當融券餘額比率較高時,意味著市場走高的機會較大,因為融券投資者必須於市場上回補所賣空的證券,這些回補壓力將造成股價的上漲。然而,從另一個角度看待融券餘額比率,則可能得到相反的結果;例如:部份投資者預期市場下挫,所以賣空以套取利潤;因此,當融券餘額比率高時,意味著市場下挫的機會較大。

### 6. 移動平均線 (Moving Averages Line)

道氏理論將股價變動劃分成主要走勢、次要走勢、及不規則變動等三種；移動平均線主要目的是去除市場內不規則的變動，俾利於觀測市場的主要走勢變化。

　　股價移動平均值是過去 $n$ 期收盤價格的簡單算術平均值；例如：$n$ 天期股價移動平均值可以下式求取：

$$MA_t(n) = 1/n\,(P_t + P_{t-1} + \cdots + P_{t-n+1}) \qquad (9-1)$$

　　上式中，$MA_t(n)$ 為在 $t$ 時點 $N$ 期股價移動平均值；$P_t$ 為 $t$ 時點的收盤股價。圖 9－4 與圖 9－5 分別是臺灣證券交易所加權指數的 6 天期及 12 天期的移動平均線，取樣期間為民國 83 年 7 月 2 日至 12 月 31 日。

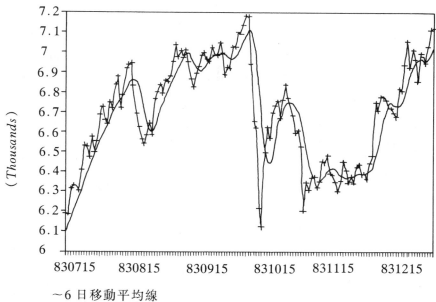

　～6 日移動平均線
　＋日收盤指數線

**圖 9－4　臺灣證券交易所日收盤指數線及 6 日移動平均線**

　　當市場持續地上漲時，移動平均線將落在市場指數線下方，因為移動平均線是市場過去較低價與今日較高價的平均值，故今日移動平均值必定低於今日市場價格；相反地，當市場持續地下挫時，市場指數線將落在移動平均線下方。因此，當市場指數線往上衝破移動平均線時，代表買入股票的時機；相反地，當市場指數線下挫至移動平均線下方時，代表賣出股票的時機。

　　圖 9-5 是臺灣證券交易所日收盤指數線及 12 日移動平均線；在 8 月 10 日左右，日收盤指數線下挫至移動平均線下方，投資者應賣出股票；相反地，在 8 月 19 日左右，日收盤指數線上漲衝破移動平均線，投資者此時應買入股票。另外，在 10 月 5 日左右，日收盤指數線再度下挫至移動平均線下方，代表另一個賣出股票的訊號；而在 10 月 16 日

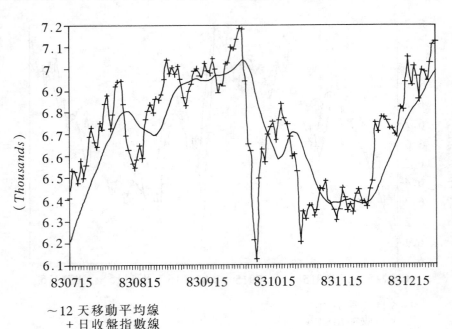

～12 天移動平均線
　+ 日收盤指數線

**圖 9-5　臺灣證券交易所日收盤指數線及 12 日移動平均線**

左右，日收盤指數線則再度上漲衝破移動平均線，代表另一個買入股票的訊息。

　　在 11 月 10 日至 12 月 5 日期間，日收盤指數線與移動平均線每隔二至三個交易日，就互相交錯一次；即投資者每二至三個交易日必須從事交易買賣；然而，由於股價漲跌幅度均很小，投資者不易獲取利潤，反而必須支付交易成本而造成投資損失。為了克服此項缺點，投資者可以預先設定股價漲跌超過某一幅度後，始進場買賣股票，藉以減少交易成本。

# 第三節　個股的技術分析

　　前節介紹數種有關市場的技術分析；基本上，部份前節的技術分析工具（例如：交易量分析與移動平均線）也可以應用在個別股票的分析上。本節介紹應用於個股的其他技術分析方法，這些方法包括：個股圖表技術分析（Chart Readig）、相對強弱指標（Relative Strength Index, RSI）及乖離率（Deviation Ratio）。表 9－1 是國內報紙經常刊載的個股技術指標。

## 1.個股圖表技術分析

　　個股圖表技術分析有下列兩種：一為條型圖（Bar Charts），另一為點線圖（Point and Figure Charts）。

### (1)條型圖

　　條型圖的製作以橫座標代表時間，而縱座標則代表股票價格；每日股價的變動以一段垂直線條來表示，線條的頂點代表當日最高價，而線條的底端代表當日最低價，當日收盤價則以一水平線段來標示。圖 9－6 是臺灣水泥股份有限公司的條型圖，期間為民國 84 年 3 月 1 日至 3 月

表 9-1　報載個股技術指標

| 證券名稱 | 漲△跌× | 收盤價 | 次一日漲停價 | 次一日跌停價 | 開盤 | 盤高 | 盤低 | 成交筆數 | 平均每筆張數 | 成交股數(張)前一日 | 成交股數(張)今日 | 82年以來最高 | 82年以來最低 | 10日平均值 | 10日平均量 | 6日RSI | 12日RSI | 10日乖離率 |
|---|---|---|---|---|---|---|---|---|---|---|---|---|---|---|---|---|---|---|
| 臺泥 | △.50 | 53.50 | 57.00 | 49.80 | 53.00 | 53.50 | 53.00 | 334 | 3.63 | 787 | 1214 | 79.50 | 48.00 | 53.90 | 1796 | 42.04 | 43.35 | -.74 |
| 亞泥 | ×1.00 | 56.00 | 59.50 | 52.50 | 57.00 | 57.00 | 56.00 | 114 | 10.98 | 1742 | 1252 | 69.00 | 45.80 | 57.35 | 1920 | 13.41 | 29.96 | -2.35 |
| 嘉泥 | ×.50 | 40.20 | 43.00 | 37.40 | 40.70 | 41.00 | 40.00 | 261 | 4.13 | 1787 | 1078 | 54.00 | 29.80 | 40.79 | 2546 | 43.00 | 45.79 | -1.44 |
| 環泥 |  | 39.00 | 41.70 | 36.30 | 39.60 | 39.60 | 39.00 | 208 | 4.34 | 1048 | 904 | 63.50 | 34.30 | 39.45 | 1041 | 39.91 | 42.13 | -1.14 |
| 建臺 | ×.30 | 29.00 | 31.00 | 27.00 | 29.40 | 29.60 | 29.00 | 521 | 3.79 | 2159 | 1979 | 40.00 | 24.20 | 29.49 | 4157 | 34.11 | 39.68 | -1.66 |
| 幸福 | ×.10 | 36.00 | 38.50 | 33.50 | 36.20 | 36.50 | 35.70 | 121 | 2.76 | 302 | 334 | 55.50 | 28.00 | 37.24 | 1331 | 23.49 | 36.05 | -3.32 |
| 信大 | ×.30 | 39.70 | 42.40 | 37.00 | 40.00 | 40.90 | 39.60 | 197 | 3.37 | 694 | 664 | 64.00 | 30.50 | 40.89 | 2396 | 37.83 | 45.43 | -2.91 |
| 東泥 | ×.10 | 36.90 | 39.40 | 34.40 | 37.00 | 37.10 | 36.80 | 41 | 2.92 | 50 | 120 | 47.60 | 33.10 | 37.13 | 166 | 43.61 | 48.85 | -.61 |
| 味全 | ×.20 | 36.50 | 39.00 | 34.00 | 36.80 | 37.00 | 36.50 | 156 | 2.32 | 877 | 363 | 43.50 | 23.30 | 37.56 | 2478 | 24.66 | 39.06 | -2.82 |
| 味王 | ×.10 | 31.20 | 33.30 | 29.10 | 31.60 | 31.60 | 31.10 | 47 | 2.08 | 197 | 98 | 44.00 | 30.00 | 31.83 | 348 | 27.31 | 37.52 | -1.97 |
| 嘉食化 | ×.30 | 22.80 | 24.30 | 21.30 | 23.40 | 23.50 | 22.80 | 221 | 11.81 | 16285 | 14429 | 36.20 | 18.50 | 23.01 | 13894 | 43.87 | 48.64 | -.91 |
| 益華 | ×.10 | 30.00 | 32.10 | 27.90 | 30.40 | 30.40 | 30.00 | 232 | 2.75 | 539 | 640 | 36.50 | 20.70 | 30.34 | 1182 | 28.18 | 39.69 | -1.12 |
| 大成 | ×.40 | 25.30 | 27.00 | 23.60 | 25.80 | 26.00 | 25.20 | 738 | 4.44 | 4225 | 3281 | 32.60 | 18.60 | 25.93 | 3970 | 32.61 | 41.83 | -2.42 |
| 卜蜂 | ×.40 | 24.10 | 25.70 | 22.50 | 24.40 | 24.60 | 24.10 | 241 | 2.85 | 637 | 687 | 42.80 | 20.80 | 25.00 | 1253 | 12.77 | 31.61 | -3.60 |
| 統一 | ×1.00 | 51.00 | 54.50 | 47.50 | 52.50 | 52.50 | 51.00 | 411 | 3.66 | 11835 | 5170 | 66.00 | 30.00 | 50.99 | 6161 | 51.79 | 52.68 | .01 |
| 愛之味 |  | 29.70 | 31.70 | 27.70 | 29.80 | 29.80 | 29.50 | 114 | 2.81 | 410 | 321 | 43.90 | 25.00 | 30.12 | 762 | 30.96 | 43.55 | -1.39 |
| 大飲 |  | 21.40 | 22.80 | 20.00 | 21.40 | 21.50 | 21.30 | 26 | 2.23 | 19 | 58 | 36.00 | 19.30 | 21.37 | 60 | 59.31 | 56.25 | .14 |
| 泰山 | ×.30 | 24.30 | 26.00 | 22.60 | 24.60 | 24.60 | 24.30 | 93 | 3.72 | 600 | 346 | 36.00 | 19.40 | 24.88 | 865 | 22.70 | 37.08 | -2.33 |
| 泰山特 | ×.20 | 16.00 | 17.10 | 14.90 | 16.00 | 16.00 | 15.90 | 20 | .80 | 40 | 16 | 28.60 | 14.45 | 16.14 | 84 | 46.09 | 50.81 | -.86 |
| 福壽 | ×.10 | 21.40 | 22.80 | 20.00 | 21.50 | 21.70 | 21.20 | 258 | 5.00 | 1090 | 1291 | 26.40 | 14.50 | 21.68 | 1872 | 30.19 | 40.33 | -1.29 |
| 久津 | ×.40 | 29.90 | 31.90 | 27.90 | 30.10 | 30.40 | 29.90 | 29 | 2.31 | 167 | 67 | 60.00 | 29.30 | 30.44 | 211 | 37.16 | 41.24 | -1.77 |
| 源益 | ×.30 | 25.40 | 27.10 | 23.70 | 26.00 | 26.00 | 25.40 | 99 | 2.22 | 376 | 220 | 75.50 | 22.40 | 26.35 | 714 | 19.52 | 35.21 | -3.60 |
| 大裕 | ×.50 | 37.00 | 39.50 | 34.50 | 37.30 | 37.30 | 37.00 | 40 | 4.97 | 90 | 199 | 72.00 | 33.20 | 37.58 | 350 | 29.19 | 38.66 | -1.54 |
| 大裕特 | ×.50 | 55.00 | 58.50 | 51.50 | 55.50 | 55.50 | 55.00 | 15 | 2.53 | 15 | 38 | 79.00 | 38.30 | 55.45 | 48 | 37.88 | 42.15 | -.81 |
| 品勝 | ×.50 | 29.20 | 31.20 | 27.20 | 29.90 | 30.00 | 29.10 | 179 | 3.78 | 868 | 678 | 68.00 | 22.40 | 30.33 | 2224 | 26.53 | 38.34 | -3.72 |

資料來源：《自立晚報》，民國84年3月25日。

31 日。

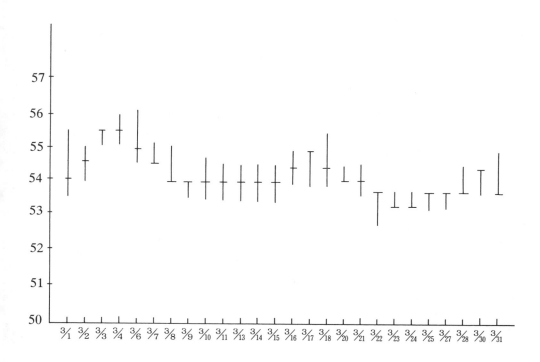

**圖 9-6　臺泥股價條型圖（民國 84 年 3 月 1 日至 3 月 31 日）**

　　投資者藉由比對各類的條型圖形狀，以判斷股價未來的走勢；經常被提及的條型圖形狀為頭肩型圖（Head and Shoulders Formations）；圖 9-7 為一虛構的頭肩型圖；頭肩型圖由四個部份構成：第一為左肩部位（Left Shoulder）；第二為頭部（Head）；第三為右肩部位（Right Shoulder）；最後為頸線（Neckline）。當右肩形成後，技術分析家認為價格必定會跌破頸線如圖 9-7 所示。相反地，圖 9-8 為一虛構的倒頭肩型圖；當倒右肩形成後，技術分析家認為價格必定會衝破頸線往上漲，如圖 9-8 所示。

　　(2)**點線圖**

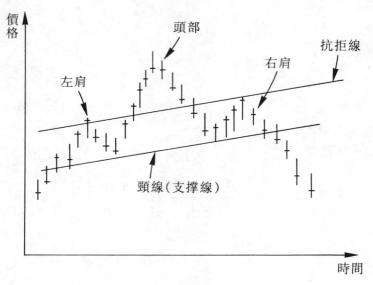

圖 9-7　頭肩型圖範例

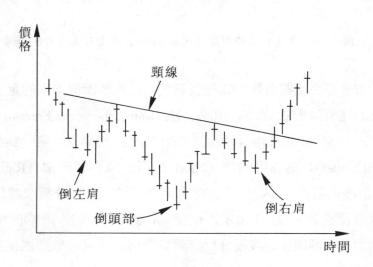

圖 9-8　倒頭肩型圖範例

　　點線圖並不記載每日最高價、最低價、及收盤價；當每日收盤價變動幅度超過某一預先設定值時，點線圖才記載價格的變化；當某交易日的價格上漲超過設定幅度時，則以"×"表示之；當某交易日的價格下跌超過設定幅度時，則以"○"表示之；圖9－9爲臺灣水泥股份有限公司的點線圖，製圖期間由民國84年3月1日至3月31日；價格變動幅度設定爲0.5元。

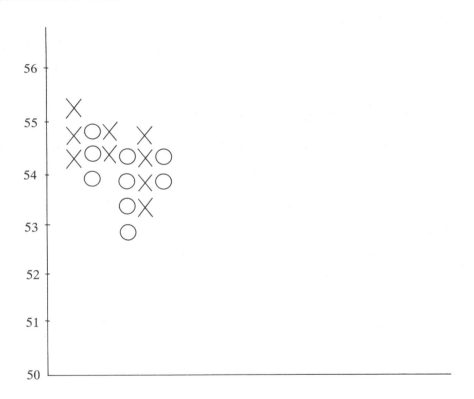

圖9－9　臺泥股價點線圖（民國84年3月1日至3月31日）

　　圖9－9的縱座標代表臺泥的股價水準，而橫座標並無任何意義；在圖9－9的第一欄中，連續有三個"×"符號，代表臺泥股價由54元上漲至55.50元，但股價並沒超越55.50元；在第四欄中，則有連續4

個 "○" 符號, 代表臺泥股價由 54.50 元下跌至 52.50 元, 但股價並未跌破 52.50 元。

條型圖與點線圖均是用來判斷買賣的時機; 投資者利用條型圖或點線圖配合前節所介紹的支撐點及抗拒點觀念, 以判斷何時應買進股票及何時應賣出股票。以圖 9–7 臺泥的條型圖為例, 圖中的頸線又稱為支撐線, 代表臺泥股價要跌破支撐線是件不易之事; 當股價跌破支撐線後, 可能會持續地下挫, 因此, 股價跌破支撐線時, 即是賣出的訊號。圖 9–7 中連接左右雙肩的直線稱為抗拒線; 當股價衝出抗拒線後, 可能會持續地上漲, 因此股價衝破抗拒線時, 即為買進股票的訊號。

## 2. **相對強弱指標** (Relative Strength Index, RSI)

個別股票的相對強弱指標在衡量該股票價格相對於整個市場或所屬產業價格的表現; 當一種股票的過去價格表現優於整個市場或產業過去價格表現時, 投資者認為該股票未來價格表現會優於整個市場或產業未來的價格表現。

相對強弱指標有各種計算公式, 下面分別介紹一種簡易的計算方式與一種較複雜的計算公式:

### ⑴簡易的相對強弱指標

最簡單的相對強弱指標是比較個股價格與整體市場或產業股價水平:

$$RSI_{it} = \frac{P_{it}}{P_{mt}} \tag{9–2}$$

$RSI_{it}$: 第 $i$ 種股票 $t$ 期的相對強弱指標; $P_{it}$: 第 $i$ 種股票 $t$ 期的價格; $P_{mt}$: 為 $t$ 期的市場指數水準。

**例一：** 表 9-2 內臺泥股票於民國 84 年 3 月 25 日之收盤價為 53.50 元；
臺灣證券交易所加權指數為 6,401.39；另外 3 月 1 日臺泥股票價格與加
權指數分別為 54 元與 6,427.38；臺泥股票在這二個交易日的相對強弱
指標分別計算如下：

$$RSI(3/25) = \frac{53.50}{6,401.39} = 0.836\%$$

$$RSI(3/1) = \frac{54}{6,427.38} = 0.840\%$$

表 9-2　臺泥股票收盤價，最高價，及最低價資料

| 日　　期 | 收盤價 | 最高價 | 最低價 |
|---|---|---|---|
| 840301 | 54.00 | 55.50 | 53.50 |
| 840302 | 54.50 | 55.00 | 54.00 |
| 840303 | 55.50 | 55.50 | 55.00 |
| 840304 | 55.50 | 56.00 | 55.00 |
| 840306 | 55.00 | 56.00 | 54.50 |
| 840307 | 54.50 | 55.00 | 54.50 |
| 840308 | 54.00 | 55.00 | 54.00 |
| 840309 | 54.00 | 54.00 | 53.50 |
| 840310 | 54.00 | 54.50 | 53.50 |
| 840311 | 54.00 | 54.50 | 53.50 |
| 840313 | 54.00 | 54.50 | 53.50 |
| 840314 | 54.00 | 54.50 | 53.50 |
| 840315 | 54.00 | 54.50 | 53.50 |
| 840316 | 54.50 | 55.00 | 54.00 |
| 840317 | 55.00 | 55.00 | 54.00 |
| 840318 | 54.50 | 55.50 | 54.00 |
| 840320 | 54.00 | 54.50 | 54.00 |
| 840321 | 54.00 | 54.50 | 53.50 |
| 840322 | 53.50 | 53.50 | 52.50 |
| 840323 | 53.00 | 53.50 | 53.00 |

| | | | |
|---|---|---|---|
| 840324 | 53.00 | 53.50 | 53.00 |
| 840325 | 53.50 | 53.50 | 53.00 |

資料來源：〈臺灣新報資料庫〉

　　臺泥股票的相對強弱指標由 3 月 1 日的 0.84％稍爲下降成 3 月 25 日的 0.836％。

　(2)複雜的相對強弱指標

　　國內報紙或投資期刊所刊載的相對強弱指標計算公式均較上述的相對強弱指標複雜。例如：表 9-1 列有 6 日 RSI 與 12 日 RSI；這些 RSI 的計算公式如下所列：

$$RSI_{i,t} = 100\left(\frac{股價上漲平均值}{股價上漲平均值 + 股價下跌平均值}\right) \quad (9-3)$$

　　上式中的股價上漲平均值爲觀察交易期間內上漲交易日的上漲總額除以觀察交易天數；而股價下跌平均值則爲觀察交易期間內下跌交易日的下跌總額除以觀察交易天數。(9-3) 式的 RSI 值介於 0 與 100 間，當 RSI 值愈高時，表示股價在過去交易期間呈現上漲趨勢，未來的股價也會持續上漲；相反地，當 RSI 值愈小時，表示股價在過去交易期間呈現下跌趨勢，未來的股價會繼續下跌。

**例二：** 利用公式 (9-3) 及表 9-2 內臺泥股票的收盤價格資料，計算出臺泥股票 3 月 25 日的 12 日相對強弱指標值爲 42.81：

表 9-3　臺泥股票 12 日相對強弱指標值

| 日　期 | 股價 | 上漲價值 | 下跌價值 | 相對強弱指標值 |
|--------|------|----------|----------|----------------|
| 840311 | 54.00 | — | — | |
| 840313 | 54.00 | — | — | |
| 840314 | 54.00 | — | — | |
| 840315 | 54.00 | — | — | |
| 840316 | 54.50 | 0.50 | — | |
| 840317 | 55.00 | 0.50 | — | |
| 840318 | 54.50 | — | 0.50 | |
| 840320 | 54.00 | — | 0.50 | |
| 840321 | 54.00 | — | — | |
| 840322 | 53.50 | — | 0.50 | |
| 840323 | 53.00 | — | 0.50 | |
| 840324 | 53.00 | — | — | |
| 840325 | 53.50 | 0.50 | — | |
| 12 日平均值 | | 0.125 | 0.167 | $100\left(\dfrac{0.125}{0.125+0.167}\right)=42.81$ |

### 3. 乖離率

　　股票乖離率就是股票收盤價格偏離股價移動平均線的比率。股價移動平均線有各種天期的移動平均線，因此，股票乖離率也有各種天期的乖離率。股票收盤價格與 10 日移動平均線的比率就是 10 日乖離率，股票 $n$ 日乖離率可以下式求取：

$$乖離率（n 日）＝\left[\frac{P_t}{MA_T\,(n)}\right]-1 \qquad (9-4)$$

　　（9-4）式中，$P_t$ 為股票在 $t$ 日收盤價格；$MA_t(n)$ 為股價移動平均值，可利用（9-1）式求取。

基本上，乖離率長期會趨向於零，即股票收盤價應在其移動平均線上、下變動；若股價偏離移動平均線太多時，股價應該會回歸至移動平均線，因此，乖離率可用來判斷股票的買賣時機。

**例三：** 利用表 9-2 的臺泥股價資料，計算出臺泥股票於民國 84 年 3 月 25 的 10 日乖離率：

$$MA（10 日）＝53.90$$

$$乖離率（10 日）＝\left(\frac{53.50}{53.90}\right)-1=-0.0074$$

## 第四節　結　語

本章介紹股票的技術分析方法，這些技術分析或技術指標可應用在預測股票市場的變化或個別股票價格的走勢。基本上，技術分析方法所使用的分析資料為過去市場的成交價及成交量資料；經由分析過去價量的變化，技術分析員試圖找出價格或交易量的變化型態；當歷史的變化型態被辨認出後，技術分析員先於其他投資者採取買賣動作，希冀賺取未來股價變動的利益。

本章介紹數種投資者經常採用的技術分析，這些分析方法包括：道氏理論、漲跌家數指標線、市場交易量、個股新高與新低價指標、融券餘額比率、移動平均線、條型圖、點線圖、相對強弱指標、及乖離率等。其他較複雜的技術分析方法，讀者可參考技術分析專書。

# 關鍵詞彙

| | |
|---|---|
| 線型圖 | Charting |
| 技術指標 | Technical Indicators |
| 多頭市場 | Bull Market |
| 空頭市場 | Bear Market |
| 道氏理論 | The Dow Theory |
| 市場交易量 | Trading Volume |
| 漲跌家數指標線 | The Advance/Decline Line |
| 個股新高與新低價指標 | New Highs and New Lows Index |
| 融券餘額比率 | Short-interest Ratio |
| 移動平均線 | Moving Averages Line |
| 市場主要走勢 | Primary Trends |
| 市場次要走勢 | Secondary Trends |
| 不規則變動 | Tertiary Trends |
| 技術修正 | Technical Correction |
| 支撐點 | Support Level |
| 抗拒點 | Resistance Level |
| 指標線 | On-Balance Volume，OBV |
| 個股圖表技術分析 | Chart Reading |
| 相對強弱指標 | Relative Strength Index，RSI |
| 乖離率 | Deviation Ratio |
| 點線圖 | Point and Figure Charts |
| 頭肩型圖 | Head and Shoulders Formations |

## 習　題

1. 比較基本分析與技術分析的差異？

2. 說明道氏理論及其功用？

3. 何謂股價支撐點與抗拒點？

4. 簡述漲跌家數指標線的編製方法？

5. 何謂 OBV 指標線？如何應用於交易策略上？

6. 簡述如何應用移動平均線於股票交易策略上？

7. 解釋相對強弱指標與乖離率？

# 第十章 期貨市場

## 第一節 前　　言

　　本章與下一章分別介紹兩種最基本的衍生性投資工具：期貨與選擇權。這兩種金融工具主要功能在於規避市場價格變動的風險。自從期貨合約在芝加哥期貨交易所開始交易後，期貨便迅速成為重要的投資工具，而國內於 1994 年開放國人買賣外國期貨合約之後，期貨也漸漸成為國人主要投資工具之一。臺灣期貨交易所則是在民國 87 年 7 月開始進行臺灣股票指數期貨交易，國內期貨市場由此開始。本章將以美國期貨市場為例，詳細介紹期貨交易制度細則。在期貨合約方面，將介紹利率期貨 (Interest Rate Futures)、股價指數期貨 (Stock Index Futures) 與外幣期約 (Currency Futures) 三種金融商品期貨 (Financial Futures)。另外，本章也將介紹臺股指數期貨在臺灣交易所的買賣流程與發行概況。

## 第二節　期貨市場的功能與架構

　　要了解期貨市場的功能，必須先了解現貨買賣（Spot Trading）與期貨買賣（Futures Trading）之異同；一般的現貨交易中，買賣雙方交易兩樣東西：一為買賣標的物的所有權，另一為買賣標的物價格變動的風險；因此，在現貨交易中，買方除了擁有交易標的物的所有權外，也必須承擔標的物價格變動的風險；然而，在期貨交易中，買賣雙方只交易現貨交易中的一樣東西，就是現貨價格變動的風險，而所有權的轉移，則延至期貨合約到期日才履行。一般而言，期貨價格變動方向與幅度，與其標的物現貨價格變動方向很相近；因此買賣期貨合約可以達到規避現貨價格變動風險的目的。例如：若手上持有現貨，則可以賣出該現貨的期貨合約，若現貨價格下跌，投資者將遭受現貨的價格變動損失，但因期貨價格變動方向與幅度，均與現貨價格變動方向相近似，因此，投資者可以從期貨交易獲取與現貨價格損失相當的利潤。相反地，投資者想於某段期間後購入現貨，但因現貨在未來的這段期間有價格變動的風險，投資者可以先買入期貨合約，規避現貨價格變動的風險。因此，期貨市場的主要功能之一，是提供投資者一個風險移轉的場所；由於期貨價格與現貨價格二者之間俱有相關性，投資者可以藉由觀察期貨價格以推估現貨價格，因此期貨市場的另一功能即是幫助發現現貨市場的價格（Price Discovery）。

期貨市場是風險轉移的市場，有人想賣出風險，也必須有人願意承接風險，期貨市場方能存續下去；轉出風險者稱為風險規避者（Hedgers），而承接風險者大部份是風險投機者（Speculators）。風險規避者參與期貨交易是為了規避現貨價格變動的風險；他們並不從事價格變動風險的投機活動。因此，他們不會因預期價格即將上漲而買入期貨合約，也不會因預期價格即將下跌而賣出期貨合約。

此外，除了在期貨市場交易之期貨合約外，另一種在非交易所交易之避險工具為遠期合約（Forward Contracts），其性質與期貨合約有下列主要之差異：

### 1.次級市場之有無

期貨合約在交易所買賣，其次級市場交易非常熱絡，市場流通性高；而遠期合約則通常由需求者向銀行直接交易故無次級市場，遠期合約買賣雙方也不易將合約轉給第三者，故其市場流通性較差。

## 2. 合約標準化與否

為了增進市場流通性，在交易所買賣的期貨合約都是標準化的合約；而遠期合約則較無標準化，遠期合約買賣雙方可依據雙方意見，設定合約內容。

## 3. 保證金之設置

期貨合約在交易所買賣，買賣雙方透過個別的期貨經紀商，從事期貨買賣，因此，買賣雙方互不認識，為了避免違約事件對買賣雙方造成不利影響，交易所要求期貨買賣雙方繳交定額的保證金；相反地，遠期合約由買賣雙方直接簽訂，雙方彼此認識，無保證金帳戶之設置。

## 4. 損益每日結平

期貨合約買賣雙方均開立保證金帳戶，而期貨價格每日均有變動，買賣雙方必有一方獲利，一方損失，因此交易所採取每日結平買賣雙方損益的轉帳動作；遠期合約因無保證金帳戶之設立，因此，也無每日結平損益之必要。

由上述的分析可知，期貨合約與遠期合約均是事先約定標的物的買賣價格，而標的物所有權與貨款的交割，則完成於未來某一時點；唯期貨合約是在交易所買賣的標準化合約而遠期合約則是在非交易所買賣之非標準化合約。

期貨合約既是標準化的合約，其種類就不會太多，否則，對期貨合約的流通性將有所影響；表 10-1 列出在美國重要期貨交易所上市買賣的期貨合約種類。美國期貨合約大致分成商品期約（Commodity Futures）與金融期約（Financial Futures）兩大類，商品期約包括農產品期約、家畜類期約、食品類期約、纖維類期約、金屬類期約、能源類期約、與木材類期約等;而金融期約則包括利率期約、股價指數期約、與外幣期約等。本章期約種類的介紹,將偏重在金融期約內的利率期約與股價指數期約兩種。

表 10－1　美國主要期貨合約種類

| 商　品　期　約　Commodity　Futures |
| --- |
| 1.農產品期約　玉米,黃豆,小麥,黃豆油,與燕麥等。 |
| 2.家畜類期約　活牛,活豬。與冷凍牛肚等。 |
| 3.食品類期約　可可,咖啡,橘子汁,與糖等。 |
| 4.纖維類期約　棉花等。 |
| 5.金屬類期約　黃金,白金,銅,與銀等。 |
| 6.能源類期約　原油,天然氣,與汽油等。 |
| 7.木材類期約　原木等。 |
| 金　融　期　約　Financial　Futures |
| 1.利率期約　　90天期國庫券,歐洲美元,國庫票券,與房屋抵押債券等。 |
| 2.股價指數期約　S&P500指數,主要市場指數,與價值線指數等。 |
| 3.外幣期約　　德國馬克,瑞士法朗,日元,與英鎊等。 |

　　表 10–2 列出目前臺灣證管會開放給國人投資買賣的重要外國期貨合約種類及其交易場所。

表 10-2　目前開放國人買賣的重要外國期貨合約

| 期貨交易所 | 利　　率 | 股價指數 | 外　　幣 | 金　屬 | 農產品 | 能　源 |
|---|---|---|---|---|---|---|
| 美國芝加哥期貨交易所 CBOT | 美國長期政府債券<br>十年美國中期債券<br>五年美國中期債券<br>十二年美國中期債券<br>三十天利率 | 道瓊<br>Industrial<br>Average<br>Index | 無 | 一千盎司白銀 | 小麥<br>燕麥<br>黃豆<br>黃豆油<br>黃豆粉<br>玉米<br>粗米 | 無 |
| 美國芝加哥商業交易所 CME | 美國國庫券<br>三個月歐洲美元<br>一個月 Libor | S&P 500<br>MMI<br>S&P Midcap 400<br>Nikkei225<br>道瓊臺股指數 | 馬克<br>日圓<br>英鎊<br>瑞士法郎<br>法國法郎<br>馬克<br>Rolling Spot<br>加幣<br>澳幣 | 無 | 活牛<br>豬腩<br>肉牛<br>瘦肉豬 | 無 |
| 英國倫敦國際金融期貨及選擇權交易所 LIFFE | 德國政府債券<br>英國長期 Gilt<br>義大利政府債券<br>三個月歐洲馬克<br>三個月英鎊利率<br>三個月歐洲美元<br>三個月歐洲瑞士法郎<br>三個月歐洲里拉<br>三個月歐元<br>日本政府債券 | FT–SE100 | 無 | 無 | 無 | 無 |

| 新加坡國際金融 SIMEX | 三個月歐洲美元 三個月歐洲日圓 三個月歐洲馬克 | Nikkei225 Nikkei300 MSCI臺灣股價指數 | 馬克 日圓 英鎊 馬克 Differed Spot 日圓 Differed Spot | 黃金 | 無 | 燃料油 布崙特 原油 |
| 香港期貨交易所 HKFE | 無 | 恆生指數 | 瑞士法郎一日 Rolling 日圓一日 Rolling 澳幣一日 Rolling 加幣一日 Rolling 歐元一日 Rolling | 黃金 | 無 | 無 |

　　除了期貨買賣雙方與經紀商外，期貨市場的主要成員尚包括期貨交易所與期貨結算所（The Clearinghouse）。美國期貨交易所組織，大抵採會員制，經紀商則是交易所的主要會員；會員制的期貨交易所是屬非營利性的組織，它的主要功能是提供期貨交易之場所，並制定交易活動相關的規則，以利交易業務活動的進行；期貨交易所的經費來源，主要是會員會費及服務費的收入；期貨交易所的會員資格，係以個人名義登記，而會員資格可以買賣，其價格則由市場的供需決定；會員可以為自己在交易廳買賣合約，也可以從事代理客戶買賣期貨合約之活動。

　　期貨結算所在期貨交易過程中，扮演一個相當重要的角色，期貨買賣雙方互不認識，為了避免違約事件發生時，投資者追索無門，必須有中立的第三者介入，期貨結算所就是扮演第三者的角色；期貨結算所提供買賣雙方履約的保證，期貨合約買賣雙方並不直接互相辦理交割，而是分別與期貨結算所辦理交割；當買方或賣方發生違約事件時，期貨結算所將負起履約的責任，不致讓另外一方受到損失。期貨結算所也大多採用會員制，其部份會員也可能同時是期貨交易所的會員，若期貨交易所會員不是期貨結算所會員，則其交易部位的結算，必須經由期貨結算所會員來完成。

## 第三節　期貨合約的交易制度

上一節說明了期貨合約買賣與現貨買賣之異同，在期貨交易過程中，買賣雙方只是交易價格變動的風險，而期貨標的物與貨款的交換，則延至期貨合約的到期日。期貨合約的賣方（Short Position）有義務於期貨合約到期日，交割期約標的物；相反地，期貨合約的買方（Long Position）也有義務於期貨合約到期日，買入期約標的物。因此，在期約交易中，買賣雙方均有義務完成交割手續。

期貨合約每天均在期貨交易所買賣，投資者亦可利用沖抵（Offset）方式結平其期貨部位，即短部位的賣方於期貨市場上買入期約，以沖抵所持有的短部位，而買方則於期貨市場上賣出期約，以沖抵所持有的長部位；大部份的期貨合約均以沖抵方式結平期約，以現貨交割了結期貨部位者則佔少數。投資者可以現貨交割或沖抵方式結平其個人持有的部位，因此，期貨交易彈性大且流動性高。下面分點闡述期約的交易制度，及其對交易活動的影響。

### 1.最小跳動點價值

各類期貨合約均有設定價格最小跳動金額，例如：S&P500 指數期貨的最小跳動金額為美金 25，而美國長期國庫券期貨與中期國庫券期貨的最小跳動金額均為每口合約美金 31.25。

## 2.漲跌停板之限制

有些期貨有漲跌停板之限制，有些則無此限制。例如：玉米期貨每口合約的漲跌幅度，限制為最高美金 500 元。而股價指數期貨則無漲跌停板之限制。

## 3.公開競價方式之交易

傳統期貨市場係採公開喊價的方式撮合買賣雙方，由買賣雙方的交易員圍著交易場 (Trading Pit)，利用手勢及叫喊方式，與對方完成交易。隨著電腦技術的進步，越來越多期貨交易所採用電子交易方式來進行期貨買賣，目前臺灣期貨交易所的臺指期貨買賣也是採用電子交易。

## 4.保證金帳戶之設置

為了防止違約事件的發生，期貨買賣雙方均被要求在結算所開立保證金帳戶；在股票交易中，只有融資融券的投資者須繳納保證金；保證金又分為原始保證金（Initial Margin）與維持保證金（Maintenance Margin）兩種。原始保證金為客戶於買賣期貨合約後，必須開立保證金帳戶，並存入之保證金之金額。期貨合約成交後，價格每日會上漲或下跌，期貨清算所於每日交易結束後，依市價之漲跌，調整客戶保證金帳戶淨值，這就是所謂的依市價調帳（Marked to Market）。維持保證金為客戶必須在帳戶維持的最低保證金之金額；當保證金帳戶內的金額低於維持保證金之金額時，客戶會收到催繳保證金之通知，而客戶有義務恢復其保證金金額至少在維持保證金以上或更高之金額，否則，客戶就必須結清其期貨部位。

表 10-3 為一個模擬的保證金帳戶異動情形。假設買賣雙方成交一口期貨合約，而每口合約應繳原始保證金為 $1,000，而維持保證金為

＄750，因此，買方與賣方均須繳納＄1,000的保證金。成交後次一交易日，期貨價格下跌＄100，每日結帳後，買方帳戶餘額為＄900，而賣方帳戶餘額為＄1,100。假設下一交易日，期貨價格再度下跌＄300，買方帳戶餘額降為＄600，低於維持保證金金額，因此，買方補足保證金金額為＄1,000。賣方帳戶金額增為＄1,400，賣方可以提出帳戶所增加的金額。

表 10-3　保證金帳戶異動表

|  | 買方帳戶 | 賣方帳戶 |
|---|---|---|
| 原始保證金 | ＄1,000 | ＄1,000 |
| 期貨價格變動——第一天 | (100) | 100 |
| 第一天帳戶餘額 | ＄900 | ＄1,100 |
| 期貨價格變動——第二天 | (300) | 300 |
|  | ＄600 | ＄1,400 |
| 保證金催繳——買方 | 400 |  |
| 保證金部份提出——賣方 |  | (400) |
| 保證金餘額 | ＄1,000 | ＄1,000 |

### 5. 保證金成數

　　每口期貨合約應繳原始保證金與維持保證金之金額，依期貨種類而不相同。通常原始保證金金額約佔期貨合約價值的5%至20%，端視該項商品的風險性而定，風險性較高的期貨，保證金金額也較高。通常由期貨結算所設定保證金成數，此外，期貨經紀商也對其客戶設定保證金成數，通常經紀商所設定保證金成數均高出期貨結算所所設定的保證金成數。

### 6.現貨交割

　　期貨合約不是以沖抵結束，就是辦理現貨交割；依期貨交易所紀錄顯示，80％以上的期貨合約均係以沖抵方式結平期貨部位，只有少數期貨合約最後辦理現貨交割。期貨結算所並不參與現貨交割作業，它僅制定相關辦法，方便買賣雙方辦理現貨交割事宜。另外，股價指數期約並不辦理現貨交割，僅於期貨到期日辦理最後一次結帳後，股價指數期約便結束了。

## 第四節　期貨合約的應用

　　由第二節期貨功能介紹中，我們瞭解期貨合約可供投資者規避價格變動的風險；而期貨價格的變動與現貨價格的變動方向與幅度極為相近，期貨合約也可供投資者從事現貨價格變動之投機活動。因此，依投資者參與期貨市場的動機，可將期貨市場參與者分成風險規避者與風險投機者兩大類。

　　風險規避者（Hedgers）買賣期貨合約以對沖現貨部位的價格變動風險。風險對沖可分為賣出對沖（The Sell Hedge）與買進對沖（The Buy Hedge）兩種。賣出對沖用於投資者擁有現貨部位，投資者為了規避現貨價格下跌的風險，在期貨市場賣空期貨合約；當現貨價格下挫時，期貨價格也同時下挫，投資者可以利用賣空期貨合約所得利益，來沖抵現貨部位的損失。相反地，買進對沖用於投資者預計在未來買進現貨部位，投資者為了規避現貨價格上漲的風險，可在期貨市場買入期貨合約；當現貨價格上揚時，期貨價格也同時上揚，投資者可以利用買進期貨合約所得利益，來沖抵現貨部位成本的上漲。

　　若期貨價格與現貨價格永遠相等，或期貨價格變化額度與現貨價格

變化額度相等，則上述風險對沖策略可使投資者完全地免除價格變動的
風險；然而期貨價格與現貨價格相等的現象，只有在期貨合約到期那一
時點才會出現，而在期貨合約到期之前，兩者價格則不一定會相等，而
兩者價格的差異稱爲基差（Basis）。

$$基差＝期貨價格－現貨價格$$

另一方面，期貨價格變動幅度也未必會等於現貨價格的變動幅度，
換言之，基差並不是維持不變，而是會隨時改變，稱爲基差風險（Basis
Risk）。由於基差風險之存在，投資者買賣期貨以規避價格風險，卻無
法免除基差風險。因此，買賣期貨是以價格風險交換基差風險，而風險
規避者也未必能使用期貨合約達到風險的完全免除。下面以數例說明風
險規避的各種可能結果：

**例一：完全風險規避的賣出對沖例子。**

7月1日臺灣玉米進口商向美國中西部農戶買進 5,000 蒲式耳
（Bushel）的玉米，每蒲式耳的買價爲美金 2.10 元；此批玉米現貨預定
於8月1日以遠期合約方式交貨，屆時，玉米進口商將以時價出售此批
玉米給臺灣食品製造廠；爲了規避現貨價格的變動，進口商乃在期貨市
場拋空期貨合約，7月1日期貨價格爲每一蒲式耳美金 2.20 元。假設8
月1日玉米的現貨價格與期貨價格，分別爲每一蒲式耳美金 2.00 元與
2.10 元。在此種情況下，進口商完全規避了價格變動的風險。表 10－4
列出避險交易的結果。現貨市場交易損失 500 美元，而期貨市場交易獲
利 500 美元，互相沖抵後，淨損益爲零。在這個例子中，由於基差風險
沒有出現，故可以達成風險完全規避的目標。

表 10－4　完全風險規避的賣出對沖例子

| 交易日期 | 現貨市場交易 | 期貨市場交易 |
|---|---|---|
| 7 月 1 日 | 買進玉米 5,000 蒲式耳,每蒲式耳為 2.10 美元,計 10,500 美元。 | 賣出一口玉米期約(5,000 蒲式耳),每蒲式耳為 2.20 美元,計 11,000 美元。 |
| 8 月 1 日 | 賣出 5,000 蒲式耳玉米,每蒲式耳為 2.00 美元,計 10,000 美元。 | 買進一口玉米期約,每蒲式耳為 2.10 美元,計 10,500 美元。 |
| 損益結果 | 計損失 500 美元。 | 計獲利 500 美元。 |

**例二：** 風險非完全規避的賣出對沖例子。

延用例一的資料,假設 8 月 1 日玉米的現貨價格與期貨價格,分別為每一蒲式耳 2.00 美元與 2.15 美元。表 10－5 列出避險交易結果。現貨市場交易損失 500 美元,而期貨市場交易獲利 250 美元,互相沖抵後,淨損失為 250 美元。此 250 美元損失係由基差風險造成。

表 10－5　風險非完全規避的賣出對沖例子

| 交易日期 | 現貨市場交易 | 期貨市場交易 |
|---|---|---|
| 7 月 1 日 | 買進玉米 5,000 蒲式耳,每蒲式耳為 2.10 美元,計 10,500 美元。 | 賣出一口玉米期約(5,000 蒲式耳),每蒲式耳為 2.20 美元,計 11,000 美元。 |
| 8 月 1 日 | 賣出 5,000 蒲式耳玉米,每蒲式耳為 2.00 美元,計 10,000 美元。 | 買進一口玉米期約,每蒲式耳為 2.15 美元,計 10,750 美元。 |
| 損益結果 | 計損失 500 美元。 | 計獲利 250 美元。 |

期貨市場的另一重要參與者為價格風險投機者,投機者願意承接現貨價格變動的風險,並從中獲取利潤。投機者是期貨市場正常運作不可或缺的參與者,期貨市場若只有風險規避者,而無投機客,期貨市場便

會出現供、需不協調的現象，影響到市場的流動性與價格的浮動性。投機者希望從價格上、下浮動中賺取利潤。一般而言，期貨投機者甚少參與期貨標的物買賣，因為利用期貨合約從事現貨價格投機，有下列好處：

1.財務槓桿的應用：期貨合約買賣只須繳納保證金，而不必繳納巨額的現貨貨款。因此，投資者以相同於現貨市場的資金，可以在期貨市場交易數倍於現貨市場的交易量。因此，期貨市場交易報酬率變化幅度，遠大於現貨市場報酬率。

2.交易成本較低：一般來說，期貨市場的交易成本遠低於現貨市場的交易成本。例如期貨交易的佣金遠低於現貨交易的佣金。

3.市場流動性較高：期貨市場的交易量較現貨市場的交易量為高，故有利於交易之迅速完成。

# 第五節　利率期約

自從 1975 年芝加哥期貨交易所（Chicago Board of Trade，CBOT）開始交易美國政府單位所代理發行之抵押債券期約（Government National Mortgage Association，GNMA bonds）後，利率期約便成為最成功的期貨商品。美國利率期約的興起，肇因於 70 年代利率波動幅度大且快速，而債券價格隨著利率變動也上、下鉅幅跳動，債券投資者紛紛找尋規避利率變動風險的工具，利率期約商品乃接二連三被推上市場，以滿足投資者的需要。1976 年，芝加哥商品交易所（Chicago Mercantile Exchange，CME）首先推出 90 天期國庫券期約（Treasury Bill Futures）。接著芝加哥期貨交易所於 1977 年，又推出長期國庫債券期約（Treasury Bond Futures）。表 10−6 為一個虛構的美國華爾街日報利率期約的報價資料表。長期國庫債券期約的每口價值為 10 萬美元，價格是以期約價

值的百分比來表示，而價格最小變動幅度爲 1/32 之百分點，也就是

$31.25$ 美元 $\left(\$100,000 \times \dfrac{1}{3,200}\right)$。以 1994 年 3 月到期的期約爲例，開盤

價爲 $94,875$ 美元 $\left(\$100,000 \times 94\dfrac{28}{32}\right)$，收盤價爲 $94,625$，比前一交易日

的收盤價上漲了 $62.50$ 美元 $\left(\$100,000 \times \dfrac{2}{3200}\right)$。90 天期國庫券每口期約

價值爲 $1,000,000$ 美元，價格最小變動幅度爲 1/100 之百分點，也就是

$25$ 美元 $\left(\$1,000,000 \times \dfrac{1}{100}\% \times \dfrac{90}{360} = \$25\right)$。下面分別介紹個別利率期約

的交易規則與如何利用利率期約規避風險。

表 10-6　《華爾街日報》利率期約報價資料（虛擬資料）

| | Open | High | Low | Settle | Chg | Yield Settle | Chg | Open Interest |
|---|---|---|---|---|---|---|---|---|
| TREASURY BONDS(CBOT) - $100,000; pts. 32nds of 100% | | | | | | | | |
| Mar. 94 | 94-28 | 95-00 | 94-05 | 94-20 | +2 | 8.666 | -0.020 | 56,780 |
| June | 94-00 | 94-04 | 93-18 | 93-25 | +2 | 8.701 | -0.021 | 170,750 |
| Sept | 93-02 | 93-06 | 92-18 | 92-20 | +2 | 8.889 | -0.024 | 6,050 |
| Dec | 92-16 | 92-18 | 92-00 | 92-02 | +2 | 8.902 | -0.024 | 4,010 |
| TREASURY NOTES(CBOT) - $100,000; pts. 32nds of 100% | | | | | | | | |
| Mar94 | 98-00 | 98-02 | 97-28 | 97-30 | +3 | 8,900 | -0.030 | 23,760 |
| June | 97-20 | 97-28 | 96-30 | 97-00 | +3 | 8,868 | -0.030 | 50,080 |
| TREASURY BILLS(IMM) - $1mil; pts. of 100% | | | | | | | | |
| | Open | High | Low | Settle | Chg | Discount Settle Chg | | Open Interest |
| Mar. 94 | 94.50 | 94.52 | 94.37 | 94.48 | -.01 | 5.52 | +0.01 | 14,050 |
| June | 94.20 | 94.30 | 94.10 | 94.18 | -.02 | 5.82 | +0.02 | 20,010 |

### 1.90 天期國庫券期約

90 天期國庫券期約每口價值為 1 百萬美元，賣空期約的一方，於期約到期後次一營業日，交割 91 天後到期的國庫券現貨，由於期約賣方被允許於期約到期後次三個營業日中的任一營業日辦理交割，因此，從交割日至國庫券到期日間的時間，可能是 91 天或 90 天或 89 天，端視期約賣方挑選那一個營業日辦理交割事宜。而期約買方所應支付的貨款金額，也隨著交割日的不同而有所變化。一口期約的發票金額可經由下列公式求算：

$$IV = \$1,000,000 - (\$1,000,000) \times Y \times \frac{DAY}{360} \qquad (10-1)$$

（10-1）式中，$IV$ = 期約買方應支付給賣方的金額。

$Y$ = 期約的折價報酬率（Discount Yield），即 $(\$100 - F_T)/\$100$，$F_T$ 為期約的到期日收盤價。

$DAY$ = 期約交割日起算，至國庫券到期日間的天數。

**例三：** *90 天期國庫券期約交割金額之計算。*

假設期約到期日收盤價為 93.20，而交割日至國庫券到期日為 90 天，請問期約買方的交割金額為多少？

利用（10-1）式，計算出交割金額為 983,000 美元。

$$IV = \$1,000,000 - \$1,000,000 \times 6.80\% \times \frac{90}{360}$$

$$= \$1,000,000 - \$17,000 = \$983,000$$

　　基本上，期約買方與賣方於期約到期之前，採取對沖交易來結束期約部位，只有不到百分之一的期約，於到期日辦理現貨交割。

### 2. 長期國庫債券期約

　　爲了提高期貨市場的流動性，期約設計均力求標準化。美國政府所發行長期國庫債券的特性，每一期均不甚相同，例如：票面利率的設定、債券是否有提前贖回條款、與到期日的長短等均不相同。針對每一期的國庫債券設定一種期約，期約的流動性必然較低。因此，美國芝加哥期貨交易所乃設定長期國庫債券期約的標的物特性，即交割債券票面利率爲 8% 且交割日至債券到期日爲 20 年。但在市場上流通的長期國庫債券，其票面利率則不一定是 8%，此時，期約賣方便無法履行交割義務。另外，投資者也不太可能找到到期日剛好剩餘 20 年的國庫債券。因此，爲了克服上述兩項問題，芝加哥期貨交易所乃允許投資者利用其他國庫債券辦理交割，但這些可辦理交割債券的到期日，從交割日算起，至少應有 15 年。假如所交割債券是可提前贖回的話，從交割日至第一個可以開始贖回日期間，至少也應有 15 年。由於債券的價值會隨著到期日長短及票面利率多少而改變，賣方所交割債券的價值就不等於票面利率 8%、到期日 20 年的參考債券的價值。因此，芝加哥期貨交易所乃設計轉換因子表（Conversion Factor），提供投資者計算各種符合交割條件的國庫債券，其相對於參考債券的約當價值。約當價值加上債券應計利息（Accrued Interest）就是期約買方應支付給賣方的交割金額。

$$IV = (CF) \times F_T + A \qquad (10-2)$$

　　（10-2）式中，$IV$ = 期約買方應支付給賣方的金額。
　　　　　　　　$CF$ = 交割債券的轉換因子。

$F_T$＝賣方通告交割意願之當日期約收盤價。

$A$＝交割債券累計至交割日之應計利息金額。

**例四**：假設有一長期國庫債券期約於 1986 年 12 月 22 日到期，交割日為 12 月 24 日，期約到期日收盤價為 90.00；期約賣方打算以票息 $7\frac{5}{8}$%、到期日為 2002 年 11 月的國庫債券辦理交割，該國庫債券上一次配息日是 11 月 15 日，轉換因子為 0.9887，請問期約買方應交付多少金額予賣方？

利用公式（10-2），計算出交割金額為 89,797.73 美元。

$$IV = 0.9887 \times 90\% \times \$100,000 + \$100,000 \times 7,625\% \times \frac{39}{365}$$

$$= \$89,797.73$$

上式中 $100,000 美元是一口期約的價值，39 係 11 月 16 日至 12 月 24 日間的天數，而 365 為一年的天數。

### 3.利率變動風險的規避

利率期約可以用在買進對沖與賣出對沖。以買進對沖為例，假設某家公司的財務長，預測一個月後公司將有一百萬美元資金流入帳內，而這筆資金屆時將投入貨幣市場；由於現在短期利率偏高，貨幣市場利率可能下跌；公司財務長為了鎖定現在的短期利率，乃買進 90 天期國庫券期約，以規避利率下跌的風險。以下即以例五說明整個避險的損益結果。

**例五**：假設 1 百萬美元於 8 月 1 日入帳，而今天（7 月 1 日）市場利率為 9.00%，假設 8 月 1 日的市場利率降為 8.00%，現貨市場與期貨市場的損益各為多少？

表 10-7 列出現貨市場與期貨市場的損益結果。就現貨市場來分析，假使財務長沒有先買進期約，於 8 月 1 日將資金直接購買國庫券，每單位的國庫券購買價格將較高，故損失了 2,500 美元。假使財務長於 7 月 1 日買進期約，8 月 1 日賣出期約，則可以獲利 2,500 美元，剛好彌補現貨交易的損失，規避了市場利率變動的風險。

表 10-7　90 天期國庫券期約買進對沖例子

| 交易日期 | 現貨市場交易 | 期貨市場交易 |
|---|---|---|
| 7 月 1 日 | 一單位現貨 90 天後到期的市價：$ 977,500<br>$ 1,000,000 × ( 1 - 0.09 × 90/360) = $ 977,500 | 買入一單位期約的價格：$ 977,500 |
| 8 月 1 日 | 一單位現貨 90 天後到期的市價：$ 980,000<br>$ 1,000,000 × ( 1 - 0.08 × 90/360) = $ 980,000 | 賣出一單位期約的價格：$ 980,000 |
| 交易損益 | 損失 $ 2,500<br>( $ 977,500 - $ 980,000)<br>= - $ 2,500 | 獲利 $ 2,500 |

利率期約也經常被應用在賣出對沖上，例如：保險公司與退休基金均擁有相當多的長期國庫債券，若利率上漲，國庫債券的價格將下跌，保險公司或退休基金的資產總值也會變少。為了避免資產的損失，保險公司或退休基金可以賣空期約，以對沖現貨市場的損失。

## 第六節　股價指數期約

股價指數期約的買賣始於 1982 年的價值線綜合指數（Value Line Composite Index）期約；現今美國期貨交易所中，交易量大的股價指數期約包括：S&P500 股價指數期約、NYSE 綜合指數期約、與主要市場指數（Major Market Index，MMI）期約。除了這些指數期約外，尚有其他交易量較小的股價指數期約，例如：在芝加哥商業交易所買賣的日本日經股價指數期約（NIKKEI 225 Index）。在所有的股價指數期約中，S&P500 股價指數期約擁有最大的交易量。

　　股價指數所含的股票種類，少則數十種，多則一、二千種。因此，股價指數期約辦理現貨交割有其困難之處。所有股價指數期約均約定以現金方式辦理交割。一口股價指數期約的價值，由期約的指數值乘以某一乘數值而得；NYSE 綜合指數期約、價值線綜合指數期約、與 S &P 股價指數期約的乘數值均設定為 500，而主要市場指數期約的乘數值也由 250 改為 500。日經股價指數期約的乘數值則設定為 5。假設 S&P500 指數期約的收盤價為 330.25，則一口 S&P500 指數期約的價值為 165,125 美元（＄500×330.25＝＄165,125）。表 10－8 是一虛構的股價指數期約報價資料表範例，僅供參考。

表 10－8　股價指數期約報價資料（虛擬資料）

| | Open | High | Low | Settle | Chg | High | Low | Open Interest |
|---|---|---|---|---|---|---|---|---|
| | S&P500　INDEX(CME) | | | | ＄500 times index | | | |
| Mar | 385.10 | 387.00 | 383.50 | 384.00 | －1.20 | 399.00 | 310.50 | 100,080 |
| June | 387.10 | 389.00 | 385.20 | 386.50 | －1.25 | 401.50 | 315.00 | 51,050 |
| Sept | 390.00 | 391.00 | 386.50 | 388.00 | －1.10 | 405.00 | 317.00 | 2,801 |
| | MAJOR MARKET INDEX(CBOT)　＄500 times index | | | | | | | |
| Mar | 630.40 | 635.00 | 624.60 | 628.50 | －1.00 | 650.60 | 550.50 | 7,080 |
| April | 637.20 | 644.50 | 632.00 | 634.50 | －1.50 | 666.50 | 560.50 | 1,010 |
| | NIKKEI 225 STOCK AVERAGE (CME)　＄5 times index | | | | | | | |

| Mar | 25,100 | 25,150 | 25,020 | 25,050 | −60.0 | 28,600 | 22,050 | 4,725 |
| June | 25,700 | 25,780 | 25,680 | 25,710 | −65.0 | 29,100 | 23,130 | 3,549 |

### 1.股價指數期約的避險功能

　　股價指數代表著整個股票市場的水平，股價指數的變動主要是受到市場風險的影響，而買賣股價指數期約就是交易整個市場價格變動的風險；所以，股價指數期約可用來規避股票及投資組合的系統性風險（亦即市場風險）。當然，買賣雙方也可利用股價指數期約，從事股市價格變動的投機活動。

　　投資組合的系統性風險以貝他係數代表，貝他係數值高，代表著投資組合的系統性風險較大。投資者可以利用調整投資組合內的股票種類及其投資比率，以降低投資組合的貝他係數，達到規避系統性風險的效果。然而，調整現貨的投資組合來降低投資組合的貝他係數，需要耗費一筆爲數可觀的交易成本費用，而其時效也較股價指數期約差。因此，投資者大多使用股價指數期約，規避暫時性的市場價格變動風險。

　　股價指數期約避險方式也分爲賣出對沖與買進對沖兩種。一般而言，機構投資者或基金公司均持有股票投資組合，這些投資者可以使用賣出對沖方式，以規避手上投資組合價格變動的風險。例六說明賣出對沖的結果。

**例六：** 假設投資者持有價值 200,000 美元的 S&P500 指數現貨，今天（12 月 20 日）S&P500 指數爲 380，假設 S&P500 指數期約價格也是 380。由於市場價格偏高，向下修正隨時可能發生；投資者爲了規避市場向下修正的風險，賣出 S&P500 指數期約一口，價值爲 $190,000（$500×380）。一星期後，假設 S&P500 指數與指數期約價格分別降爲

350 與 348，表 10-9 爲投資者在現貨市場與期貨市場的損益情形。現貨市場損失了 15,790 美元，期貨市場則獲利 16,000 美元，合計淨利爲 210 美元。期貨市場的交易利潤金額高出現貨市場的損失金額，這是由基差風險所造成。在這段期間，基差的變化對賣出對沖者有利。

表 10-9　S&P500 指數期約賣出對沖例子

| 交易日期 | 現貨市場交易 | 期貨市場交易 | 基　差 |
|---|---|---|---|
| 12 月 20 日 | 股票投資組合價值<br>＄200,000 | 賣出一口 S&P500 指數<br>期約 ＄190,000<br>（＄500×380） | －＄10,000 |
| 12 月 27 日 | 股票投資組合價值<br>＄184,210<br>（＄200,000×350/380） | 買入一口 S&P 指數期約<br>＄174,000<br>（＄500×384） | ＄10,210 |
| 損益結果 | 損失 ＄15,790<br>（＄200,000－＄184,210） | 獲利 ＄16,000<br>（＄190,000－＄174,000） | |

　　在某些情況下，基金公司會利用買進對沖方式，以規避市場風險。例如：新成立的基金公司預計一個月後，將募得一大筆資金，並將其陸續地投入股市。現今股市價格偏低，在未來一個月內，股市可能會往上翻升。屆時，基金公司必須以較高價格買入股票。爲了規避股市價格上揚的風險，基金公司乃利用買進對沖方式，在期貨市場先買進股價指數期約。

　　以上介紹了股價指數期約在避險上的應用，亦說明了股價指數期約可用來規避系統性風險。然而，利用股價指數期約從事避險活動，未必能將全部風險去除。首先，股價指數期約也有基差風險。例五中的基差風險變動對賣出對沖的投資者有利，而對買進對沖的投資者則不利。因此，投資者使用買進對沖方式，並無法將全部風險去除。其次，股價指數是充分風險分散的投資組合，它的總風險完全由系統性風險（亦即市場風險）構成。假若投資者持有的投資組合，並不是完全風險分散，則投資組合內的非系統性風險就無法藉助股價指數期約來規避。最後，股價指數期約買賣，均以整數合約口數計算；假使現貨投資組合的價值，不是一口指數期約價值的倍數，則股價指數期約也無法完全去除系統性風險。

### 2.程式化交易與指數套利（Program Trading and Index Arbitrage）

股價指數期約經常被投資者聯想到程式化交易與指數套利。投資者將程式化交易與指數套利混為一談，認為程式化交易就是指數套利，而指數套利就是程式化交易，事實上，兩者有其差異存在。基本上，股價指數期約價格與股價指數數值應維持一定額的基差，股價指數期約到期時，基差將為零。假如基差數值過大，即股價指數期約的價格，相對地高出股價指數現貨價格太多，則投資者可以同時賣空期貨與買入現貨，構成一個無風險投資組合，並持有投資組合至期貨到期日，投資者即可賺取基差利潤，若其報酬率高於市場上的無風險利率，則有套利機會存在，這就是指數套利的大略情況。指數套利必須隨時觀察基差的變化，當基差的變化有利於指數套利時，投資者必須迅速地在期貨市場與現貨市場分別地賣出股價指數期約與買進構成該股價指數的股票現貨；這些動作必須藉助電腦程式，始能迅速地完成上述交易；因此，指數套利常被稱為程式化交易。然而，程式化交易並不僅應用在指數套利活動上，尚有其他股票或債券交易活動，也利用電腦程式完成所須的交易過程；因此，指數套利只是程式化交易中的一環。

S&P500 指數期約與主要市場指數期約經常被用在指數套利活動上；主要市場指數所含的股票種類只有二十種，利用主要市場指數期約從事指數套利活動，只需要約 300 萬美元；然而，利用 S&P500 指數期約進行套利，則需要約 2,500 萬美元的資金；因此，主要市場指數期約在指數套利活動中，漸受投資者歡迎。

　　程式化交易與指數套利活動是爭議性頗大的投資行為；反對程式化
交易的一方，認為指數套利活動助長了現貨股票市場的波動性，當指數
期約到期時，指數套利者在現貨市場拋售股票，助長股市短期的波動
性；美國股市於 1987 年 10 月大崩盤後，程式化交易即被認為是造成股
市大幅滑落的禍首之一；反對人士乃倡議對程式化交易作某種程度之規
範。然而，部份人士則認為不必對指數套利活動作任何限制；基本上，
這些套利活動對於市場效率性及現貨價格發現（Price Discovery）皆有
其貢獻。對於程式化交易的是與非，學術界的研究也無明確的定論，因
此，程式化交易仍然是一種盛行的交易策略。

## 第七節　　外幣期約

　　外幣期約是用來規避匯率變動的風險。對從事進、出口貿易的廠商
而言，若交易的計算貨幣不是本國貨幣，該廠商則需面對匯率變動的風
險。例如：臺灣的某家食品製造廠，從美國進口玉米，製成玉米罐頭
後，外銷至英國；假如這些交易的計算貨幣是美金與英鎊，臺灣廠商便
面臨了雙重匯率變動的風險；這些風險可以使用外幣期約或遠期外匯合
約來加以規避。

　　所謂遠期外匯合約，即買賣雙方於合約簽定時，確定成交匯率，並
約定在某一特定日，辦理交割之約定。遠期外匯交易的進行，主要是透
過商業銀行，廠商直接與商業銀行議定合約內的條款。

　　外幣期約則為標準化的合約，下面僅以例子說明外幣期約的避險功
能。

**例七：**假設一英國進口商向美國出口商進口聖誕節禮品，該批貨品價值

900,000 美元，雙方並約定以美金為交易貨幣。現今（7月1日），英鎊對美金匯率為 1.86，而期約價格為 1.80。為了規避匯率風險，英國進口商於美國期貨交易所，買進 8 口英鎊外幣期約（每口合約價值為 62,500 英鎊，$900,000÷1.80÷62,500＝8）。假設一個月後，英鎊對美金的現貨匯率上升為 1.95，而期約價格上升為 1.90，表 10－10 即為英國進口商的匯率變動損益情形。在現貨市場方面，損失了 22,333 英鎊，在期貨市場方面，獲利 25,641 英鎊。合計淨利 3,308 英鎊。

表 10－10　英鎊外幣期約買進對沖例子

| 交　易　日 | 現貨市場交易 | 期貨市場交易 |
|---|---|---|
| 7月1日 | 簽定買賣合約,900,000 美元預計 8 月 1 日進帳。(現貨英鎊對美金匯率為 1.86) 英鎊價值為 483,871 英鎊。 | 買進 8 口英鎊外幣期約。英鎊對美金價格為 1.80。計 900,000 美元。(8 × 62.500 × 1.8 ＝ 900,000)。 |
| 8月1日 | 現貨市場賣出 900,000 美元,得 461,538 英鎊。(匯率為 1.95) | 賣出 8 口英鎊外幣期約。期約匯率為 1.90。計 950,000 美元。 |
| 損益結果 | 損失 22,333 英鎊。 | 獲利 25,641 英鎊 (50,000÷1.95)。 |

# 第八節　臺股指數期貨

臺灣股價指數期貨是以臺灣股價指數為投資標的的期貨商品，自87年7月21日開始於臺灣期貨交易所交易，每口契約價值為臺幣二百元乘上股價指數，以八千點為例，則每口契約價值就是一百六十萬元。其交易標的為臺灣證券交易所發行量加權股價指數。

　　交易開盤時間與現貨市場相同，收盤時間較現貨市場晚 15 分鐘。契約到期交割月份自交易當月起連續二個月份，加上三、六、九、十二月中三個連續季月，計五個契約交易月份。每日結算價原則上為當日收盤時段之成交價。漲跌價限制前一營業日結算價上下 7%，以指數一點 (相當於新臺幣200 元) 為升降單位。採現金交割，於最後結算日依最後結算價之差額，以淨額進行現金之交付或收受。委託交易數量交易人每一筆以 100 口為限。圖 10-1 為目前臺股指數期貨買賣流程。

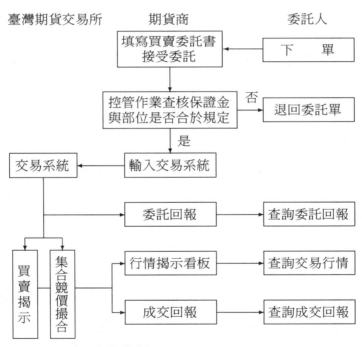

資料：臺灣期貨交易所
繪圖：蔣鼎銘

圖 10-1　臺指期貨買賣流程

　　臺股期貨的交易時間，下單方式，以及交易撮合的方式都與股票近似，但期貨交易在風險與操作上和股票有許多差異。其中最大的不同點就是期貨交易具有高度財務槓桿效果，投資人必須在下單前先存入足額保證金才可開始交易，不像證券交易是先下單，成交後三日內才完成資券交割。而保證金分為原始保證金與維持保證金，欲交易一口合約則保證金須高於(或等於)原始保證金，若在每日結算損益之後，出現帳戶內保證金餘額低於維持保證金，則期貨商將會發出保證金追繳通知，投資人必須在限時內補繳至原始保證金的水準，否則就有遭受到斷頭砍倉的可能。

除臺灣期貨交易所外，新加坡國際商業交易所 (SIMEX) 有摩根臺灣股價指數期貨，香港期貨交易所 (HKFE) 有香港臺灣股價指數期貨交易。此兩種臺灣股價指數期貨與臺灣現有的臺灣發行量加權股價指數期貨在契約規格上有許多不同之處，表 10-11 提供不同臺股指數期貨間比較。

# 第九節　結　　語

本章簡單介紹了期貨市場的交易制度及期約的避險功用。在期約產品的介紹與應用，本章著重在利率期約、股價指數期約、與外幣期約等三種金融期約。這些期約均在美國期貨交易所買賣，而這些期約標的物，也皆是美國的金融產品。

自 1994 年以來，國內也開放了部份國外金融期約的買賣；由於國人大抵未持有外國金融期約的標的物現貨，因此，國人買賣外國金融期約的目的，未必是為了避險。然而，除了避險與投機外，國人也可利用外國期約從事投資風險分散的活動；以外國股價指數期約為例，購買期約類似於購買現貨，因此，國人可以使用外國股價指數期約，從事國際投資組合的風險分散活動。

表 10–11　不同臺股指數期貨比較

| 合約種類 | 臺灣發行量加權股價指數期貨 | 摩根臺灣股價指數期貨 | 香港臺灣股價指數期貨 |
|---|---|---|---|
| 交易所 | 臺灣期貨交易所 (TAIMEX) | 新加坡國際商業交易所 (SIMEX) | 香港期貨交易所 (HKFE) |
| 標的指數 | 臺灣證交所編製之 402 支成分股加權指數 | 摩根臺股指數 77 支成分股 | 香港期交所編製之 60 支成分股 |
| 合約價值 | 臺灣發行量加權股價指數期貨價格 × 新臺幣 200 元 | 摩根臺灣股價指數期貨價格 × 美金 100 元 | 香港臺灣股價指數期貨價格 × 美金 10 元 |
| 跳動單位 | 發行量加權股價指數 1 點 (相當於新臺幣 200 元) | 摩根臺股指數 0.1 點 (相當於美金 10 元) | 香港臺灣股價指數 1 點 (相當於美金 10 元) |
| 保證金 | 原始保證金新臺幣 14 萬元; 維持保證金新臺幣 11 萬元 | 原始保證金 3,125 美元; 維持保證金 2,500 美元 | 原始保證金 2,500 美元; 維持保證金 2,000 美元 |
| 合約月份 | 三、六、九、十二月, 另加上兩個最近連續月份 | 三、六、九、十二月, 另加上兩個最近連續月份 | 現月、下月及之後最近之兩個季月 (三、六、九、十二月) |
| 漲跌幅限制 | 單日最大漲跌幅限制為前一日結算價上下 7% | 第一跌幅為前一日收盤價的 7%, 鎖住 10 分鐘後放寬至 10%, 再鎖住 10 分鐘後放寬至 15%, 此亦為當日最大幅度, 合約月份之最後交易日則不設漲跌幅限制 | 無 |
| 交易時間 | 星期一至六: 9:00–12:15, 隔週休二日 | 星期一至六: 8:45–12:15 星期一至五 ATS 電子盤下午 2:45–7:00 | 星期一至六: 9:00–12:15 |
| 最後交易日 | 合約月份第三個星期三 | 合約月份倒數第二個營業日, 若遇星期六則提前一日 | 合約月份倒數第二個營業日, 若遇星期六則提前一日 |
| 最後結算價 | 以最後交易日次一營業日第一次揭示之發行量加權股價指數計算 | 以最後交易日之收盤摩根臺灣股價指數計算 | 以最後交易日十一點三十分至中午十二點每五分鐘指數平均值 |
| 結算方式 | 現金結算 | 現金結算 | 現金結算 |
| 期交稅 | 買賣皆須依合約價值課徵千分之 0.5 之期貨交易稅 | 無須課徵期貨交易稅 | 無須課徵期貨交易稅 |
| 交易方式 | 電子交易 | 人工喊價 (OPEN-OUT-CRY) | 電子交易 |

資料來源: 京華金融網　http://www.cps.com.tw/main.htm.

## 關鍵詞彙

| | |
|---|---|
| 利率期約 | Interest Rate Futures |
| 股價指數期約 | Stock Index Futures |
| 外幣期約 | Currency Futures |
| 金融商品期貨 | Financial Futures |
| 風險規避者 | Hedgers |
| 風險投機者 | Speculators |
| 遠期合約 | Forward Contracts |
| 商品期約 | Commodity Futures |
| 期貨結算所 | The Clearinghouse |
| 交易場 | Trading Pit |
| 原始保證金 | Initial Margin |
| 維持保證金 | Maintenance Margin |
| 依市價調帳 | Marked to Market |
| 賣出對沖 | The Sell Hedge |
| 買進對沖 | The Buy Hedge |
| 基差 | Basis |
| 基差風險 | Basis Risk |
| 90 天期國庫券期約 | Treasury Bill Futures |
| 長期國庫債券期約 | Treasury Bond Futures |
| 轉換因子表 | Conversion Factor |
| 價值線綜合指數 | Value Line Composite Index |

主要市場指數　　Major Market Index，MMI

日經股價指數期約　　NIKKEI 225 Index

程式化交易　　Program Trading

指數套利　　Index Arbitrage

現貨價格發現　　Price Discovery

# 習 題

1. 簡述期貨市場的功能？

2. 請比較期貨市場風險投機者與風險規避者其交易特質的差異？

3. 比較期貨合約與遠期合約的異同點？

4. 何謂基差風險？簡述期貨交易是價格風險與基差風險間的交換？

5. 說明期貨的買進對沖與賣出對沖策略？

6. 買賣期貨以達到風險完全規避的情形，必須具備那些條件？

7. 說明程式化交易與指數套利的意義？

# 第十一章　選擇權

## 第一節　前　言

　　本章介紹股票選擇權與股價指數選擇權。在 1973 年以前，股票選擇權是在美國櫃臺市場買賣；而從 1973 當年，芝加哥選擇權交易所（Chicago Board Options Exchange，CBOE）開始買賣標準化的選擇權合約後，選擇權市場就蓬勃發展。選擇權市場陸續地在世界各國成立，而選擇權合約的標的物，除了股票與股價指數外，尚有外匯、農產品、貴重金屬、利率、與期貨。本章內容以介紹股票選擇權與股價指數選擇權為主。下一節介紹選擇權的基本概念。

## 第二節　選擇權的基本概念

　　選擇權是買賣雙方間的合約，選擇權持有者（或買方）在合約規定的期間內，有權利（沒有義務，與期貨合約不同）以約定的價格，向選擇權賣方買進或賣出一定數量的選擇權標的物。買權（Call Options）的持有者，有權利向選擇權賣方買進一定量的選擇權標的物；而賣權（Put Options）的持有者，則有權利賣出一定量的選擇權標的物予選擇權賣方。在期約的交易中，買賣雙方均有義務履行期約的交割；然而，選擇權的交易中，只有選擇權持有者有權利請求選擇權賣方履行合約的規定。然而，選擇權持有者在向賣方買入選擇權時，必須支付一筆權利金（也是選擇權的買賣價格）給賣方。

　　一口股票選擇權合約的股數為 100 股，表 11 - 1 列出虛構的買權價格資料表。表 11 - 1 左邊第一列是選擇權標的股票公司及股票的收盤價，例如：ABC Trans 股票的收盤價格為 50.50 美元。第二列是買權的執行價（Striking Price），ABC Trans 股票選擇權合約有 40，45，50，55，及 60 美元等五種執行價。最後三列列出各種不同到期月份選擇權的價格（Premium），以 ABC Trans 執行價 45 美元的選擇權為例，四月份到期的選擇權價格為 $5\frac{7}{8}$ 美元；而五月份到期的選擇權，"a" 代表當日無交易；而七月份到期的選擇權，"b" 代表市場不交易此選擇權。選擇權價格以一股為計價單位，因此，買入一口四月份到期，執行價為 45 美元的 ABC Trans 股票選擇權合約，必須付出 587.50 美元（$5\frac{7}{8}$ × 100 = 587.50）予賣方。

### 表 11 - 1　股票買權價格資料表（虛擬資料）

| 選擇權標的股票及收盤價 | 選擇權執行價 | 選擇權價格與到期月份 | | |
|:---:|:---:|:---:|:---:|:---:|
| | | 四月 | 五月 | 七月 |
| ABC Trans | 40 | a | 10 | a |
| $50\frac{1}{2}$ | 45 | $5\frac{7}{8}$ | a | b |
| $50\frac{1}{2}$ | 50 | 1 | a | a |
| $50\frac{1}{2}$ | 55 | 1/8 | a | a |
| $50\frac{1}{2}$ | 60 | a | 1/4 | a |
| DEF Foods | 15 | $10\frac{1}{16}$ | b | a |
| 25 | 20 | $5\frac{1}{2}$ | a | a |
| 25 | 25 | 1 | a | a |
| 25 | 30 | a | 1/2 | a |

a：代表該日無交易。
b：代表無該月到期之選擇權合約。

　　選擇權又可分為歐式選擇權（European Options）與美式選擇權

（American Options）兩種型態。歐式選擇權的持有者，只能於選擇權到期日，執行該選擇權；而美式選擇權的持有者，則可以於選擇權到期日及之前執行選擇權。美式與歐式之劃分，主要是因選擇權交易所在地而命名；現今，這種區分已不正確；在交易所買賣的選擇權，不論交易所位在美國或歐洲，大多屬於美式選擇權；而在櫃臺市場買賣的選擇權，則大多屬於歐式選擇權。當選擇權持有者執行選擇權有利可圖時，我們稱該選擇權處於 in-the-money 狀態。當選擇權持有者執行選擇權有損失發生時，我們稱該選擇權處於 out-of-the-money 狀態。而當選擇權持有者不在意執行選擇權與否，即執行選擇權，並沒有任何損益時，我們稱該選擇權處於 at-the-money 狀態。以買權爲例，若標的股票價格高出執行價時，選擇權處於 in-the-money 狀態；若股價低於執行價時，選擇權處於 out-of-the-money 狀態；若股價與執行價相等時，選擇權處於 at-the-money 狀態。

　　最後，選擇權合約是投資者雙方所訂定，完全與選擇權標的股票公司無關，買賣雙方所交割的股票，來自於流通在外的股票，而不是來自公司新發行的股票。

# 第三節　選擇權的交易制度細節

　　芝加哥選擇權交易所於 1973 年開始股票選擇權交易，從那個時候開始，選擇權市場便蓬勃發展；而在 1973 年以前，股票選擇權交易集中在櫃臺市場，櫃臺市場的交易量小，交易成本高，而次級市場的流動性差，因此，選擇權買賣雙方大多被迫持有選擇權至到期日。爲了克服上述次級市場的流動性問題，芝加哥選擇權交易所乃設立一個類似股票市場的選擇權叫賣場所，供選擇權買賣雙方能隨時買進或賣出選擇權。同時，爲了維持次級市場的活絡性，芝加哥選擇權交易所制定了一些選擇權交易制度及規定。

## 1.選擇權合約條款的標準化

　　爲了增加市場流動性，選擇權合約特性必須先標準化，例如：選擇權到期日單一化，IBM 股票選擇權的到期日分別是三、六、九、與十二月的某一天，無其他月份或其他日子到期的選擇權存在於市場；選擇權執行價的簡化，設定執行價的差距爲 5 美元或 3 美元等等，並以股票價格附近的價碼，來設定選擇權執行價，例如：IBM 股票價格爲 100 美元時，則 IBM 股票選擇權的執行價分別設定爲 90、95、100、105、及 110 美元等五種。另外，每口選擇權合約的股數也標準化爲 100 股。最後，選擇權的執行價是預先設定的，當選擇權標的股票公司，進行股票分割或發放股票股利，股票價格會往下作應有的調整，而影響到選擇權買賣雙方的權益；因此，選擇權合約規定股票分割或股票股利的配股比率超過 10％時，選擇權的執行價也將做同比率的調整。例如：IBM 股票每股分割成兩股，股價由每股 100 美元調降爲 50 美元，此時，一口選擇權合約調整爲二口選擇權合約，而選擇權執行價由每股 90 美元調整爲 45 美元。

## 2.選擇權結算公司的設置 (Options Clearing Corporation)

　　投資者完成選擇權交易後，選擇權買方必須隨時預防賣方違約，違約風險的存在有礙於選擇權交易市場的正常運作。爲了克服違約風險的障礙，所有選擇權買賣的交割作業，完全由選擇權結算公司負責。當投資者委託經紀商完成選擇權交易後，結算公司就成爲選擇權買賣雙方的中間人。分別負責買方與賣方的交割事宜，即結算公司是選擇權買方的相對賣方，而它也是選擇權賣方的相對買方。由於結算公司是選擇權賣方的相對買方，結算公司負擔了賣方違約的風險，爲了降低風險，結算公司要求選擇權賣方繳納保證金。

　　當選擇權持有者決定執行選擇權時，他將通知他的經紀商，而經紀

商將轉知結算公司，結算公司收到執行請求後，會隨機挑出一位賣方的
經紀商，要求賣方經紀商挑選一位選擇權賣出者，來辦理交割事宜。該
賣出投資者有義務履行交割，不得在市場上利用買進對沖方式，來沖平
賣出部位。

# 第四節　選擇權的到期日價值

投資者可以使用選擇權從事投機與避險的活動；在介紹選擇權的投
資策略之前，下面先介紹買權與賣權的到期日價值及損益情形。

## 1.買權

買權的持有者，有權利以執行價買入選擇權的標的股票。假設投資
者持有 IBM 股票的選擇權，其執行價爲 90 美元，若選擇權到期時，
IBM 股票價格爲 100 美元，則投資者將立即執行買權，以每股 90 美元
價格向選擇權賣方買入 IBM 股票，然後，隨即在股市以每股 100 美元拋
售股票，投資者將可獲取每股 10 美元的利潤。相反地，若 IBM 股票價
格爲 80 美元，因執行選擇權無利可圖，投資者將讓選擇權過期而失效。
因此，買權到期日的損益情形如 (11-1) 式所列：

$$買權價值 = S_T - X \quad 假如 S_T > X$$
$$= 0 \qquad 假如 S_T \leqslant X \qquad (11-1)$$

(11-1) 式中，$S_T$ 是到期日的股價，$X$ 是選擇權的執行價格；當
股價大於執行價時，執行買權有利可圖，而股價低於執行價時，直接由
市場買入股票，其成本將較低，買權無任何價值。(11-1) 式可以簡化
爲 (11-2) 式：

$$買權價值 = MAX(S_T - X, 0) \qquad (11-2)$$

　　上面分析顯示，選擇權的到期日價值受到股價的影響；圖 11-1 是
買權價值與股價間的關係。實線是選擇權到期日的價值，虛線是選擇權
投資的損益情形。到期日的股價在 90 美元或以下時（$S_T \leqslant X$），選擇權
的價值為零；當股價高於 90 美元時，選擇權的價值隨著股價上漲而遞
增。假如買權的成本為 20 美元，投資者整個選擇權投資損益如圖 11-1
虛線所示，當股價為 110 美元時，投資者損益兩平。

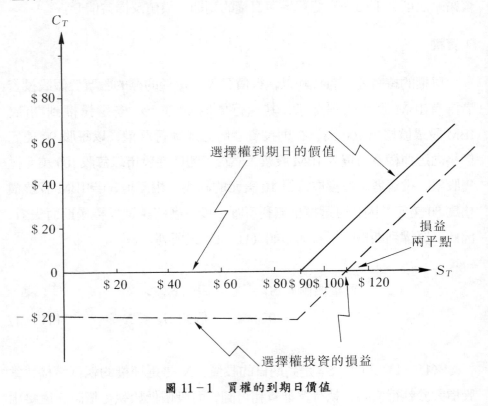

圖 11-1　買權的到期日價值

　　上面是買權買方的損益分析；選擇權買賣是種零和遊戲，買方的損失

是賣方的利益，而買方的利益則是賣方的損失。圖 11－2 是買權賣方的損益情形。虛線是選擇權賣方的損益情形。若到期日的股價為 90 美元或以下時，選擇權的持有者不會執行選擇權，賣方將獲取 20 美元的利潤。當股價超過 90 美元，賣方的利潤將隨股價上漲而遞減，而股價超過 110 美元後，賣方將有虧損產生，其虧損金額隨著股價上漲而增加。

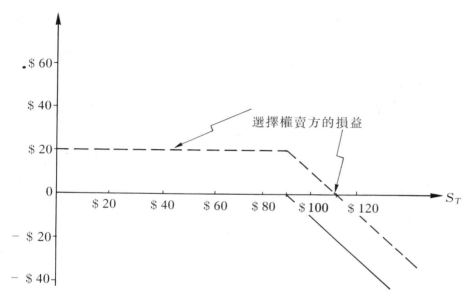

圖 11－2　買權賣方的到期日損益

## 2.賣權

賣權的持有者，有權利以執行價賣出選擇權標的股票。假設投資者持有 IBM 股票的賣權，其執行價為 90 美元，若選擇權到期時，IBM 股票價格為 80 美元，則投資者將立即執行賣權，投資者以每股 80 美元價格，從市場上買入 IBM 股票；然後，以每股 90 美元的價格，賣給賣權的賣方；投資者將可獲取每股 10 美元的利潤。相反地，若 IBM 股票價格高於 90 美元執行價格，執行賣權無利可圖，投資者將讓賣權自動失

效。賣權的到期日價值, 可以下式表示:

$$賣權價值 = X - S_T \quad 假如 X > S_T$$
$$= 0 \qquad 假如 X \leqslant S_T \qquad (11-3)$$

(11-3) 式可簡化為 (11-4) 式:

$$賣權價值 = MAX(X - S_T, 0) \qquad (11-4)$$

上式中, $X$ 是執行價; $S_T$ 為選擇權到期日的股價; 而 MAX($\cdot$, $\cdot$)代表取括弧內數值較大者。因為執行價 $X$ 是固定的, 賣權的到期日價值, 主要是受到 $S_T$ 的影響。圖 11-3 是賣權價值與到期日股價間的關係。實線代表選擇權到期日的價值, 虛線則是賣權持有者的損益情形。若到期日的股價在 90 美元或以上時, 賣權的價值為零; 當股價低於 90 美元時, 賣權的價值隨著股價下跌而遞增。假如賣權的成本為 20 美元, 投資者的賣權投資損益如虛線所示, 當股價為 70 美元時, 投資者損益兩平。

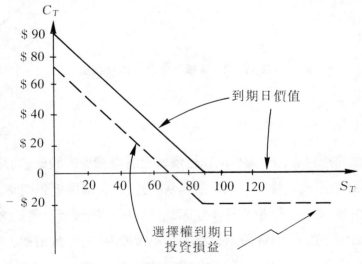

圖 11-3　賣權的到期日價值

　　圖 11-4 為賣權賣方的損益情形；若到期日的股價在 90 美元或以上時，選擇權的持有者不會執行選擇權，賣方將獲取 20 美元的利潤。當股價低於 90 美元，賣方的利潤將隨著股價下跌而遞減，而股價低於 70 美元時，賣方將有虧損產生。其最大虧損數額為 70 美元。

　　上面分析了選擇權到期日價值。投資者買進買權或賣權，反應出其對市場未來走勢的看法；看漲市場時，投資者可以買進買權或其標的股票。然而，選擇權買賣提供了槓桿（Leverage）作用予投資者，即投資者可以較少資金賺取與股票投資相等的利潤金額。

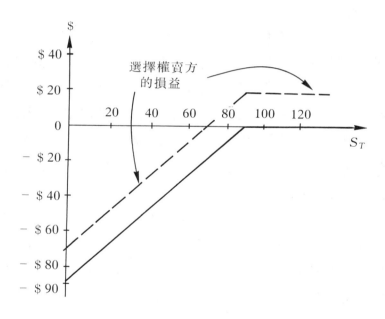

圖 11-4　賣權賣方的到期日損益

## 第五節　結合股票與選擇權的投資組合策略

　　前一節介紹了簡單的買權與賣權投資策略。在實務應用上，投資者

可以搭配數種選擇權及選擇權的標的股票，以建構各種投資組合。下面
介紹結合股票與選擇權的應用策略。

### 1. 保護性賣權策略（The Protective Put）

保護性賣權策略，是為了規避選擇權標的股票價格下跌的風險；它
是由賣權及其標的股票所構成的投資組合。當股票價格往下滑落，整個
投資組合的價值會保持在某一下限之上，而不會隨著股價下跌而滑落。
賣權在整個投資組合內的作用，就像是一張保險單，保障股票的價值不
低於選擇權的執行價。

例如：假設投資者手上持有 IBM 股票，其市價為 110 美元，投資者
為了確保股票價值不低於某個下限，乃以 10 美元買入賣權，其執行價
為 110 美元。假如選擇權到期時，IBM 股票市價為 100 美元，投資者便
可執行賣權，將手上股票以 110 美元出售；即使 IBM 股價降至 100 美元
以下，整個投資組合的價值仍為 110 美元。假如選擇權到期時，IBM 股
票市價為 110 美元或以上，投資者將不會執行選擇權，整個投資組合的
價值就是當時股票的價值。

圖 11－5 是保護性賣權投資組合期末價值。投資者買了保險，其股
票價值不會低於 110 美元；當然，投資者必須付出保費，保費就是賣權
的價格。而保費的高低會受到執行價高低的影響。在上例中，執行價與
股價均為 110 美元，投資者不負擔任何自負額（Deductible），保費為 10
美元；若執行價定為 105 美元，則投資者必須自己先負擔 5 美元損失
後，剩餘的損失才能得到補償，此時，保費應較 10 美元低，因為執行
價為 105 美元的賣權，提供較少保障。

### 2. 遮蓋性的買權策略（Covered Calls）

遮蓋性的買權部位，是由賣出買權與買進選擇權標的股票所構成。

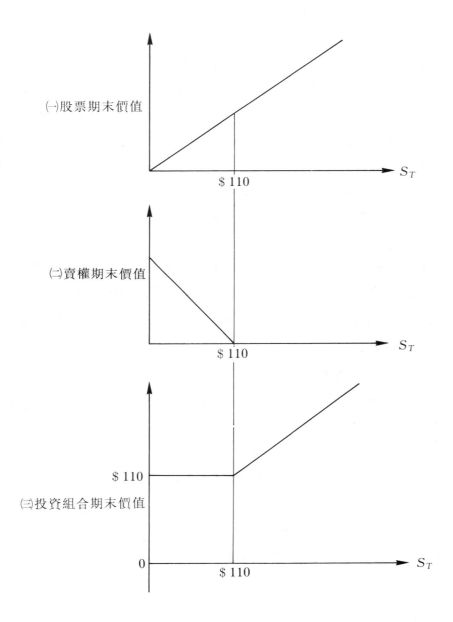

㈠股票期末價值

$ 110

$S_T$

㈡賣權期末價值

$ 110

$S_T$

$ 110

㈢投資組合期末價值

0

$ 110

$S_T$

圖 11－5 保護性賣權策略期末價值

相反地，投資者賣出買權，而手上無選擇權標的股票，稱之爲無遮蓋性買權部位（Naked Calls）。若短期內市場呈現盤整局勢，即股價上漲或下跌幅度均不大；投資者持有遮蓋性的買權部位，可望賺取買權的價格收入，因爲買權持有者執行選擇權的機會不大。相反地，如果股價大漲，買權持有者將執行選擇權，遮蓋性買權部位內的股價上漲利得，大部份歸選擇權持有者所有。另外，如果股價大跌，買權持有者固然不會執行選擇權，然而遮蓋性買權部位，將遭受重大股票價格下跌的損失。

圖 11-6 是遮蓋性買權部位於選擇權到期日的價值與損益情形。假設投資者在股票市場上，以每股 90 美元價格買入 IBM 股票，同時賣出買權，收到 10 美元價格收入，而該買權的執行價定爲 90 美元。圖 11-6 之㈢是此投資組合到期日價值與損益情形；實線爲到期日價值，IBM 股票價格低於 90 美元時，投資組合的價值隨著 IBM 股價下跌而遞減；當 IBM 股價高出 90 美元時，買權持有者將執行選擇權，整個投資組合的價值就是買權的執行價。虛線爲投資組合的到期日損益情形，當股價爲 90 美元時，投資組合的利潤爲 10 美元；當股價爲 80 美元時，投資組合損益兩平；當股價低於 80 美元時，投資組合有損失產生，其金額隨股價下跌而增加。

# 第六節　選擇權的其他投資策略

前一節介紹由股票與選擇權構成的兩種投資組合策略，本節介紹由兩個或兩個以上選擇權構成的投資策略。這些投資策略均針對股票市場未來的波動特性而設計。

## 1.選擇權價差投資部位（Option Spreads）

由兩種或兩種以上同一標的股票的買權（賣權）所構成的選擇權投

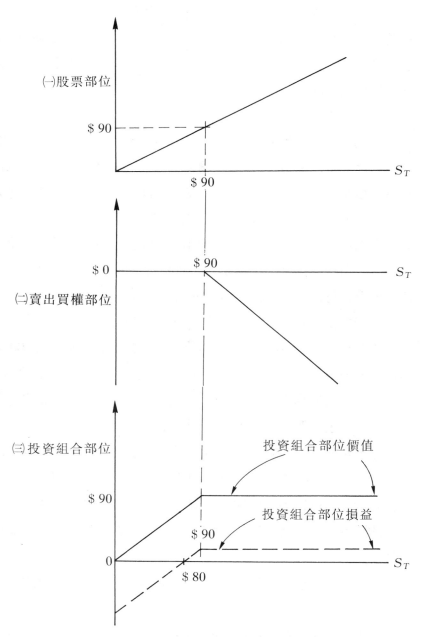

(一)股票部位

$ 90

$ 90

$ 0

$ 90

(二)賣出買權部位

(三)投資組合部位

投資組合部位價值

$ 90

投資組合部位損益

$ 90

0

$ 80

**圖 11-6 遮蓋性買權策略期末價值**

資組合，稱爲價差投資部位。同一標的股票的買權間的差異，只有到期日的長短與執行價的高低兩種。由這些買權中，任意挑選兩種或兩種以上選擇權，一買一賣（兩種買權）或一買二賣（三種買權），即構成一個選擇權價差部位。下面介紹兩種基本的價差部位：

(1)**垂直價差部位**（Vertical Spreads）

兩個買權，其到期日相同，但執行價不同，一買一賣，即構成一個垂直價差部位。一般而言，《華爾街日報》（*The Wall Street Journal*）刊載選擇權價格表，其格式類似於本章表 11－1 的格式。同一到期日，不同執行價的選擇權價格資料是垂直排列下來。因此，由二個到期日相同，而執行價不同的選擇權，所組成的投資組合就稱爲垂直價差部位。另外，這兩種選擇權的主要差異在於執行價的不同，因此，垂直價差部位又稱爲執行價價差部位（Money Spreads）。

例如：投資者買入執行價爲 90 美元的買權，同時賣出執行價爲 100 美元的買權。假設 90 美元執行價買權的價格爲 6 美元，而 100 美元執行價買權的價格爲 1 美元；垂直價差部位的到期日價值與損益如圖 11－7 所示。實線代表到期日部位價值，而虛線則代表到期日部位的損益。圖 11－7 之㊂爲買權垂直價差部位到期日的價值與損益情形。若到期日股價高於 100 美元時，利潤爲最高；若到期日股價低於 90 美元，則垂直價差部位出現損失情況。因此，市場若呈現多頭，整個部位將出現利潤。此種部位稱爲多頭買權垂直價差部位。相反地，投資者買入較高執行價的買權，並且賣出執行價較低的買權，則構成了空頭買權垂直價差部位。

同理，若以賣權替代上述買權，則可構成空頭或多頭的賣權垂直價差部位。

(2)**水平價差部位**（Horizontal Spreads）

兩個買權，其執行價相同，但到期日不同，一買一賣，即構成一個

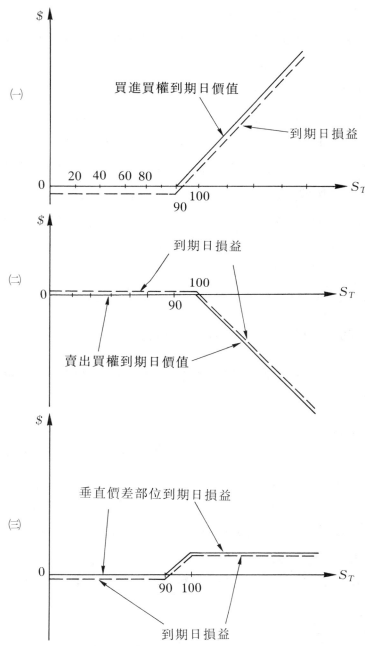

圖 11-7　多頭買權垂直價差部位到期日價值與損益

水平價差部位。因爲這兩種選擇權的價格資料是平行排列在報紙價格表上，故稱爲水平價差部位。另外，這兩種選擇權的主要差異在於到期日的不同，因此，水平價差部位又稱爲到期日價差部位（Time Spreads）。

例如：投資者賣出一個到期日較近的買權，同時買進一個到期日較遠的買權，以構成一個長水平價差部位（Long Horizontal Spread）。當到期日較近的買權到期時，整個水平價差部位的損益情形如圖 11－8 所示。圖 11－8 之㈠是到期日較近的買權，到期時賣方的損益情形。而圖 11－8 之㈡則爲到期日較遠的買權，未到期時買方的損益情形，其圖形爲一曲線，乃利用第八節 Black & Scholes 的歐式選擇權評價模式求得。而圖 11－8 之㈢是水平價差部位的損益情形。當股票價格變化不大時，持有水平價差部位將有利可圖；而股票價格變動很大時，不論上漲或下跌，水平價差部位將有損失發生，然而，其損失均很小。

## 2.選擇權的混合部位（Option Combinations）

由同一標的股票的買權與賣權所構成的投資組合，稱爲選擇權的混合投資部位。下面介紹兩種選擇權混合部位：

### ⑴跨式部位（Straddle）

同時買進（賣出）一個買權與一個賣權，其執行價與到期日均相同，即構成一個跨式部位。

例如：同時買進一個買權與一個賣權，以構成一個跨式部位。圖 11－9 列出跨式部位到期時之損益情形。當股價波動性高時，跨式部位獲利較大；若股價只是盤整，而無大幅上漲或下跌，則跨式部位將有虧損產生。

跨式部位的損益主要是受股價波動性（Volatility）的影響。因此，買賣跨式部位等於買賣股價的波動性。當投資者預期股價即將有大波動，但不確定波動的方向時，投資者可利用買進跨式部位賺取預期利益。

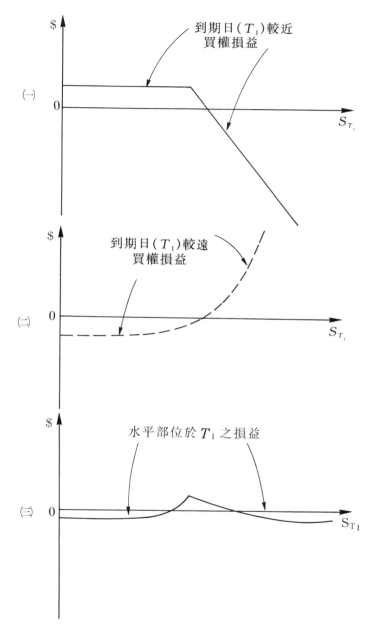

圖 11-8 長水平買權部位損益

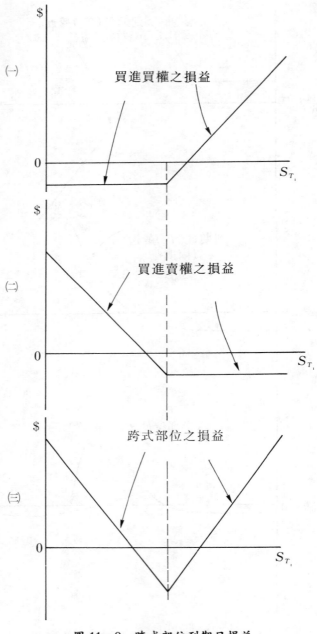

(一)

買進買權之損益

$S_{T_1}$

(二)

買進賣權之損益

$S_{T_1}$

(三)

跨式部位之損益

$S_{T_1}$

圖 11-9 跨式部位到期日損益

## (2)勒式部位 (Strangle)

同時買進（賣出）一個買權與一個賣權，其到期日相同，而兩者的執行價不同，即構成一個勒式部位。

例如：同時買進一個買權與一個賣權，而賣權的執行價低於買權的執行價。圖 11－10 列出此勒式部位到期日之損益情形。當股價波動性高時，勒式部位才有利潤；若股價只是盤整，勒式部位將有損失。因此，勒式部位的損益情形類似於跨式部位；但勒式部位損失區間（即到期日的股價範圍）較跨式部位寬廣；換言之，勒式部位的利潤，來自於更大的股價波動程度。

本節介紹幾種較簡易的選擇權投資策略，其他較複雜的投資策略，請參閱選擇權專書。

## 第七節　買權與賣權之平價關係

買權與賣權之平價關係，是選擇權訂價理論中的一個重要關係式子。本章第五節介紹保護性賣權策略，該策略可保障投資組合價值不低於某一下限；同樣地，由買權與無風險資產構成的投資組合，也可保障投資組合價值不低於某一下限。這兩個投資組合，在選擇權到期日時，提供相同的報酬結果，則這兩個投資組合應該具有同樣的價值，否則，便有套利機會。買權與賣權之平價式子，即在說明這二個投資組合的價值關係。買權與賣權之平價關係只適用在歐式選擇權，具買權與賣權的標的物、執行價、及到期日均必須相同；下面以一例說明買權與賣權之平價關係。

例如：假設 $S_0$ 是選擇權標的股票的今日價格；$C$ 為歐式買權的價格，其執行價為 $X$；$P$ 為歐式賣權的價格，其執行價與到期日，均與買權相同；另有一面額為 $X$ 的零債息無風險債券，其到期日與選擇權到期日相同。首先，利用股票與賣權構成一個保護性投資組合；同時，以

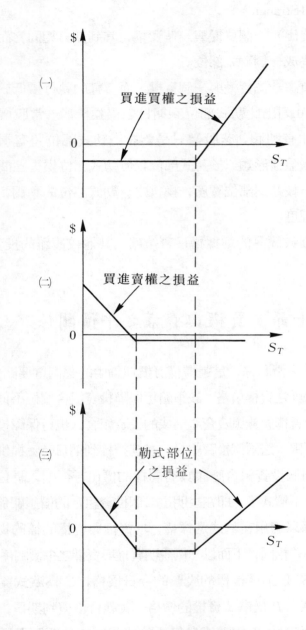

(一)

買進買權之損益

$S_T$

(二)

買進賣權之損益

$S_T$

(三)

勒式部位
之損益

$S_T$

圖 11-10 勒式部位到期日損益

買權與一個單位的零債息債券構成另一個投資組合。表 11－2 列出上述兩個投資組合於選擇權到期日的損益結果；於選擇權到日期 $T$ ，若股價 $S_T$ 低於選擇權的執行價 $X$ 時，兩個投資組合的價值均爲 $X$；若股價 $S_T$ 高於執行價 $X$，則兩個投資組合的價值均爲 $S_T$；上述兩個投資組合到期日的報酬率分配完全相同，因此，這兩個投資組合今日的價值應該相等，否則，便有套利機會存在。

表 11－2　投資組合損益結果比較

|  | $S_T \leq X$ | $S_T > X$ |
|---|---|---|
| 投資組合 $A$：（股票＋賣權） |  |  |
| 股票價值 | $S_T$ | $S_T$ |
| 賣權價值 | $X - S_T$ | $0$ |
| 投資組合期末價值 | $X$ | $S_T$ |
| 投資組合 $B$：（買權＋無風險債券） |  |  |
| 買權 | $0$ | $S_T - X$ |
| 無風險債券 | $X$ | $X$ |
| 投資組合期末價值 | $X$ | $S_T$ |

$$S_0 + P = C + X/(1 + r_f)^T \qquad (11-5)$$

（11－5）式就是買權與賣權的平價關係，$r_f$ 爲無風險資產之年報酬率。下面列舉一例，介紹如何使用買權與賣權的平價關係，以計算出無風險債券的報酬率。

例一：假設股票價格爲 110 美元，該股票買權價格爲 17 美元，執行價爲 105 美元；另外，股票賣權價格爲 7 美元，其執行價也爲 105 美元；兩種選擇權的到期日均爲 6 個月；請問買權與賣權平價關係所隱含的無風險利率爲多少？

利用（11-5）式，可得下列等式：

$$110 + 7 = 17 + 105/(1 + r_f)^{\frac{1}{4}}$$

$$\Rightarrow \quad 117 = 17 + 105/(1 + r_f)^{\frac{1}{4}}$$

$$\Rightarrow \quad (1 + r_f)^{\frac{1}{4}} = 1.05$$

$$\Rightarrow \quad r_f = 10.25\%$$

無風險年利率爲 10.25%。

## 第八節　選擇權的評價模式

第四節介紹了選擇權到期日的價值；然而，未到期選擇權的價格是如何決定呢？本節介紹兩種選擇權的評價模式，一爲 Black & Scholes (1973) 的選擇權評價模式，另一爲二項式選擇權評價模式（Binomial Models）。下面所探討的選擇權，以歐式買權爲主。在介紹這兩種評價模式之前，我們先探討未到期買權的價值界限。

### 1.買權的價格界限

買權持有者，有權利但無義務去執行選擇權；因此，當選擇權處於 out-of-the-money 狀態時，選擇權持有者寧可放棄執行選擇權，以避免損失。所以，買權在任何時刻，其價值不會是負的。當選擇權處於 in-the-money 狀態時，執行選擇權可以獲取股價與執行價的差額利益；此時，選擇權的價值不會低於此利益差額。綜合上述分析，買權的價格不會低於其到期時的價值。

買權持有者，可以以執行價買入選擇權的標的股票，由於執行價必定大於零，因此，買權的價格必定小於標的股票的價格；否則，投資者可直接購入股票，賣出買權，以套取利潤。所以，買權的價格不會高於標的股票的價格。圖 11-11 的陰影部份，就是買權價格可能範圍。

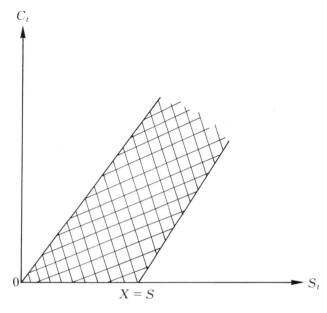

圖 11－11　*買權的價格界限*

## 2. Black & Scholes 的選擇權評價模式

Black 與 Scholes（1973）設定選擇權的價格界限與一些假設後，利用高深數學推導出歐式買權的評價模式。

Black 與 Scholes 建立下列基本假設：

(1)歐式買權。

(2)無風險報酬率為一固定常數。

(3)股價分配為對數常態分配。

(4)股票在選擇權存續期間，不發放股利。

(5)無交易成本。

(6)對於借款與賣空，沒有任何限制。

在上述假設下，Black 與 Scholes 利用無風險對沖觀念（The Riskless

Hedge）與偏微分方程式，推導出買權的評價模式：

$$C_0 = S_0 \times N(d_1) - X \times e^{-rt} \times N(d_2) \qquad (11-6)$$

（11－6）式中，$C_0$ 為歐式買權價格；$S_0$ 為標的股票價格；$N$（·）為標準化常態分配累積機率函數；$X$ 為選擇權執行價；$r$ 為無風險報酬率；$t$ 為選擇權到期期間。而 $d_1$ 與 $d_2$ 值分別如（11－7）式與（11－8）式：

$$d_1 = \frac{ln(S_0/X) + (r + 0.5\sigma^2)\, t}{\sigma t^{1/2}} \qquad (11-7)$$

$$d_2 = d_1 - \sigma t^{1/2} \qquad (11-8)$$

$\sigma$ 為標的股票報酬率標準差；$ln$ 代表自然對數函數。

利用 Black 與 Scholes 的選擇權模式估計選擇權的價格，必須知道五個變數資料：$S_0$，$X$，$t$，$r$，與 $\sigma$。在這五個變數中，前面四個較易取得或估計；而第五個變數（股票報酬率分配的標準差）則較難估計，一般的做法是利用股票的歷史報酬率資料，估計其標準差。然而，標準差可能隨時改變，過去的標準差未必是未來標準差的最佳估計值，在估計標準差時，投資者應想辦法納入其個人對未來標準差變化的看法。

圖 11－12 是買權未到期的價格曲線，$C_2$ 與 $C_1$ 兩曲線代表兩種買權的價格函數。這兩條曲線均落在選擇權的價格界限內。若 $C_1$ 與 $C_2$ 選擇權的差異僅在於到期日的長短時，則 $C_2$ 的到期日應較 $C_1$ 的到期日來的長。下面以例子說明 Black 與 Scholes 選擇權式子的計算。

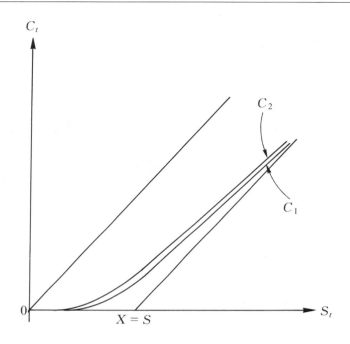

圖 11-12 買權的價格

**例二:** 假設買權的標的股票價格為 50 美元,其執行價為 50 美元,股價的年報酬率標準差為 20%,無風險報酬率為 6%,而選擇權到期日為半年,利用 Black 與 Scholes 的公式,估計買權的價格。

首先,利用 (11-7) 式與 (11-8) 式求出 $d_1$ 與 $d_2$ 值:

$$d_1 = \frac{ln(50/50) + (0.06 + 0.5 \times 0.04)\frac{1}{2}}{0.20(\frac{1}{2})^{\frac{1}{2}}}$$

$$= 0.2828$$

$$d_2 = 0.2828 - 0.20(\frac{1}{2})^{\frac{1}{2}} = 0.1414$$

利用常態分配累積機率表,求出 $N\ (d_1)$ 與 $N\ (d_2)$ 值:

$$N(d_1) = 0.6103$$

$$N(d_2) = 0.5557$$

$$C = 50 \times (0.6103) - e^{0.06 \times \frac{1}{4}} \times 50 \times (0.5557)$$

$$= 30.52 - 26.96 = \$3.56$$

假設改變選擇權的到期日爲 4 個月，則選擇權的價格將變爲多少？

$$d_1 = \frac{ln(50/50) + (0.06 + 0.5 \times 0.04)\frac{1}{3}}{0.20(\frac{1}{3})^{\frac{1}{4}}}$$

$$= \frac{0.0266}{0.1155} = 0.2309$$

$$d_2 = 0.2309 - 0.1155 = 0.1154$$

$$N(d_1) = 0.5910, \ N(d_2) = 0.5478$$

$$C = 50 \times (0.5910) - e^{-0.06 \times \frac{1}{3}} \times 50 \times (0.5478)$$

$$= 29.55 - 26.85 = \$2.70$$

當到期日縮短時，買權的價格下跌，爲什麼？

假設改變股價的標準差爲 40％，則選擇權的價格變成多少呢？

$$d_1 = \frac{ln(50/50) + (0.06 + 0.5 \times 0.16)\frac{1}{2}}{0.40(\frac{1}{2})^{\frac{1}{4}}}$$

$$= \frac{0.07}{0.2828} = 0.2475$$

$$d_2 = 0.2475 - 0.2828 = -0.0353$$

$$N(d_1) = 0.5987, \ N(d_2) = 0.4840$$

$$C = 50 \times (0.5987) - e^{-0.06 \times \frac{1}{2}} \times 50 \times (0.4840)$$

$$= 29.94 - 23.48 = \$6.46$$

當股價標準差變大後，買權價格上漲，爲什麼？

　　另外，讀者可以自行模擬股價、執行價、及無風險利率等變數的改變，對買權價格的影響。

　　在上述買權訂價公式中，$N(d_1)$ 名之爲對沖比率（Hedge Ratio）；選擇權的對沖比率衡量當標的股票價格變動 1 個單位時的選擇權價格的相對變動單位，在例二中，我們求得 $N(d_1)$ 值爲 0.6103，意味著股價變動 1 元時，買權的價格將變動 0.6103 元。而對沖比率，就是圖 11－12 的買權價格曲線上的切線斜率；當股價變動時，選擇權價格也隨之改變，切線斜率也同時改變，因此，對沖比率也跟著調整。由於買權價格與股價的變動方向是一致的，投資者可以買進股票（買權）以對沖賣出買權（股票），創造無風險投資組合。在例二中，假設投資者賣出 100 股的買權，投資者必須買入 61.03 股的股票，以對沖買權部位的風險。當買權價格上漲 0.6103 元，投資者在選擇權部位損失 61.03 元（0.6103 ×100 股）；但股價上漲了 1 元，投資者在股票部位獲利 61.03 元；兩個部位損益互抵後，投資者無任何損益。

　　有了歐式買權訂價公式後，我們可以利用買權與賣權的平價關係，求出歐式賣權訂價公式：

$$P_0 = X \times e^{-rt} N(d_2) - S_0(1 - N(d_1)) \qquad (11-9)$$

$P_0$ 爲賣權的價格，而其對沖比率爲 $(1 - N(d_1))$。

**例三：** 假設賣權的標的股票價格爲 50 美元，其執行價爲 50 美元，股價的標準差爲 20%，無風險報酬率爲 6%，而選擇權到期日爲半年，估計歐式賣權的價格如下：

　　由例二得知 $N(d_1) = 0.6103$ 與 $N(d_2) = 0.5557$。

$$P_0 = 50 \times e^{-0.06 \times \frac{1}{4}} \times 0.5557 - 50 \times (1 - 0.6103)$$

$$= 26.96 - 19.49 = \$7.47$$

### 3.二項式選擇權評價模式

前面介紹了 Black 與 Scholes 的選擇權評價模式, 由於這個模式的推導使用了較艱深的數學, 一般人不易了解其模式的內涵。下面介紹較易了解的二項式選擇權評價模式, 這個模式也使用套利觀念, 求取選擇權應有的價格。二項式選擇權評價模式作了下述假設:

(1)在每一個交易時段內, 股價不是往上漲 $u$%, 就是往下跌 $d$%, 即股價一定會有變化。

(2)投資者可以無限制賣空證券。

(3)無任何交易成本。

(4)無風險利率爲一常數, $r$。

(5)在每一時段內, 股價上漲的機率爲 $\pi$, 而股價下跌的機率則爲 $1 - \pi$。

假設今日股價爲 $S$, 則下一期的股價可能如下所示:

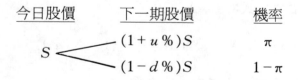

| 今日股價 | 下一期股價 | 機率 |
|---|---|---|
| | $(1 + u\%)S$ | $\pi$ |
| $S$ | | |
| | $(1 - d\%)S$ | $1 - \pi$ |

假若有一買權一期後到期, 其執行價爲 $X$。假使下一期股價爲$(1 + u\%)S$ 時, 買權的價值將爲 $MAX(0, (1 + u\%)S - X)$; 同理, 下一期股價爲$(1 - d\%)S$ 時, 買權的到期日價值將爲 $MAX(0, (1 - d\%)S - X)$。

今日買權價值 　　　　　　　　下一期選擇權價值

$$C$$

$$MAX(0, (1+u\%)S - X) = C_u$$

$$MAX(0, (1-d\%)S - X) = C_d$$

另外，投資者可以無風險利率 $r$ 借貸款項 $B$；同時，投資者也購入 $n$ 股股票，其股價爲 $S$；這個投資組合今日與下一期的價值如下所示：

今日價值 　　　　　下一期價值

$$nS + B$$

$$n(1+u\%)S + (1+r)B$$

$$n(1-d\%)S + (1+r)B$$

上式中的 $n$ 與 $B$ 爲未知，假如投資者挑選一組 $(n，B)$，使 $n(1+u\%)S + (1+r)B = C_u$ 及 $n(1-d\%)S + (1+r)B = C_d$，而市場上不存在著無風險套利機會，則 $nS + B$ 應相等於選擇權今日價值 $(C)$。因此，求出 $n$ 與 $B$ 後，我們就可以求出買權今日的價格。

$$n(1+u\%)S + (1+r)B = C_u \text{ 及}$$
$$n(1-d\%)S + (1+r)B = C_d$$

求解上面二個式子：

$$n = \frac{C_u - C_d}{S(1+u\% - 1 + d\%)} \text{ 及}$$

$$B = \frac{(1+u\%)C_d - (1-d\%)C_u}{(1+r)(1+u\% - 1 + d\%)}$$

因此，買權今日價格：

$$C = \frac{C_u - C_d}{S(u\% + d\%)} S + \frac{(1+u\%)C_d - (1-d\%)C_u}{(1+r)(u\% + d\%)}$$

$$= \frac{C_u - C_d}{(u\% + d\%)} + \frac{(1+u\%)C_d - (1-d\%)C_u}{(1+r)(u\% + d\%)}$$

$$= \frac{C_u - C_d + (1 + u\%)C_d/(1 + r) - (1 - d\%)C_u/(1 + r)}{u\% + d\%}$$

$$= \left( C_u \left[ \frac{r + d\%}{1 + r} \right] - C_d \left[ \frac{r - u\%}{1 + r} \right] \right) \Big/ (u\% + d\%) \qquad (11-10)$$

**例四:** 假設今日股價爲 100 元, 下一期股價不是上漲 10%, 就是下跌 10%, 而買權的執行價爲 100 元, 而一期的無風險利率爲 1%, 今日買權的價格應爲多少?

首先, 計算出 $C_u$ 與 $C_d$:

$$C_u = MAX(0, 110 - 100) = 10 \text{ 及}$$

$$C_d = MAX(0, 90 - 100) = 0$$

利用式子 (11-10) 計算出買權今日的價格。

$$C = \left( 10(\frac{0.11}{1.01}) - 0(\frac{0.09}{1.01}) \right)/(0.1 + 0.1)$$

$$= 5.45$$

假使買權的價格不爲 5.45 元, 則有套利機會存在於市場上。

上述一期的二項式選擇權評價模式可以延伸至多期的評價模式; 當期數增加至無限多期時, 二項式選擇權評價模式會趨近於 Black 與 Scholes的連續時間選擇權評價模式。

本節介紹的選擇權評價模式, 未考慮股利發放因素及美式選擇權的特性, 有關這方面的課題, 請參考選擇權方面的教科書。

# 第九節　股票指數選擇權

大部份機構投資者均持有一個近似於市場組合的投資組合, 股票指數選擇權可供機構投資者規避市場變動的風險。由於股票指數所含的股票種類衆多, 股票指數選擇權完全使用現金交割。在美國, 流通量較大的股票指數選擇權，包括 S&P100 指數、S&P500 指數、NYSE 綜合指數、價值線指數等。這些股票指數選擇權一口合約的乘數值均設定為 500。即一口合約的價值為 500 乘上指數值。

**例五：**假設投資者預期 S&P500 指數於未來二個月內將往上大漲，S&P500 指數今日收盤價格為 280.50，投資者以 3.00 買進二個月後到期、執行價為 280 的 S&P500 指數買權；假使 S&P500 指數兩個月後上漲為 310，投資者將執行選擇權，其損益計算如下：

$$(310 - 280) \times 500 = \$15,000(現金收入)$$

$$\$15,000 - 3.00 \times 500 = \$13,500(淨利潤)$$

$$\$13,500 \div 1,500 = 9.00(報酬率)$$

在例五中，S&P500 指數在二個月期間上漲了 10.52%；然而，S&P500 指數選擇權投資策略的報酬率則高達 900%，說明了選擇權具有以小博大的特性。

前面提及股票指數選擇權可用來規避市場風險；若投資者握有與選擇權標的股票指數相同的投資組合時，可以利用買入股票指數賣權方式，確保手上投資組合的價值不低於賣權的執行價，此種避險策略就是第五節的保護性賣權策略。由於標的物是個投資組合，而非個別股票，此策略又稱為投資組合保險策略 (Portfolio Insurance)。

**例六：**假設某機構投資者持有 1 百萬美元的市場投資組合（譬如：S&P100 指數），為了確保投資組合的報酬率不低於 5%，機構投資者從市場上買入 S&P100 指數賣權，其執行價為 105 萬美元。當選擇權到期時，不管 S&P100 指數的價格多少，機構投資者可以確保其投資組合的價值不低於 105 萬美元。當然，機構投資者於期初必須花費一筆資金買入指數賣權，此筆資金就是投資組合保險的成本。

除了上述保護性賣權策略外，投資組合保險也可利用其他策略來達成，例如：使用股價指數期貨或複製性賣權策略（Synthetic Put Strategies）；有關這方面的課題，請參閱選擇權方面的參考書。

## 第十節　結　語

本章介紹選擇權的基本概念。選擇權可供投資者規避手上現貨價格下跌的風險，同時保有價格上漲的利益。另外，選擇權提供了投機者以小博大的機會，投機者可以利用財務槓桿作用，獲取數十倍於現貨交易的報酬率。

本章也介紹了數種選擇權投資策略，投資者可以利用基本的買權與賣權，創造出各式各樣的選擇權投資策略。Black 與 Scholes 的選擇權評價模式是財務理論的重大突破，此評價模式說明歐式買權的價格，受到無風險利率、標的股票價格、標的股票變異數、選擇權執行價、與選擇權到期日長短等五個因素的影響。

股票指數選擇權不同於個別股票選擇權，股票指數選擇權可用來規避市場風險。因此，機構投資者可以利用股票指數選擇權以規避手上投資組合的市場風險。

## 關鍵詞彙

**買權**　　Call Options
**賣權**　　Put Options
**執行價**　　Striking Price
**選擇權的價格**　　Premium

歐式選擇權　　　European Options

美式選擇權　　　American Options

保護性賣權策略　　The Protective Put

遮蓋性的買權策略　　Covered Calls

無遮蓋性買權部位　　Naked Calls

選擇權價差投資部位　　Option Spreads

執行價價差部位　　Money Spreads

垂直價差部位　　Vertical Spreads

水平價差部位　　Horizontal Spreads

到期日價差部位　　Time Spreads

跨式部位　　Straddle

勒式部位　　Strangle

買權與賣權之平價關係　　Put-Call Parity

選擇權評價模式　　Option Valuation Model

二項式選擇權評價模式　　Binomial Models

投資組合保險策略　　Portfolio Insurance

複製性賣權策略　　Synthetic Put Strategies

## 習 題

1.請說明 Out-of-the-money 買權的意義？

2.何謂保護性賣權？何謂遮蓋性買權？

3.請畫出買入跨式部位策略的到期日損益圖形。

4.請畫出空頭買權垂直價差部位策略的到期日損益圖形。

5.請詳細說明買權與賣權平價關係式子。

6.Black 與 Scholes 選擇權評價模式的假設為何？

7.假設 IBM 的股價為 $50，其報酬率變異數為 16%；市場無風險利率為 10%；現有三個月後到期的 IBM 股票買權，其執行價為 $45；請利用 Black 與 Scholes 選擇權模式估計 IBM 股票買權的價值？

8.利用第 7 題的資料及買權賣權平價關係式子，估計 IBM 股票賣權的價值？

# 第十二章　可轉換證券與認股權證

## 第一節　前　　言

　　本章介紹與選擇權相關的兩種衍生性證券：可轉換證券（Convertible Securities）與認股權證（Warrants）。這兩種證券均內含選擇權，即持有者可以選擇將這兩種證券轉換成股票。因此，這兩種證券的價值受到其所轉換股票價值的影響。持有這兩種證券也等於持有股票的買權。然而，不同於市場上交易的買權，這兩種證券均由公司發行，當持有者執行轉換權利後，公司發行在外的股票將增多。

## 第二節　可轉換證券特性介紹

　　可轉換證券包括可轉換公司債與可轉換優先股兩大類。自從遠東紡織公司於民國 79 年 4 月 13 日發行可轉換公司債後，其他上市公司也陸陸續續地使用可轉換公司債籌措公司所需的資金，自民國 87 年 1 月截至民國 87 年 8 月底，共有十六種可轉換公司債在臺灣證券交易所上市買賣，表 12–1 列出這些可轉換公司債的特性，其發行年限大多介於五年至十年間；發行金額從新臺幣 4.5 億元至 60 億元不等；發行面額均設定為新臺幣 10 萬元。當國外市場利率低時，國內公司發行海外可轉換公司債，可以廉價的成本取得所需的資金。

　　在這段期間，十多家上市公司則以發行可轉換優先股，籌措公司所需資金。表 12–2 列出民國 87 年內臺灣證券交易所可買賣的轉換優先股的特性。其發行年限類似於可轉換公司債，介於五年至七年間；發行金額則小於可轉換公司債的金額，介於新臺幣 3 億至 10 億元之間。

可轉換公司債持有者享有將債券轉換成普通股股票的權利；大部份可轉換公司債均附有贖回條款，允許債券發行公司贖回流通在外的可轉換公司債。因此，可轉換公司債是具有相對選擇權（Dual Options）的證券。

一般而言，轉換條款載明債券持有者行使轉換權利時，所應支付所轉入股票的價格，稱為轉換價格；轉換價格於公司債發行時即已設定。假若可轉換公司債可轉換成普通股股票，則公司債持有者可以以公司債的面值 (Face Value)，於轉換有效期間內，請求依所約定的轉換價格，將公司債轉換成普通股股票。以表 12–1 的聯電三公司債為例，其轉換價格設定為新臺幣 39.9 元，因此，一張面額 10 萬元的可轉換公司債可轉換成 2,545 股普通股股票 ($100,000 ÷ $39.9 = 2,545)。而光磊一公司債的轉換價格設定為新臺幣 62.30 元，一張公司債可以轉換成約 1,605 股普通股。當非整數股出現於轉換過程時，一般作法是將非整數股部份折合現金給予債券持有者。另外，可轉換公司債持有者選擇將公司債轉換成普通股，根據轉換條款的規定，投資者必須放棄可轉換公司債已累計的應計利息所得。例如：表 12–1 中大裕一公司債其付息日為每年 12 月 31 日，若投資者於 10 月 31 日請求將公司債轉換成普通股，則投資者將無法收取前十個月的應計利息。

可轉換公司債的轉換條款均列有反稀釋 (Anti-dilution) 的規定，以保護債券持有者的權益。當公司進行普通股股票分割 (Stock Split) 或發放股票股利 (Stock Dividends) 之時，普通股的每股市價於除權日作比例調整；若無反稀釋條款的約定，則公司債持有者的權益可能遭受損害。以所羅門一公司債為例，若所羅門一普通股股價為新臺幣 31.7 元，則可轉換公

表 12-1　臺灣證券交易所上市買賣可轉換公司債特性

| 公司債名稱 | 發行金額(億)／發行日期 | 發行年限 | 發行價格／到期日 | 票面利率／每期股息(元) | 付息方式 一年或半年 | 轉換日期 | 轉換價格／轉換股數 | 收盤價格(87年8月26日)／公司債 | 普通股 | 轉換價值／溢折價幅度 |
|---|---|---|---|---|---|---|---|---|---|---|
| 所羅門一 | 15.0 / 87/1/13 | 7 | 10萬 / 94/1/13 | 0 / 0 | — | 87/2/13-94/1/2 | 35.48 / 2,818 | 98.65 | 31.7 | 89,331 / -9.44 |
| 名佳一 | 12.0 / 87/1/15 | 7 | 10萬 / 94/1/15 | 0 / 0 | — | 87/2/15-94/1/4 | 41.82 / 2,391 | 100 | 37.7 | 90,140 / 9.86 |
| 尖美一 | 10.0 / 87/1/15 | 5 | 10萬 / 92/1/15 | 0 / 0 | — | 87/2/15-92/1/4 | 31.60 / 3,165 | 122.2 | 39.6 | 125,334 / -2.56 |
| 聯電三 | 150.0 / 87/1/20 | 10 | 10萬 / 97/1/20 | 0 / 0 | — | 87/2/20-97/1/9 | 39.9 / 2,545 | 97.7 | 33 | 83,985 / 14.04 |
| 達工一 | 9.0 / 87/2/19 | 7 | 10萬 / 94/2/19 | 0 / 0 | — | 87/3/19-94/2/8 | 28.02 / 3,569 | 99.0 | 19.6 | 69,952 / 29.34 |
| 光磊一 | 8.5 / 87/2/20 | 10 | 10萬 / 97/2/20 | 0 / 0 | — | 87/3/20-97/2/8 | 62.30 / 1,605 | 140.0 | 70 | 112,350 / 19.75 |
| 基泰一 | 10.0 / 87/2/23 | 7 | 10萬 / 94/2/23 | 0 / 0 | — | 87/3/10-94/2/11 | 37.20 / 2,688 | 103.0 | 32.5 | 87,360 / 15.18 |
| 華邦二 | 60.0 / 87/4/15 | 10 | 10萬 / 97/4/15 | 0 / 0 | — | 87/5/15-97/4/4 | 40.4 / 2,475 | 91.3 | 27.1 | 67,073 / 26.54 |
| 福興一 | 4.5 / 87/4/29 | 5 | 10萬 / 92/4/29 | 0 / 0 | — | 87/7/29-92/4/18 | 22.66 / 4,413 | 178.0 | 44.2 | 195,054 / -9.58 |
| 中華二 | 33.0 / 87/4/29 | 7 | 10萬 / 94/4/29 | 0 / 0 | — | 87/5/14-94/4/18 | 59.97 / 1,668 | 111.40 | 66.5 | 110,922 / -0.43 |
| 華建二 | 10.0 / 87/5/11 | 7 | 10萬 / 94/5/11 | 0 / 0 | — | 87/8/11-94/4/30 | 46.20 / 2,165 | 100.0 | 37.0 | 80,105 / 19.90 |
| 神達二 | 20.0 / 87/5/13 | 7 | 10萬 / 94/5/13 | 0 / 0 | — | 87/6/13-94/5/1 | 58.79 / 1,701 | 105.8 | 62.5 | 106,313 / -0.48 |
| 震旦一 | 20.0 / 87/5/15 | 7 | 10萬 / 94/5/15 | 0 / 0 | — | 87/8/15-94/5/4 | 58.7 / 1,704 | 99.3 | 38.6 | 65,774 / 33.76 |
| 大裕一 | 20.0 / 87/5/16 | 5 | 10萬 / 92/5/16 | 1.20 / 1,200 | 一年 | 87/8/16-92/8/5 | 64.10 / 1,560 | 97.8 | 63.5 | 99,060 / -1.28 |
| 茂矽二 | 50.0 / 87/5/21 | 10 | 10萬 / 97/5/21 | 0 / 0 | — | 87/8/21-97/5/9 | 37.20 / 2,688 | 91.0 | 23.5 | 63,168 / 30.58 |
| 華新一 | 32.0 / 87/7/27 | 7 | 10萬 / 94/7/27 | 0 / 0 | — | 87/10/27-94/7/16 | 19.21 / 5,206 | 98 | 16 | 83,296 / 15.00 |

資料來源：證券專業資料庫　http://sfi.anjes.com.tw/sfi/select DB.cfm.

表 12-2　臺灣證券交易所上市買賣可轉換特別股特性

| 特別股名稱 | 發行金額(億) | 發行日期 | 年限 | 發行價格 | 到期日 | 票面利率 | 每期股息(元) | 付息方式(一年或半年) | 轉換日期 | 轉換比率 | 收盤價(87年8月26日) 特別股 | 普通股 | 轉換價值 | 溢折價幅度 |
|---|---|---|---|---|---|---|---|---|---|---|---|---|---|---|
| 泰山特 | 3.0 | 81/6/30 | 6 | 20 | 87/12/29 | 4.0 | 800 | 一年 | 85/12/29 | 1:1 | 16.4 | 17 | 17 | -3.66 |
| 煒隆特 | 10.0 | 81/5/14 | 7 | 18 | 88/12/29 | 3.0 | 540 | 一年 | 88/12/29 | 1:1 | 8.0 | 9.25 | 9.25 | -15.63 |
| 高林特 | 5.0 | 81/10/20 | 7 | 15 | 88/12/29 | 3.5 | 525 | 一年 | 88/12/29 | 1:1 | 17.4 | 22.3 | 22.3 | -28.16 |
| 統寶特 | 5.0 | 81/11 | 6 | 24 | 87/12/29 | 4.0 | 960 | 一年 | 87/12/29 | 1:1 | 19.8 | 16.8 | 16.8 | 15.15 |
| 賣祥特 | 3.0 | 82/5/11 | 5 | 20 | 87/12/29 | 4.0 | 900 | 一年 | 87/12/29 | 1:1 | 33 | 10.7 | 10.7 | 67.58 |
| 環甲特 | 3.0 | 81/10/26 | 6 | 25 | 87/12/29 | 4.0 | 1000 | 一年 | 87/12/29 | 1:1 |  |  |  |  |
| 寶建特 | 5.0 | 81/5/25 | 7 | 20 | 87/12/29 | 4.25 | 850 | 一年 | 87/12/29 | 1:1 | 11.4 | 14.0 | 14.0 | -22.81 |
| 亞甲特 | 3.0 | 82/8/9 | 6 | 20 | 88/12/29 | 3.75 | 750 | 一年 | 88/12/29 | 1:1 |  |  |  |  |
| 信甲特 | 3.6 | 82/4/15 | 7 | 20 | 89/12/29 | 4.5 | 900 | 一年 | 89/12/29 | 1:1 | 16.8 | 29 | 29 | -72.62 |
| 力麗特 | 3.0 | 82/6/9 | 5 | 20 | 87/12/29 | 4.0 | 800 | 一年 | 87/12/29 | 1:1 | 17.2 | 17.3 | 17.3 | -0.58 |
| 佳和特 | 3.0 | 82/6/2 | 5 | 18 | 87/12/29 | 3.75 | 675 | 一年 | 87/12/29 | 1:1 | 25.0 | 25.5 | 25.5 | -2.0 |
| 中棋特 | 4.0 | 82/5/20 | 7 | 25 | 89/12/29 | 4.0 | 1000 | 一年 | 89/12/29 | 1:1 | 24.7 | 60.5 | 60.5 | -144.94 |

資料來源：證券專業資料庫　http://sfi.anjes.com.tw/sfi/select DB.cfm.

司債的轉換價值 (Conversion Value) 為 89,346 元($100,000/$35.48 × $31.7)。所羅門一宣佈無償配股，每 10 股配發新的普通股 1 股；所羅門一的股價於除權日由每股 31.7 元降為每股 28.8 元。而可轉換公司債的轉換價值也降為 81,172 元。因此，在缺乏反稀釋條款的保障下，債券持有者將因而遭受損失。

一般而言，可轉換公司債以轉換成發行公司的普通股股票為慣例；目前，國內上市之可轉換公司債也以轉換成發行公司的普通股為準。在美國，少數可交換公司債（Exchangeable Bonds）則約定以轉換成另一家公司普通股股票。例如：在 1985 年，美國 Comcast International Credit Company 所發行的可交換公司債，即載明債券持有者可以將公司債轉換成其母公司（Comcast Computer Company）的普通股股票。因為 Comcast Computer Company 的普通股流通性較佳，所以約定轉換成流通性高的股票，較易吸引投資者購買可交換公司債。國內公司也可以考慮發行此種轉換型態的可交換公司債，以克服其普通股流通性不佳所造成的發行障礙。

前面提及，可轉換公司債均有贖回條款的設定。一般而言，贖回條款允許債券發行公司於公司債存續期間，行使債券贖回的權利。當發行公司決定贖回公司債後，通常會以書面告知債券持有者贖回日期、贖回價格、及最後轉換日期。一般而言，債券持有者有一個月的時間考慮是否將公司債轉換成普通股。債券的贖回價格，每年均有變動，隨著債券到期日的縮短，而逐年降低。當公司債的轉換價值高出贖回價格時，債券持有者被迫轉換成普通股，以爭取較高的報酬，此種狀況稱之為強迫性的轉換贖回（Forced Conversion Calls）。

除了轉換與贖回條款外，部份可轉換公司債附有可賣回條款（Put Feature）；債券持有者於可轉換公司債發行一般期間後，譬如三年，可以將可轉換公司債，以事先約定的價格，賣回給發行公司。因此，可

表 12-3　海外可轉換公司債

| 項目 | 致伸 | 德鍅 | 台積電 | 致福 | 紐新 | 國巨 |
|---|---|---|---|---|---|---|
| 發行日期 | 86年9月30日 | 87年3月27日 | 86年7月3日 | 86年5月21日 | 87年5月6日 | 85年7月24日 |
| 面額 | 美金1,000元 | 美金1,000元 | 美金1,000元 | 美金1,000元 | 美金1,000元 | 美金1,000元 |
| 發行價格 | 依面額十足發行 | 依面額十足發行 | 依面額十足發行 | 依面額十足發行 | 依面額十足發行 | 依面額十足發行 |
| 總額 | 美金5,000萬元 | 美金9,000萬元 | 美金3億5仟萬元 | 美金1億5仟萬元 | 美金4000萬元 | 美金1億元 |
| 利率 | 稅後0.5% | 稅後0.25% | 0% | 0% | 稅後1% | 稅後1.25% |
| 每年付息日期 | | 3/26 | - | - | 2/16,5/6 | |
| 期限 | 7年 | 7年 | 5年 | 5年 | 5年 | 7年 |
| 到期日 | 93年9月29日 | 94年3月27日 | 91年7月3日 | 91年5月21日 | 92年5月6日 | 92年7月24日 |
| 發行期間 | 86/11/10-93/9/15 | 87/5/6-94/3/13 | 86/8/3-91/6/3 | 86/6/21-91/4/21 | 87/6/6-92/4/6 | 85/8/24-92/6/24 |
| 發行時轉換價格換匯率 | 新臺幣123.5元轉換匯率28.607:1 | 新臺幣203.85元 | 新臺幣144元 | | 新臺幣24.89元 | 新臺幣49.078元 |
| 贖回價格 | | 面額138.07% | | | 面額124.1475% | |
| 償還方式 | 到期依面額100%一次償還 | 到期憑券一次以現金償還 | 到期一次還本 | 到期憑券一次以現金償還 | 到期憑券一次以現金償還 | 到期依面額100%一次償還 |

表 12–3　海外可轉換公司債（續）

| | 誠　洲　二 | 仁　寶 | 台　達　電 | 大　眾 | 旺　宏 | 華　泰　二 |
|---|---|---|---|---|---|---|
| 發行日期 | 87 年 3 月 9 日 | 85 年 1 月 21 日 | 86 年 3 月 6 日 | 86 年 10 月 16 日 | 86 年 2 月 4 日 | 87 年 2 月 26 日 |
| 面　額 | 美金 818.18 元 | | | 美金 5,000 元 | 美金 1,000 元 | 美金 10,000 元 |
| 發行價格 | 依面額十足發行 | 依面額十足發行 | 依面額十足發行 | 依面額十足發行 | 依面額十足發行 | 依面額十足發行 |
| 總　額 | 美金 4,500 萬元 | 美金 9,500 萬元 | 美金 1 億 1 仟萬元 | 美金 2 億 2 仟萬元 | 美金 2 億 1 仟萬元 | 美金 9,775 萬元 |
| 利　率 | 0% | 稅後 1.25% | 稅後 0.5% | 0% | 稅後 1.25% | 稅後 1.5% |
| 每年付息日期 | - | 6/30 | 12/28 | - | 2/4,8/4 | |
| 期　限 | 3 年 | 7 年 | 7 年 | 5 年 | 10 年 | 5 年 |
| 到期日 | 90 年 3 月 9 日 | 92 年 1 月 21 日 | 93 年 3 月 6 日 | 91 年 10 月 16 日 | 96 年 2 月 4 日 | 92 年 2 月 26 日 |
| 轉換期間 | 87/4/8-90/3/1 | 86/1/20-92/11/6 | 86/4/6-93/2/6 | 86/11/16-91/9/16 | 86/3/4-96/1/4 | 87/3/24-92/1/26 |
| 發行時轉換價格 | | 新臺幣 32.33 元 轉換匯率 27.5:1 | 新臺幣 110 元 | 新臺幣 70 元轉換 匯率 28.485:1 | | |
| 贖回價格 | 面額 111.0% | 面額 135.36% | 面額 137.39% | | | 新臺幣 96.58 元 |
| 償還方式 | 到期未轉換以面額 122.22% 贖回 | 到期未轉換券一次以現金償還 | 到期憑券一次以現金償還 | 到期未轉換以面額 127.86% 贖回 | 到期憑券一次以現金償還 | 到期憑券一次以現金償還 |

資料來源：證券專業資料庫　http://sfi.anjes.com.tw/

轉換公司債的價格有一下限，不會低於賣回價格。

目前國內也有許多公司發行海外可轉換公司債 ECB (Euro-Convertible Bond)。它是企業至海外發行，一種結合債券與股票的金融商品，發行公司賦予投資者將該債券轉換為股票的權利。當國外利率看跌，或國內股票行情不佳，企業辦理現金增資較困難時，海外可轉換公司債提供企業海外籌資工具。表 12–3 為民國 85 年到民國 87 年 8 月底間，國內企業發行海外可轉換公司債概況。

## 第三節　可轉換公司債價值分析

前節提及可轉換公司債是具有相對選擇權的證券；即持有者擁有轉換權利，而發行公司擁有贖回權利。因此，可轉換公司債的評價必須利用到選擇權評價概念。可轉換公司債由公司發行，債券轉換成普通股後，可能增加公司流通在外的普通股股數；而市場上的選擇權是由投資者互相買賣，投資者執行選擇權後，不會影響到公司的普通股股數。因此，使用 Black & Scholes 的選擇權公式來評價可轉換公司債的轉換權利價值，必須先調整股權稀釋對 Black & Scholes 選擇權評價模式的影響。美國學者 Ingersoll（1977a）在一些假設基礎上（例如：可轉換公司債為零債息債券、債券持有者的轉換行動一致、與公司債務僅限於此項可轉換公司債等等），推導出可轉換公司債的評價式子；由於此項推導涉及高深數學，本書不予介紹，有興趣的讀者，請參閱該文。基本上，可轉換公司債的價值是由三種證券的價值所構成：

可轉換公司債價值＝一般公司債價值＋轉換選擇權價值－贖回選擇權價值　　　　　　　　　　　　　　　　　　　　　　　　　(12－1)

　　由於精確的可轉換公司債評價模式較複雜，下面僅粗略地探討可轉換公司債的價值範圍（Boundary Conditions）；當可轉換公司債的價格超越這些範圍時，則可能有套利機會存在。

　　首先，我們建立下列假設：

(1)可轉換公司債為零債息債券。

(2)公司債務僅限於此項可轉換公司債。

(3)當債券價格低於轉換價值時，債券持有者採取轉換決策。

(4)當債券價格等於贖回價格時，公司採取贖回行動。

　　圖 12－1 列出可轉換公司債價值的可能範圍區間。橫座標代表發行公司的價值，而縱座標則代表所有可轉換公司債的價值；首先，可轉換公司債的價值不會低於轉換價值，因為債券持有者可以請求轉換，以維持債券價值在轉換價值上；其次，可轉換公司債的價值不會高於公司的

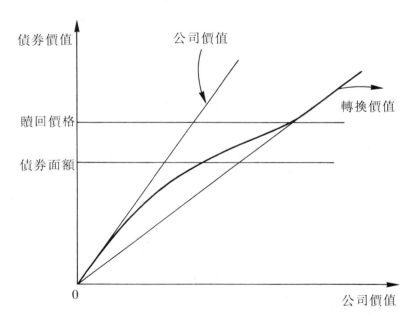

圖 12－1　**可轉換公司債的價值範圍**

價值，當公司的價值低於可轉換公司債的價值時，可轉換公司債持有者所能要求公司償還的數額，僅限於公司現有的價值而已。因此，可轉換公司債的價值應在公司價值與轉換價值間，如圖 12－1 中的曲線所示。而圖 12－1 中曲線的位置，則會受到市場利率水準、利率波動性程度、債券到期日長短、與債券贖回價格變化等因素的影響。

當市場利率水準較低時，可轉換公司債的價值會上揚，這個特性與一般公司債的特性類似；因此，利率水準變低時，圖 12－1 中的可轉換公司債的價值曲線會往上移。若公司可以贖回可轉換公司債，當市場利率波動性較大時，公司的贖回選擇權價值將較大；相對地，可轉換公司債的價值將變小，我們可經由（12－1）式子洞悉這種變化。因此，若市場利率波動性變大時，圖 12－1 的可轉換公司債價值曲線會往下移。其次，當轉換期間縮短後，轉換權利的價值將變小，圖 12－1 的可轉換公司債價值曲線會往轉換價值線趨近。最後，債券的贖回價格逐年降低，將迫使可轉換公司債的價值曲線往下移。

# 第四節　可轉換公司債的發行與贖回

公司為何要發行可轉換公司債？美國學者 Brigham（1966）曾對發行公司作問券調查，大多數的公司以發行可轉換公司債的方式，作為遞延普通股的發行；另外，部份公司則是為了取得較低廉的資金，而發行可轉換公司債。

公司發行可轉換公司債，對其普通股股價有何影響呢？美國市場上的實證研究顯示，公司宣佈發行可轉換公司債的消息後，該公司普通股股價有下挫的現象。這些研究推論，公司發行可轉換公司債，透露出公司經營不善的訊息。因此，投資者在利空的預期心理下，對公司的普通股重新評價，而導致股價的下跌。

　　可轉換公司債贖回的研究，分為兩個層面：一為探討可轉換公司債的贖回時機，另一為研究可轉換公司債的贖回效果，亦即贖回動作對普通股股價的影響。

　　當公司經理人與投資者間不存在著訊息不對等的現象時，Ingersoll（1977b）認為當公司債的轉換價值與贖回價格相等之時，公司經理人應立刻贖回可轉換公司債。若公司提前贖回（即轉換價值小於贖回價格時），投資人將平白地獲取贖回價格與轉換價值間的價差利益。反之，若公司遞延贖回（即轉換價值高於贖回價格時），投資人可經由轉換成普通股，而分享公司的營運成果。然而，實證研究顯示，大部份公司均遞延贖回時機；即轉換價值高出贖回價格時，公司才採取贖回行動。針對這種現象，學者提出各種解釋：Harris 與 Raviv（1985）以訊息不對等的假說，解釋公司為何會延遲宣告贖回可轉換公司債。他們認為公司經理人比外部投資人更了解公司營運狀況，當公司有利多消息時，公司未來盈餘必然提高；在這種情況下，經理人為了維護現有股東的利益，不會貿然強迫債券持有者採取轉換動作，以免他們分享公司的盈餘；所以，公司會延遲贖回時機。另外，Jaffee 與 Shleifer（1990）則以財務危機（Financial Distress）說明為何公司會延遲贖回可轉換公司債。當公司宣佈贖回消息後，假使公司的普通股股價下跌幅度很大，而導致可轉換公司債的轉換價值低於贖回價格，債券投資人將請求兌現其可轉換公司債。若公司現金存量不足，則勢必於短期內向外籌措資金，此種急迫性的融資，必定造成公司很大的成本負擔。因此，為了避免此項財務危機，公司只好俟至轉換價值高出贖回價格甚高時，才會贖回可轉換公司債。

　　公司贖回可轉換公司債，對其普通股股價有何影響呢？實證研究顯示，公司宣佈贖回消息後，其普通股股價有下挫的現象。這種現象被解釋為：公司宣佈贖回消息，傳遞了公司經營不佳的訊息。Harris 與 Raviv（1985）認爲經理人收到利空消息後，會採取贖回可轉換公司債的動作，迫使債券持有人轉換爲普通股，以分攤公司未來營運的損失。

## 第五節　認股權證 (Warrants) 與備兌認購（售）權證 (Covered Warrants) 的特性

　　認股權證類似於股票買權，權證持有人可於權證到期日之前，以約定的價格，認購一定數量的普通股股票。不同於買權之處，認股權證是由公司搭配其他證券，例如：債券與股票，一起出售給投資者，以利債券或股票的銷售。

　　認股權證雖然類似於買權，但認股權證的執行條款卻五花八門；部份認股權證可以提前贖回，強迫投資者執行認股權證；部份認股權證可以直接兌換股票，例如 5 個單位認股權證可以轉換成一股普通股；部份認股權證的執行價則隨著時間的經過而往上調整。這些怪異的執行條款造成認股權證不易以買權的式子來評價。除了上述各式各樣的執行條款外，認股權證的到期日通常比買權的到期日多出好幾年；而投資者執行認股權證後，公司流通在外的股權將增加，造成公司股權的稀釋；另外，買權有一確定到期日，而認股權證到期之前，公司常爲了計稅利益（因爲認股權證可以或有負債列帳，降低公司應繳稅額），經常延長認股權證的到期日。

　　至於國內目前開放交易的認購（售）權證則是由股票發行公司以外的第三者（銀行或綜合券商）所發行。其種類可分爲認購（即買權， Call Warrants）及認售（即賣權， Put Warrants）兩類，亦可依照執行日期分爲美式及歐式。美式 (American Style) 只要在認購（售）權證期滿之前皆有權力執行其轉換權，歐式認購（售）權證只能在到期日執行。性質與選擇權的性質相近。表 12-4 列出臺灣地區的認購權證發行狀況。

表 12-4　認購權證

| 權證名稱 | 發行單位總數（千單位） | 權證種類 | 標的證券 | 存續期間 | 行使比例 | 履約價格 | 履約期間 | 履約給付方式 |
|---|---|---|---|---|---|---|---|---|
| 大華 01 | 22,000 | 美式 | 國巨 | 86/9/4-87/9/3 | 1:1.507 | 92.75 | 86/9/4-87/9/3 | 證券給付但發行人得選擇以現金結算 |
| 大華 02 | 22,000 | 美式 | 太平洋電纜 | 86/9/4-87/9/3 | 1:1.259 | 37.23 | 86/9/4-87/9/3 | 同上 |
| 大華 03 | 20,000 | 美式 | 中環 | 86/10/22-87/10/21 | 1:1.581 | 67.58 | 86/10/22-87/10/21 | 同上 |
| 寶來 03 | 20,000 | 美式 | 富邦保 | 86/12/19-87/12/18 | 1:1.398 | 49.36 | 86/12/19-87/12/18 | 同上 |
| 京華 01 | 20,000 | 美式 | 國巨 | 87/1/5-88/1/4 | 1:1.40 | 55.18 | 87/1/5-88/1/4 | 同上 |
| 金鼎 01 | 20,000 | 美式 | 中環 | 87/1/8-88/1/7 | 1:1.43 | 55.05 | 87/1/8-88/1/7 | 同上 |
| 群益 01 | 20,000 | 美式 | 臺塑 | 87/2/7-88/2/6 | 1:1 | 68.50 | 87/2/7-88/2/6 | 同上 |
| 台證 01 | 20,000 | 美式 | 南亞 | 87/2/12-88/2/11 | 1:1.17 | 50.94 | 87/2/12-88/2/11 | 同上 |
| 寶來 04 | 20,000 | 美式 | 中環 | 87/2/21-88/2/20 | 1:1.427 | 64.48 | 87/2/21-88/2/20 | 同上 |
| 大信 01 | 20,000 | 美式 | 仁寶 | 87/2/6-88/2/25 | 1:1.39 | 96.10 | 87/2/6-88/2/25 | 同上 |
| 元大 01 | 20,000 | 美式 | 中華開發 | 87/3/5-88/3/4 | 1:1 | 109.00 | 87/3/5-88/3/4 | 同上 |
| 寶來 05 | 20,000 | 美式 | 東元 | 87/3/16-88/3/15 | 1:1.236 | 36.48 | 87/3/16-88/3/15 | 同上 |
| 元富 01 | 20,000 | 美式 | 聯電 | 87/3/19-88/3/18 | 1:1.29 | 70.48 | 87/3/19-88/3/18 | 同上 |
| 大信 02 | 25,000 | 美式 | 太電 | 87/4/23-88/4/22 | 1:1 | 35.80 | 87/4/23-88/4/22 | 同上 |
| 大信 03 | 45,000 | 美式 | 太電 | 87/6/30-88/6/29 | 1:1 | 29.40 | 87/6/30-88/6/29 | 同上 |
| 大信 04 | 20,000 | 美式 | 中環 | 87/7/23-88/7/22 | 1:1 | 70.50 | 87/7/23-88/7/22 | 同上 |
| 寶來 01 | 35,000 | 美式 | 國建、太設、中工、中石化、宏電、大眾、茂矽、明電、華新 | 86/9/4-87/9/3 | 國建 0.21、太設 0.216、中工 0.24、中石化 0.187、華新 0.224、宏電 0.195、大眾 0.214、茂矽 0.498、明電 0.189 | 37.93 | 86/9/4-87/9/3 | 同上 |
| 寶來 02 | 25,000 | 美式 | 中環、大眾、茂矽、明電 | 86/10/2-87/10/1 | 中環 0.195、大眾 0.214、茂矽 0.498、明電 0.189 | 83.75 | 86/10/2-87/10/1 | 同上 |
| 中信 01 | 20,000 | 美式 | 中信銀、農銀、復華、國壽 | 86/12/20-87/12/19 | 中信銀 0.297、農銀 0.3、復華 0.25、國壽 0.149 | 57.64 | 86/12/20-87/12/19 | 同上 |
| 建弘 01 | 20,000 | 美式 | 聯電、大眾、仁寶、國巨、旺宏、茂矽、華邦、明電 | 87/3/13-88/3/12 | 聯電 0.19、大眾 0.20、仁寶 0.21、國巨 0.19、旺宏 0.10、茂矽 0.21、華邦 0.14、明電 0.13 | 80.88 | 87/3/13-88/3/12 | 同上 |

資料來源：京華金融網每日認購權證市場通訊

# 第六節　認股權證的評價

　　由前節的介紹中，我們知道認股權證的特性類似於買權；然而，執行認股權證將造成公司股權的稀釋，而這稀釋效果對認股權證的評價有所影響。

　　假設 A 公司與 B 公司的資產總額相等；A 公司有 N 股普通股發行在外，但無任何負債，也無發行任何認股權證，若 A 公司的價值為 V，則 A 公司股票的價值為 $S = V/N$。假設 A 公司股票歐式買權的執行價

為 $x$，買權到期日價值為 $MAX\left(0, \dfrac{V}{N} - x\right)$。

　　假設 B 公司也有 N 股普通股，另外有 M 單位的認股權證流通在外，每個單位認股權證可以換購 K 股普通股；而 B 公司無其他任何負債。B 公司認股權證的到期日與 A 公司買權到期日為同一天，而兩者的執行價均為 $x$。因此，$V/N > x$ 時，認股權證持有者將執行換股權利；相反地，$V/N \leq x$ 時，投資者將讓認股權證自動失效。當 $V/N = x$ 時，投資者執行認股權證後，公司的總價值變成 $(Nx + KMx)$，總股數變成 $(N + KM)$ 股；而每一股的價值為 $(Nx + KMx)/(N + KM) = x$；投資者執行認股權證前後的公司股票價值不變；因此，投資者將不在意是否要執行認股權證。當 $V/N > x$ 時，投資者執行認股權證後，公司的價值變成 $(V + KMx)$，而每股普通股的價值為 $(V + KMx)/(N + KM)$；認股權證的執行價為 $x$，所以，到期日時，每個單位的認股權證的價值為 $K[(V + KMx)/(N + KM) - x]$。綜合上述分析，認股權證到期日價值如下所列：

$$\frac{V}{N} \leqslant x \qquad\qquad\qquad \frac{V}{N} > x$$

$$\frac{}{0} \qquad\qquad\qquad \frac{}{\dfrac{V}{N/K + M} - \dfrac{N}{N/K + M}x}$$

$$K\left(\frac{V + KMx}{N + KM} - x\right) = \frac{V + KMx}{N/K + M} - Kx = \frac{V + KMx - xN - KMx}{N/K + M}$$

$$= \frac{V}{N/K + M} - \frac{N}{N/K + M}x \qquad (12-2)$$

（12-2）式子顯示在到期日時，認股權證的價值為買權價值的

$\dfrac{N}{N/K + M}$ 倍。同理類推,到期日之前,認股權證的價值也應是買權價值的

$\dfrac{N}{N/K + M}$ 倍。因此，買權的評價模式可以稍加調整成認股權證的評價

模式。

　　然而，在上述分析中，買權或認股權證的評價模式是以公司價值來

計算，而不是股價。發行認股權證公司的價值為 $V = NS + MW$，$W$ 為

認股權證的價格。故每股價值為 $V/N = S + MW/N$。因此，認股權證

的評價式子，除了調整稀釋因素 $\left(\dfrac{N}{N/K + M}\right)$ 外,必須以 $S + \dfrac{M}{N}W$ 替代

買權評價模式內的股價 $S$。

　　利用 Black & Scholes (1973) 的歐式買權評價模式，求出認股權證

的評價模式如（12-3）式子所示：

$$W = \frac{N}{N/K + M}\left[\left(S + \frac{M}{N}W\right)N(d_1) - e^{-rt}xN(d_2)\right] \quad (12-3)$$

$$d_1 = \frac{ln\left[\dfrac{S + \dfrac{M}{N} - W}{x}\right] + (r + 0.5\sigma^2)\ t}{\sigma t^{1/2}}$$

$$d_2 = d_1 - \sigma t^{1/2}$$

(12-3) 式子中的 $\sigma$，是 $\left(S + \dfrac{M}{N}W\right)$ 的標準差，而不是 $S$ 的標準差。另外，認股權證的價格（$W$）出現在 （12-3） 式子等號左右兩邊；因此，我們必須利用試誤法或電腦程式來求解 $W$ 值。

**例一：** 假設 $B$ 公司發行在外的普通股 1 千萬股，認股權證 1 百萬單位；每一單位認股權證可購買一股普通股，其執行價爲 30 元；假設普通股股價爲 40 元，無風險年利率爲 10%，認股權證的到期日爲 3 年，而 $\left(S + \dfrac{M}{N}W\right)$ 的標準差爲 30%；求出認股權證的價格（$W$）？

我們可以使用 （12-3） 式子，配合試誤法或電腦程式求出認股權證的價格，$W = 18.61$。

## 第七節　期貨選擇權（Options on Futures）介紹

期貨選擇權是以期貨合約作爲標的物的選擇權。期貨買權持有者，有權於選擇權到期日之前，以事先約定的價格，買入標的期貨合約。而期貨賣權持有者，有權於選擇權到期日之前，以事先約定的價格，賣出標的期貨合約。上述標的期貨合約包括金融期約、農產品期約與貴重金屬期約等。這些期貨選擇權基本上是屬於美式選擇權，選擇權的到期日與其標的期約到期日均落在同一個月份，而選擇權的到期日較其標的期約到期日提早二個禮拜到期。

## 第八節　買賣期約與買賣期貨選擇權之比較

在期貨選擇權交易中，買方的下方損失有一定量，但其上方利益則無限量。相反地，期貨買方的下方損失則較大。

**例二：** 假設有一 S&P500 指數期約買權，其執行價爲 280，該選擇權的價格爲 $ 5.50，而 S&P500 指數期約價格爲 285；當選擇權到期時，期約買權與指數期約的損益情形如圖 12－2 所示。當期約價格高於 285.50 時，期約買權持有者將可獲利；而期約價格低於 285.50 時，期約買權持有者的損失，僅限於先前付出的選擇權價格 $ 5.50。相反地，買進期約的投資者，其損失則隨期約價格的下跌而增加。

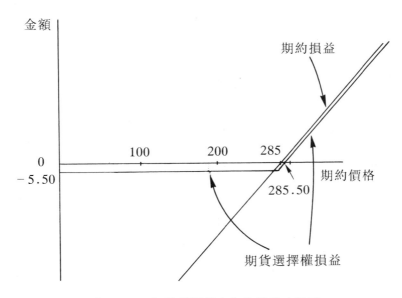

圖 12－2　期貨選擇權與期約損益比較圖

# 第九節 期貨選擇權的評價

Black（1976）提出期貨選擇權的評價模式。Black 首先建立下列假設：

1.期貨選擇權爲歐式選擇權。

2.無交易成本。

3.無賣空之限制。

4.無風險利率爲一常數。

5.在連續交易情況下，期貨報酬率呈常態分配。

在上述假設下，Black 推導出期貨買權的評價模式：

$$C = e^{-rt}[F \times N(d_1) - X \times N(d_2)] \qquad (12-4)$$

$$d_1 = \frac{ln(\text{F/X})}{\sigma t^{1/2}} + \frac{\sigma t^{1/2}}{2}$$

$$d_2 = d_1 - \sigma t^{1/2}$$

（12-4）式中，$F$ 爲期約價格；$X$ 爲選擇權執行價格；$\sigma$ 爲期約的報酬率標準差。

比較（12-4）式與前一章的 Black 與 Scholes 買權公式（11-6）：

$$C = S \times N(d_1) - X \times e^{-rt} \times N(d_2) \quad (11-6)$$

$$d_1 = \frac{ln(\text{S/X}) + (r + 0.5\sigma^2)t}{\sigma t^{1/2}}$$

$$d_2 = d_1 - \sigma t^{1/2}$$

而 $d_1 = \frac{ln(\text{S/X}) + rt + 0.5\sigma^2 t}{\sigma t^{1/2}}$

$$= \frac{ln(S/X) + ln(e^{rt}) + 0.5\sigma^2 t}{\sigma t^{1/2}}$$

$$= \frac{ln\left(\dfrac{S}{Xe^{-rt}}\right)}{\sigma t^{1/2}} + \frac{\sigma t^{1/2}}{2}$$

所以，Black 與 Scholes 的買權式子內的 $Xe^{-rt}$ 值，在 Black 的期貨選擇權式子中，變成了 $X$。這種差異是由標的物不同所造成，Black 與 Scholes 模式的標的物為股票，買賣股票必須立刻付出資金，但購買股票選擇權，可以延遲執行價資金的給付，故股票選擇權式子內的執行價有時間折現因子（$e^{-rt}$）；而期貨選擇權的標的物為期貨，買賣期貨無須立刻付出貨品資金，因此，購買期貨選擇權，並沒有造成延遲執行價資金的給付。所以，期貨選擇權的執行價無須折現因子。另外，（12－4）式前端的折現因子，則是調整期貨保證金帳戶每日結帳（Marked to Market）的影響。

**例三：** 假設每一蒲式耳（Bushel）大豆期貨價格為 4.86 美元，而期貨報酬率變異數為 40%；假設大豆期貨買權的執行價為每一蒲式耳 5 美元，選擇權尚有半年存續期間，假設無風險年利率為 8%，請問大豆期貨買權的價格為多少？

利用（12－4）式求解，得 $C = 0.7726$ 美元。

$$d_1 = \frac{ln(4.86/5.00)}{(0.6325)(0.7071)} + \frac{(0.6325)(0.7071)}{2} = 0.1601$$

$$d_2 = -0.2871$$

$$N(d_1) = N(0.1601) = 0.5636$$

$$N(d_2) = N(-0.2871) = 0.3870$$

$$C = 0.9608[4.86 \times 0.5636 - 5.00 \times 0.3870]$$

$$= 0.7726$$

# 第十節 結 語

　　本章介紹了可轉換公司債、認股權證、與期貨選擇權。這三種證券的評價模式與選擇權評價模式有某種關連存在。由於可轉換公司債與認股權證經常附加一些怪異的執行條款或贖回條款，Black 與 Scholes 的選擇權公式無法直接地應用在這二種證券上。本章簡單地介紹可轉換公司債與認股權證的評價概念，較嚴謹的評價模式介紹，請讀者參考選擇權方面的書籍。

## 關鍵詞彙

**可轉換證券**　Convertible Securities

**認股權證**　Warrants

**相對選擇權**　Dual Options

**反稀釋**　Anti-dilution

**股票分割**　Stock Split

**股票股利**　Stock Dividends

**轉換價值**　Conversion Value

**強迫性的轉換贖回**　Forced Conversion Calls

**可賣回條款**　Put Feature

**財務危機**　Financial Distress

**期貨選擇權**　Options on Futures

# 習　題

1. 比較可轉換公司債與可交換公司債的差異？

2. 何謂可轉換公司債的轉換價值？何謂強迫性的轉換贖回？

3. 強迫性的轉換贖回常造成贖回公司股票價格的下挫，請說明其原因？

4. 請比較認股權證與買權的差異？

5. 請比較買賣期貨與買賣期貨選擇權的差別？

6. 在 1995 年 7 月 1 日，投資者買進一口 S&P500 指數期貨賣權（Index Futures Put Option）合約，該合約於當年 9 月到期，執行價為 500 點（1 點＝美金 500 元），權利金為 10 點；另外，在 7 月 30 日時，9 月到期的 S&P500 指數期貨的價格為 470 點：

   (1) 假設投資者在 7 月 30 日執行選擇權合約，其未實現的利益為多少？

   (2) 投資者應如何實現其未實現的利益？而其整個交易的淨利益為多少？

# 第十三章　投資公司

## 第一節　前　　言

投資公司發行受益憑證，向投資大衆募集資金，以從事有價證券或房地產的投資；因此，投資公司提供投資大衆間接投資的管道。開放型基金公司（Open-end Investment Companies）與封閉型基金公司（Closed-end Investment Companies）是兩種較重要的投資公司型態。開放型基金公司隨時隨地向投資者出售或買回受益憑證，其發行在外受益憑證數量並不固定；封閉型基金公司則較像一般股票上市買賣公司，其受益憑證在證券交易所上市買賣，發行在外受益憑證數量是固定。

第二節介紹封閉型基金公司，第三節介紹開放型基金公司，第四節介紹基金公司的投資策略，第五節則簡單介紹基金投資績效，第六節爲本章結語。

## 第二節　封閉型基金公司

封閉型基金公司發行一定量的受益憑證，這些受益憑證在證券交易所上市買賣。因此，封閉型基金公司沒有義務買回投資者的受益憑證，投資者必須透過交易所買賣受益憑證，而買賣價格則由市場上的供需來決定；由於基金公司的資產不是次級市場上買賣的證券就是現金，而這些證券每天均有一公開的買賣價格；另外，基金公司的負債金額爲數不多，所以，基金受益憑證淨值（Net Asset Value）可以簡單地求得：

$$受益憑證淨值 = \frac{總資產 - 負債}{受益憑證股數}$$

　　雖然淨值代表著受益憑證應有的價值，然而，受益憑證的買賣市場價格並不一定等於淨值。市場價格大於淨值時，受益憑證是處於溢價狀況；若市場價格低於淨值時，受益憑證則處於折價狀況。根據以往的經驗，國內、外的封閉型基金大部份時間均處於折價狀況。表 13-1 是在臺灣證券交易所上市買賣的封閉型基金，表內的基金淨值資料是以民國 88 年 1 月20日當日收盤價計算。所有基金均處於折價狀況，部份基金折價幅度超過 20％。若基金折價幅度超過折價上限一定期間，基金公司必須召開受益憑證投資人大會，票決是否將封閉型基金改型為開放型基金。國內的公元 2001 開放型基金，就是由封閉型基金改型而來。當投資人作成基金改型決議後，封閉型基金於一定期間後下市。由於套利活動的影響，在決議至下市改型這段期間，基金的市價會上漲趨近於基金的淨值。目前國內封閉型基金均處於高折價狀況，證管會為了照顧投資大眾的利益，與投資信託公司商議修改基金契約內容。其中有一點規定將促使封閉型基金變成期間基金（Interval Funds）。所謂期間基金指的是，若基金改型失敗，封閉型基金每年必須開放一段期間，供封閉型基金投資者以淨值賣回其持有的受益憑證予基金公司。

　　封閉型基金公司依其投資標的物的不同，分為股票型基金、債券型基金、單一國家基金、與雙元基金等。下面分別地介紹各類型基金的特性：

表 13-1　民國 88 年 1 月 20 日封閉型基金淨值

| 基金 | 名 稱 | 淨 值 | 漲 跌 | 折溢價 | 20 日移動溢價 |
|---|---|---|---|---|---|
| 光華 | 鴻運基金 | 12.38 | −0.12 | −19.62 | −19.69 |
| 建弘 | 福元基金 | 13.19 | −0.08 | 1.21 | −0.06 |
| 國際 | 國民基金 | 19.71 | −0.28 | −10.19 | −10.46 |
| 中信 | 和信基金 | 9.69 | −0.10 | −1.44 | −1.41 |
| 元大 | 多元基金 | 9.56 | −0.01 | −0.62 | −0.75 |
| 永昌 | 永昌基金 | 9.11 | −0.03 | −24.25 | −25.21 |
| 富邦 | 富邦基金 | 13.22 | −0.11 | −10.36 | −17.20 |
| 怡富 | 怡富基金 | 12.18 | −0.08 | −1.47 | −0.81 |
| 臺灣 | 富貴基金 | | | | |
| 群益 | 中小型股 | 16.00 | −0.15 | −12.81 | −16.99 |
| 法華 | 理農元滿 | 7.91 | −0.05 | −19.72 | −19.10 |
| 德信 | 大發基金 | 10.99 | −0.07 | −21.74 | −22.15 |
| 金鼎 | 概念型 | 8.83 | −0.07 | −2.60 | −2.92 |
| 元大 | 中國基金 | 9.45 | −0.04 | −14.28 | −17.22 |
| 群益 | 店頭市場 | 10.18 | 0.00 | −2.75 | −1.83 |
| 富邦 | 店頭基金 | 5.60 | −0.06 | −22.67 | −19.28 |
| 大信 | 大信基金 | 7.26 | −0.01 | −31.68 | −32.45 |

資料來源:《聯合晚報》

## 1.股票型基金

臺灣證券交易所的封閉型基金大多是股票型基金。基金的投資標的物以交易所上市買賣的股票為主。股票型封閉基金大部份時間均以折價買賣,學者尚無法對這種現象提出令人滿意的解釋。折價現象的解釋有稅負觀點、基金經理者能力觀點、及投資者情緒觀點。就稅負觀點而言,基金帳上資產金額包含了未實現資本利得,當基金賣出資產以實現資本利得時,必須繳納所得稅款(臺灣股市的資本利得,免納證券交易所得稅,但須繳納交易金額千分之三的證券交易稅);投資者買賣基金

時，會將這部份稅負納入考慮，造成基金以折價方式買賣。就基金經理
人能力而言，投資人認爲基金未來表現可能不佳，此種現象就反應在基
金折價。另外，封閉型基金發行後六個月內，大多以折價方式買賣；而
投資者知道基金遲早會折價買賣，爲何投資者願意以面額來認購基金
呢？投資者的行爲似乎是不理性。

### 2.債券型基金

目前在臺灣證券交易所買賣的債券型基金有萬寶、鴻揚、廣福、與
成龍等四種。這些債券型基金也是折價買賣，不過折價幅度比股票型基
金的幅度小。積極型債券基金偏重在債券價格變動的資本利得，而保守
型債券基金則以利息收入爲主，資本利得爲輔。一般而言，債券型基金
的風險均較股票型基金的風險小。有些債券型基金的主要投資標的物爲
可轉換公司債，稱爲可轉換公司債基金。

### 3.單一國家基金

臺灣證券交易所目前僅有一家單一國家基金上市買賣（怡富日本基
金）；在美國紐約證券交易所則有臺灣基金（Taiwan Fund）與中華民國臺
灣基金（ROC, Taiwan Fund）上市買賣。這兩個基金在國外募集資金，將
資金匯入臺灣並投入臺灣股市。最近數年來，單一國家基金是投資者追求
國際投資的重要工具之一；美國境內的單一國家基金數目，從 1985 年以後
就迅速增加。單一國家基金提供了投資者分享他國經濟成果的機會。

### 4.雙元基金（Dual Funds）

雙元基金是較特別的基金，它發行兩種性質不同的受益憑證，一種
爲資本利得受益憑證，另一種爲股息受益憑證。資本利得受益憑證對基
金操作的資本利得有請求權，而股息受益憑證則對基金賺得的利息或股

息有請求權。

# 第三節 開放型投資公司

開放型投資公司發行在外的受益憑證沒有一固定數量,投資者可以隨時隨地賣回受益憑證給開放型投資公司,而開放型投資公司也可以隨時銷售受益憑證給投資者;因此,整個投資公司所擁有的投資資金隨時在改變。投資者買賣受益憑證的價格,以最近的受益憑證淨值為計算標準。

開放型基金受益憑證的銷售,大多透過證券經紀商、商業銀行、或其他金融機構將受益憑證售予投資者。同時,開放型基金公司也會在各媒體刊登廣告、或郵寄廣告至投資大眾。表 13–2 列出民國 88 年 1 月 20 日在臺灣交易之開放型基金淨值。開放型基金可依有無買賣費用 (Load, or No-load) 與基金投資目標來分類。

## 1.有買賣費用的基金 (Load Funds)

當投資者買賣此類基金時,必須繳納一固定比率的銷售費用。此類基金大多透過其他銷售機構買賣受益憑證,銷售費用的課取是作為這些中間銷售機構的佣金。假使投資者於買進基金時,必須繳納買賣費用,這類費用稱為前置費用 (Front-end Fees);相反地,投資者於賣出基金時,始須繳納買賣費用,這類費用稱為後置費用 (Back-end Fees)。

## 2.無買賣費用的基金 (No-load Funds)

這類基金大多利用郵寄或電話詢問方式,直接地將基金銷售給投資者;因此,節省了中間銷售機構的服務佣金。投資者以基金淨值作為買賣價格,而投資者買進或賣回受益憑證時,完全透過郵寄或電話與基金公司連繫。

表13–2 民國88年1月20日開放型基金淨值表

| | | | | | | | | | | | |
|---|---|---|---|---|---|---|---|---|---|---|---|
| 類型 | 基金名稱 | 淨 值 | 漲 跌 | 類型 | 基金名稱 | 淨 值 | 漲 跌 | 類型 | 基金名稱 | 淨 值 | 漲 跌 |
| 股票型 | 國際第一 | 12.14 | × 0.04 | 股票型 | 統一龍馬 | 12.67 | × 0.07 | 股票型 | 元富第一 | 8.08 | × 0.06 |
| | 國際精選 | 8.08 | × 0.01 | | 統一店頭 | 7.42 | × 0.06 | | 元富科技島 | 9.30 | × 0.05 |
| | 國際店頭 | 7.60 | × 0.03 | | 統一魔力 | 11.40 | × 0.06 | | 臺灣永發 | 14.74 | × 0.06 |
| | 國際電子 | 9.32 | × 0.02 | | 統一經建 | 8.25 | × 0.05 | | 臺灣蓮華 | 16.51 | × 0.03 |
| | 光華基金 | 13.14 | × 0.04 | | 統一奔騰 | 9.41 | × 0.02 | | 新光競臻笠 | 12.85 | × 0.08 |
| | 光華鴻福 | 13.51 | × 0.11 | | 富邦幸福 | 10.61 | × 0.09 | | 新光國家建設 | 9.63 | × 0.07 |
| | 光華積極 | 10.63 | × 0.09 | | 富邦精準 | 21.88 | × 0.10 | | 新光創新科技 | 7.51 | × 0.02 |
| | 光華精選主流 | 6.92 | × 0.04 | | 富邦長紅 | 19.17 | × 0.15 | | 新光店頭 | 9.64 | × 0.03 |
| | 光華店頭 | 6.77 | × 0.07 | | 富邦冠軍 | 15.61 | × 0.13 | | 中信和豐 | 9.38 | × 0.05 |
| | 光華中小企業 | 8.21 | × 0.05 | | 富邦88 | 15.20 | × 0.07 | | 中信潛力 | 15.39 | × 0.09 |
| | 光華安泰 | 8.72 | × 0.04 | | 富邦高成長 | 8.19 | × 0.04 | | 中信店頭 | 6.14 | × 0.04 |
| | 建弘基金 | 104.70 | × 0.50 | | 元大多福 | 18.24 | × 0.07 | | 中信科技 | 10.22 | × 0.06 |
| | 建弘雙福 | 10.51 | × 0.05 | | 元大多多 | 13.12 | × 0.13 | | 群益馬拉松 | 26.05 | △ 0.10 |
| | 建弘萬得福 | 12.05 | × 0.04 | | 元大卓越 | 17.52 | × 0.03 | | 群益長安 | 7.68 | × 0.01 |
| | 建弘褔王 | 16.62 | × 0.12 | | 元大店頭 | 7.27 | × 0.01 | | 金鼎大利 | 9.78 | × 0.07 |
| | 建弘店頭 | 5.91 | × 0.03 | | 元大高科技 | 8.02 | × 0.01 | | 金鼎寶櫃 | 5.69 | × 0.04 |
| | 建弘小型 | 9.51 | × 0.06 | | 元大經貿 | 9.15 | × 0.04 | | 金鼎精銳 | 7.28 | × 0.05 |
| | 中華基金 | 59.80 | × 0.10 | | 京華先鋒 | 11.16 | – | | 金鼎行動 | 9.11 | × 0.05 |
| | 中華成長 | 14.73 | × 0.07 | | 京華威鋒 | 14.80 | × 0.02 | | 德信大富 | 11.84 | × 0.03 |
| | 中華成功 | 9.99 | × 0.04 | | 京華高科技 | 19.22 | × 0.07 | | 德信跨世紀 | 7.30 | × 0.06 |
| | 中華龍鳳 | 14.31 | × 0.07 | | 京華外銷 | 16.07 | × 0.12 | | 德信全方位 | 7.93 | × 0.06 |
| | 中華100 | 9.10 | × 0.03 | | 京華掌櫃 | 10.78 | × 0.09 | | 日盛日盛 | 8.46 | × 0.05 |
| | 中華龍騰 | 19.76 | × 0.19 | | 京華菁華 | 16.78 | × 0.13 | | 日盛上選 | 7.81 | × 0.02 |
| | 中華店頭 | 6.47 | – | | 京華金融 | 6.75 | × 0.01 | | 日盛小而美 | 8.09 | × 0.05 |
| | 中華精典 | 8.12 | × 0.04 | | 京華中小型 | 7.88 | × 0.08 | | 友邦巨人 | 7.82 | × 0.04 |
| | 公元2001 | 12.42 | – | | 永昌昌隆 | 10.78 | △ 0.04 | | 法華滿益 | 6.58 | × 0.05 |
| | 公元寶來 | 13.81 | × 0.02 | | 永昌前瞻 | 11.30 | △ 0.03 | | 聯合創世紀 | 9.03 | × 0.07 |
| | 寶來地產 | 6.68 | × 0.06 | | 永昌店頭 | 8.08 | × 0.04 | | 聯合領航 | 10.31 | × 0.02 |
| | 寶來海峽 | 9.31 | × 0.06 | | 怡富增長 | 20.65 | × 0.17 | | 復華基金 | 7.20 | × 0.03 |
| | 萬國小龍 | 9.46 | × 0.07 | | 怡富新興 | 19.04 | × 0.01 | | 復華高成長 | 10.20 | × 0.01 |
| | 萬國強勢 | 10.79 | × 0.08 | | 怡富中小型 | 9.13 | × 0.05 | | 大眾基金 | 8.61 | × 0.07 |
| | 萬國先進 | 8.84 | × 0.04 | | 元富基金 | 15.27 | × 0.11 | | 大眾科技 | 8.91 | × 0.05 |
| | 統一統信 | 9.58 | × 0.01 | | 元富高成長 | 23.06 | × 0.17 | | 大華基金 | 8.70 | × 0.04 |
| | 統一全天候 | 20.84 | × 0.07 | | 元富金滿意 | 23.74 | × 0.17 | | 金亞太基金 | 8.37 | × 0.02 |
| | 統一黑馬 | 10.77 | × 0.02 | | 元富店頭 | 12.66 | × 0.14 | | 泛亞高倍速 | 9.58 | × 0.05 |

國內開放型基金淨值表　　1月20日

資料來源:《聯合晚報》

表13-2　民國 88 年 1 月 20 日開放型基金淨值表（續）

| 類型 | 基金名稱 | 淨　值 | 漲　跌 | 類型 | 基金名稱 | 淨　值 | 漲　跌 | 類型 | 基金名稱 | 淨　值 | 漲　跌 |
|---|---|---|---|---|---|---|---|---|---|---|---|
| 平衡型 | 國際萬全 | 13.37 | × 0.10 | 債券型 | 國際萬寶 | 12.0400 | △0.0017 | 債券型 | 統一強棒 | 12.2846 | △0.0017 |
| | 光華鴻利 | 11.50 | × 0.07 | | 國際萬能 | 12.0608 | △0.0017 | | 統一全壘打 | 11.1527 | △0.0016 |
| | 建弘廣福 | 10.77 | × 0.02 | | 國際萬華 | 11.4362 | △0.0015 | | 寶來得利 | 12.0496 | △0.0017 |
| | 中華安富 | 14.61 | × 0.07 | | 國際萬通 | 10.7658 | ×0.0298 | | 永昌鳳翔 | 11.8711 | △0.0016 |
| 海外投資 | 國際全球 | 28.22 | × 0.04 | | 光華鴻揚 | 12.3166 | △0.0020 | | 萬國臺灣 | 11.8932 | △0.0018 |
| | 光華環球 | 11.61 | △ 0.03 | | 光華債券 | 12.0634 | △0.0016 | | 群益安穩 | 11.6787 | △0.0017 |
| | 光華新馬 | 5.22 | – | | 建弘全家福 | 131.3010 | △0.0180 | | 元富債券 | 11.6675 | △0.0017 |
| | 光華日本 | 8.20 | △ 0.11 | | 建弘臺灣 | 11.1884 | △0.0015 | | 德信萬年 | 11.4371 | △0.0016 |
| | 光華泰國 | 9.93 | △ 0.23 | | 中華成龍 | 11.8575 | △0.0020 | | 金鼎債券 | 11.1991 | △0.0015 |
| | 建弘泛太 | 9.70 | × 0.06 | | 中華富泰 | 12.0118 | △0.0017 | | 法華盈滿 | 11.0092 | △0.0015 |
| | 建弘馬來西亞 | 4.16 | – | | 中華開泰 | 11.7872 | △0.0017 | | 日盛債券 | 10.8266 | △0.0015 |
| | 建弘全球 | 8.68 | × 0.06 | | 中華富泰二 | 11.3774 | △0.0016 | | 聯合債券 | 10.4120 | △0.0015 |
| | 中華萬邦 | 12.18 | △ 0.21 | | 元大多利 | 13.2687 | △0.0019 | | 復華債券 | 10.4071 | △0.0014 |
| | 怡富日本 | 12.21 | △ 0.24 | | 元大多利二 | 11.6637 | △0.0018 | | 大眾債券 | 10.3476 | △0.0014 |
| | 怡富亞洲 | 12.70 | △ 0.03 | | 元大萬泰 | 11.2150 | △0.0016 | | 大華債券 | 10.3443 | △0.0015 |
| | 怡富龍揚 | 10.43 | × 0.02 | | 怡富臺灣 | 12.2754 | △0.0017 | | 友邦債券 | 10.2005 | △0.0014 |
| | 怡富東方 | 11.58 | △ 0.21 | | 怡富第一 | 11.3852 | △0.0015 | | 金亞太債券 | 10.1093 | △0.0011 |
| | 怡富大歐洲 | 9.65 | △ 0.07 | | 富邦如意 | 12.7591 | △0.0017 | | 大信益利信 | 10.1227 | △0.0014 |
| | 新光日本 | 8.75 | △ 0.16 | | 富邦如意二 | 11.6246 | △0.0016 | | | | |
| | 元富亞太 | 7.53 | × 0.03 | | 京華威寶 | 10.0330 | △0.0012 | | | | |
| | 公元美臺雙利 | 19.92 | △ 0.15 | | 京華威鋒二 | 12.3358 | △0.0017 | | | | |
| | 中信全球科 | 21.25 | △ 0.22 | | 京華獨特 | 12.0234 | △0.0018 | | | | |
| | 中信龍基金 | 9.29 | × 0.07 | | 中信債券 | 12.0257 | △0.0016 | | | | |
| | 京華亞太三喜 | 9.72 | × 0.06 | | 臺灣吉利 | 13.2174 | △0.0018 | | | | |
| | 元富大中華 | 9.69 | × 0.05 | | 臺灣吉祥 | 11.6766 | △0.0019 | | | | |
| | 基金 | | | | 臺灣吉星 | 11.4428 | △0.0015 | | | | |

國內開放型基金淨值表　　　　　　　　　　1 月 20 日

資料來源：《聯合晚報》

### 3.貨幣市場型基金 (Money Market Funds)

貨幣市場型基金主要以投資貨幣市場證券爲主；這類基金的主要資產包括短期國庫券、可轉讓定存單、與商業本票等。投資者買賣貨幣市場基金，除了獲取較高的短期利率外，也可以獲取投資風險分散的效果；但投資者仍然必須負擔基金經營的損益結果。

### 4.股票型基金 (Equity Funds)

股票型基金的投資標的物以公司股票爲主，這類基金按照其投資目標的不同，可細分爲下列型態：

(1)積極成長型基金 (Aggressive Growth Funds)

這類基金追求較高的資本利得 (Capital Gains)，而不強調股息所得；因此，這類基金傾向於投資規模小、股利少的成長型公司。

(2)成長型基金 (Growth Funds)

此類基金投資於一些經營情況良好 (Well-established) 的公司；投資目標也以獲取資本利得爲主，希望經由所投資股票價格的上漲獲取利益。

(3)成長與股息並重基金 (Growth and Income Funds)

這類基金強調資本利得，但也重視定期的股息收入；因此，基金所投資的公司，以有成長機會且大量發放股利的公司爲主。

(4)股息基金 (Income Funds)

這類基金強調高額股息收入的股票；因此，一些股利發放紀錄佳的公司較受青睞。

(5)平衡型基金 (Balanced Funds)

這類基金重視近期的股息與利息收入，但也強調長期的成長機會；基金的投資標的物包括普通股、優先股、與公司債券等。

## 5. 債券型基金（Bond Funds）

債券型基金的投資標的物以公司債券與政府債券爲主，這類基金按照其投資標的物的不同，可細分爲下列型態：

(1)公司債券基金（Corporate Bond Funds）

這類基金持有的主要資產爲公司債券，其他資產則可能是長期國庫債券；此類基金注重利息的收入。

(2)高利得債券基金（High-yield Bond Funds）

這類基金的大部份資金投入等級較差的公司債券，這些債券提供較高報酬率予投資者；然而，投資者也必須承擔較高的風險。

(3)政府債券基金（Government Income Funds）

這類基金主要投資於政府長期公債、中期公債、或其他政府所屬營利機構所發行的建設公債。

# 第四節　基金公司的投資策略

國內共同基金的數目愈來愈多，共同基金的投資也漸漸地成爲國人投資組合內的一環。基本上，共同基金的投資策略可以概略地分爲消極型投資策略（Passive Strategies）與積極型投資策略（Active Strategies）兩種。

## 1. 消極型投資策略

這類基金採取長期持有（Buy and Hold）的投資策略，它們不採取擇時（Market Timing）的投資方式。基本上，這些基金公司完成選股分析後，便將資金投入所挑選的股票，長期持有該股票，除非所持股票有重大變化時，才有換股的動作。這些基金雖然採取消極型的投資策略，其投資組合則未必是風險完全分散。

另一類消極型投資策略的基金為指數基金（Index Funds），這類基金的投資組合類似於某一市場股價指數；例如：基金的投資組合成份類似 S&P500 股價指數內 500 種股票的組成比例。指數基金的興起主要是受到市場效率學說的影響。這種追隨某一指數的投資策略，不僅可以達到風險分散的目標，且可以降低基金的營運費用。

### 2.積極型的投資策略

積極型的投資策略強調選股（Stock Selection）與擇時（Market Timing）。因此，這類型基金投入大批人力與財力，從事找尋價值低估的股票與預測各類資產種類的未來表現。以股票基金為例，擇時策略就是預測股市未來的表現；假使預測股市將呈多頭市場，則基金會增加持股比率，基金賣出短期債券，將所得資金投入所挑選的股票；相反地，假使預期股市將呈空頭市場，則基金會降低持股比率，基金賣出股票，將資金投入無風險債券。

## 第五節　基金的投資績效

1993 年 11 月 27 日期的《經濟學人》（*The Economist*）調查共同基金經理人的投資績效。在這篇報導中，美國與英國的基金經理人能一直維持優異表現者是少之又少；表現優異的經理人是很少數，且其持續期間均甚短。基金經理人提供給投資者的貢獻，不外乎降低交易成本與提供風險分散的功能。因此，投資者應了解投資基金以獲取優異報酬，並不適用在大多數基金上。

另外，部份基金雖然每期均有優異表現；然而，在扣除基金的管理費用或其他相關費用後，這些超額報酬率就消失了；因此，投資者應了解基金報導的投資績效是扣除費用前的報酬率或者是扣除費用後的報酬率。基本上，扣除管理費用後的基金績效，並不是很亮麗。

　　上面介紹的基金績效是關於美國與英國兩國的基金表現情形。雖然眾多美國學者的研究，大抵顯示基金績效大多不佳，但因學者使用的各種績效評估方法，或多或少均有缺失；因此，有關基金績效的優劣，尚未有完全的定論。

　　另外，臺灣市場上基金經理者的表現又如何呢？雖有數篇研究探討這方面的課題，但因臺灣基金市場歷史短，學者所能使用的樣本也少；而較可靠的基金績效評估，常常需要多年的資料，因此，這些研究並無法用來判斷國內基金經理人的表現；這方面的問題有待未來樣本數增多與研究方法上的改進，才有可能對國內基金績效作較明確的定論。

## 第六節　結　　語

　　本章介紹各種投資公司的型態，開放型基金與封閉型基金是兩種較重要的投資公司型態。開放型基金依其投資目標來區分，可分為貨幣市場型基金、積極成長型基金、成長與股息並重基金、股息基金、平衡型基金、公司債券基金、高利得債券基金、與政府債券基金等等。而封閉型基金則包括股票基金、債券基金、雙元基金、與單一國家基金等等。

　　基金公司的投資策略可大略地區分為積極型投資策略與消極型的投資策略。積極型投資策略包括選股與擇時策略；消極型投資策略則包括指數基金與長期持有策略。

　　最後，本章介紹基金的投資績效，學者研究結果顯示，美國與英國基金經理人的表現並不優異；然而，由於研究方法仍有缺失；因此，這方面的課題尚未有一致的結論，有賴學者做進一步的探討。

## 關鍵詞彙

開放型基金公司　　Open-end Investment Companies

封閉型基金公司　　Closed-end Investment Companies

基金受益憑證淨值　　Net Asset Value

期間基金　　Interval Funds

雙元基金　　Dual Funds

有買賣費用的基金　　Load Funds

無買賣費用的基金　　No-load Funds

貨幣市場型基金　　Money Market Funds

股票型基金　　Equity Funds

債券型基金　　Bond Funds

消極型投資策略　　Passive Strategies

積極型投資策略　　Active Strategies

長期持有　　Buy and Hold

擇時　　Market Timing

指數基金　　Index Funds

選股　　Stock Selection

# 習　題

1. 比較封閉型基金公司與開放型基金公司的差異？

2. 解釋下列名詞：

   (1)期間基金（Interval Funds）

   (2)雙元基金（Dual Funds）

   (3)單一國家基金（Single Country Funds）

   (4)指數基金（Index Funds）

3. 請比較積極型與消極型的投資策略？

# 第參篇

## 投資組合分析

# 第十四章　投資組合模式

## 第一節　前　言

自從 Markowitz（1952）提出投資組合理論後，投資學的研究重點就由個別證券分析轉移至投資組合內各種證券的搭配。所謂投資組合理論，簡單來說，就是不要把所有的鷄蛋放在同一個籃子裡。鷄蛋代表著投資者的資金，而籃子則代表著投資標的物，投資者應該將資金分散地投資於性質相異的證券上，以達到分散投資風險的效果。所以，投資組合理論是屬於規範性經濟（Normative Economics）理論的一種，它教導投資者應該如何安派其投資資金於各種證券上。

在第四章中，我們討論了個別證券的投資報酬率與風險等觀念，一種證券的投資風險是以該證券報酬率分配的變異數（$\sigma_R^2$）來衡量，而一個投資組合的投資風險也是以該投資組合報酬率分配的變異數來表示。下一節即介紹如何求取投資組合的期望報酬率與變異數。

## 第二節　投資組合的報酬率與風險

### 1. 兩種證券構成的投資組合（Two-Asset Portfolios）

有兩種方法可用來求取投資組合的期望報酬率與風險，第一種方法是利用投資組合內個別證券的報酬率分配，求出投資組合的報酬率分配，再由投資組合的報酬率分配，算出期望報酬率與報酬率的變異數。第二種方法則是利用期望值與變異數公式，求出由兩個或兩個以上的隨機變數所構成的另一個隨機變數的期望值與變異數。下面以兩種證券構成的投資組合爲例，說明如何利用上述兩種方法求出投資組合的報酬率與風險。

例一：$X$ 與 $Y$ 兩種證券下一期的報酬率分配如表 14-1 所列。

表 14-1 $X$ 與 $Y$ 證券報酬率分配

| 經濟展望 | 機率 | $\widetilde{R}_X$ | $\widetilde{R}_Y$ |
|---|---|---|---|
| 很好 | 0.2 | 10% | 10% |
| 好 | 0.2 | 10% | 6% |
| 平平 | 0.2 | 4% | 6% |
| 差 | 0.2 | −4% | 6% |
| 很差 | 0.2 | −10% | 2% |

由表 14-1 可以求出 X 證券的期望報酬率 $E(\widetilde{R}_X) = 2\%$，Y 證券的期望報酬率 $E(\widetilde{R}_Y) = 6\%$，$COV(\widetilde{R}_X, \widetilde{R}_Y) = 0.16\%$，$VAR(\widetilde{R}_X) = 0.624\%$，$VAR(\widetilde{R}_Y) = 0.064\%$ 與 $\rho_{\widetilde{R}_X, \widetilde{R}_Y} = 0.80$。

假定有一個投資組合的一半資金投資於 X 證券，另一半資金投資於 Y 證券，利用表 14-1 可以求出這個投資組合的報酬率分配如表 14-2。

表 14-2 投資組合的報酬率分配

| 經濟展望 | 機率 | $\widetilde{R}_P$ |
|---|---|---|
| 很好 | 0.2 | 10% |
| 好 | 0.2 | 8% |
| 平平 | 0.2 | 5% |
| 差 | 0.2 | 1% |
| 很差 | 0.2 | -4% |

由表 14-2 可以算出投資組合的期望報酬率與風險，$E(\widetilde{R}_P) = 4\%$ 與 $VAR(\widetilde{R}_P) = 0.252\%$ 。

第二種方法，利用統計學上期望值及變異數公式，求出由兩個隨機變數線性組合成第三個隨機變數的期望值及變異數，其公式如下所列：

$$E(\widetilde{R}_P) = E(a\widetilde{R}_x + b\widetilde{R}_y) = aE(\widetilde{R}_x) + bE(\widetilde{R}_y) \qquad (14-1)$$

$$\text{VAR}(\widetilde{R}_P) = a^2\text{VAR}(\widetilde{R}_x) + b^2\text{VAR}(\widetilde{R}_y) + 2ab\text{COV}(\widetilde{R}_x,\widetilde{R}_y)$$
$$(14-2)$$

上式中，$a$ 與 $b$ 分別是 X 證券與 Y 證券的投資權值，利用上述二個公式，求出投資組合的期望報酬率及變異數，應該與第一種方法的結果，讀者不妨自行驗證。

### 2.多種證券構成的投資組合 (N-Asset Portfolios)

當投資組合內的證券數目增加時，利用上述第二種方法求出投資組合的期望報酬率及變異數，可能是比較簡便的方法。若投資組合內有 N

種證券時，投資組合的期望報酬率及變異數，可以利用下面公式求出。

$$E(\widetilde{R}_P) = E(\sum_{i=1}^{N} X_i \widetilde{R}_i) = \sum_{i=1}^{N} X_i E(\widetilde{R}_i) \qquad (14-3)$$

$$VAR(\widetilde{R}_P) = VAR(\sum_{i=1}^{N} X_i \widetilde{R}_i) = COV(\sum_{i=1}^{N} X_i \widetilde{R}_i, \sum_{j=1}^{N} X_j \widetilde{R}_j)$$

$$= \sum_{i=1}^{N} X_i COV(\widetilde{R}_i, \sum_{j=1}^{N} X_j \widetilde{R}_j)$$

$$= \sum_{i=1}^{N} \sum_{j=1}^{N} X_i X_j COV(\widetilde{R}_i, \widetilde{R}_j)$$

$$= \sum_{i=1}^{N} X_i^2 VAR(\widetilde{R}_i) + \sum_{i=1}^{N} \sum_{j=1}^{N} X_i X_j COV(\widetilde{R}_i, \widetilde{R}_j) \qquad (14-4)$$

$X_i$ 與 $X_j$ 分別是投資於證券 $i$ 與證券 $j$ 資金佔整個投資組合資金的比率。

由式子 (14-4) 可以看出，投資組合的變異數是由兩部份構成的，一爲個別證券的變異數，此值必爲正號，另一爲個別證券間的共變異數，此值可爲正或負。若將共變異數爲負的兩種證券納入投資組合內，將可大大降低投資組合的變異數。兩種證券報酬率之共變異數是正是負，端視兩種證券報酬率的相關係數 ρ 而定。

$$\rho_{A,B} = COV(\widetilde{R}_A, \widetilde{R}_B) / \sqrt{VAR(\widetilde{R}_A) VAR(\widetilde{R}_B)}$$

下面我們利用 $A$，$B$ 兩種證券的期望報酬率及報酬率變異數資料，探討在正、負兩種報酬率相關係數情況下，各種投資組合的報酬率變異數。

$$E(\widetilde{R}_A) = 10\% \text{，} VAR(\widetilde{R}_A) = 100\%$$

$$E(\widetilde{R}_B) = 20\% \text{，} VAR(\widetilde{R}_B) = 900\%$$

表 14-3 列出在不同的相關係數值下，由 $A$，$B$ 兩種證券所組成的

幾種可能投資組合的期望報酬率及變異數：

表 14－3　各種相關係數值下的報酬率變異數

| $W_A$ | $E\ (\widetilde{R}_P)$ | 投資組合的報酬率變異數 | | | | |
|---|---|---|---|---|---|---|
| | | $\rho=1$ | $\rho=0.5$ | $\rho=0$ | $\rho=-0.5$ | $\rho=-1$ |
| 0 | 20% | 900% | 900% | 900% | 900% | 900% |
| 0.20 | 18% | 676% | 628% | 580% | 532% | 484% |
| 0.40 | 16% | 484% | 412% | 340% | 268% | 196% |
| 0.60 | 14% | 324% | 252% | 180% | 108% | 36% |
| 0.80 | 12% | 196% | 148% | 100% | 52% | 4% |
| 1.00 | 10% | 100% | 100% | 100% | 100% | 100% |

　　若連續調整表 14－1 中的 $W_A$ 值——投資於 A 證券的資金比率，我
們可以求取無限多的投資組合，這些投資組合就如圖 14－1 中連接 A，
B 兩種證券的實線，這些實線稱爲投資組合機會集合（Portfolio Oppor-
tunity Sets）。以 $\rho=-0.5$ 的曲線爲例，當 A、B 兩種證券報酬率相關
係數爲 $-0.5$，這條曲線代表著由 A、B 兩種證券構成的各種投資組合
的集合。當實線越往右至 $\rho=1$ 時，變成一條直線，此時，A、B 兩種
證券的報酬率相關係數爲 1，由這兩種證券構成的投資組合，沒有任何
風險分散的功能。實線越往左邊移動，風險分散的功能變得越佳。當 $\rho$
$=-1$ 時，可以找到一個無風險的投資組合，此時，投資組合的風險分
散功能達到最大。$\rho=1$ 及 $\rho=-1$ 是較特別的例子，一般而言，任兩種
證券的報酬率相關係數大多介於 0 與 0.6 之間。

　　當投資組合內的證券數目增加，投資組合的報酬率標準差平均值將
降低，但無法將其完全去除，圖 14－2 列出投資組合標準差的變化與組
合內證券數目間的關係。投資組合的平均風險，隨著投資組合內的證券
數目增加而遞減，這些可經由增加組合內證券數目而去除的風險，稱爲

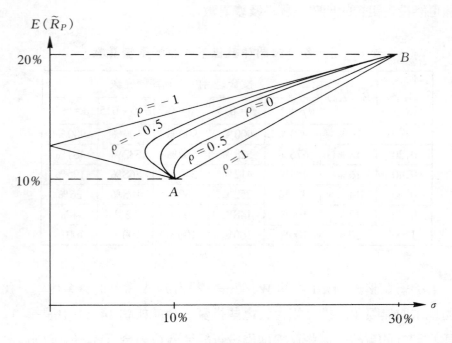

圖 14-1　投資組合的期望報酬率與變異數關係圖

可分散風險或非系統性風險。當投資組合包括了所有市場上的證券（稱
為市場投資組合），而無其他證券可供納入投資組合內作進一步風險分
散時，該投資組合的風險（報酬率的變異數），即稱為市場風險或不可
分散的風險。市場風險主要來自於影響整個股市表現的因素，例如：經
濟景氣循環、利率水準變化、及政治因素等。而非系統性風險主要來自
於影響個別公司表現的因素，例如：廠房意外事件及員工罷工等。

　　我們可以利用市場上的風險性證券，構成眾多的投資組合，這些投
資組合的集合如圖 14-3 所示，在 $\overline{BACD}$ 曲線上及其內的投資組合，均
可供投資者挑選，而投資者所挑選的投資組合，端視其風險態度而定。

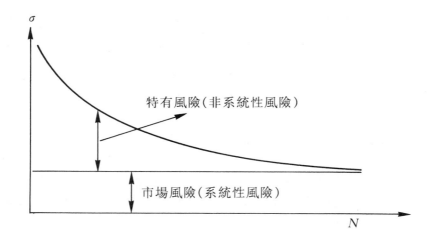

圖 14－2　投資組合的風險分散

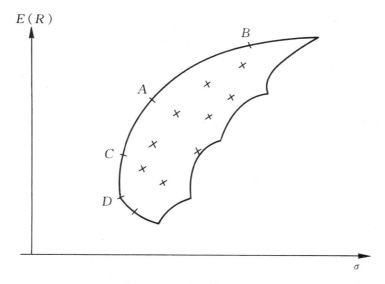

圖 14－3　投資機會集合

## 第三節 期望效用理論及投資者的風險態度

　　每位投資者對風險的態度並不相同，有些投資者對風險的忍受程度可能較其他投資者來得大，亦即他願意冒較大的風險。投資者對風險的態度可概略地分成下列三種類別：風險偏好者、風險中性者、及風險規避者。下面介紹這三種投資者其擁有的效用函數。

### 1. 期望效用理論（Expected Utility Theory）

　　經濟學家以效用來衡量消費者享有某一事物所得到的滿足。例如：消費者享用一個蘋果所得到的滿足（效用），是否高於他享用一個橘子所得到的滿足。效用理論有順序效用理論（Ordinal Utility）與指標效用理論（Cardinal Utility）兩大類。指標效用理論認為消費者可以量化消費某樣東西所得到的效用。而順序效用理論則否，消費者只能排列消費各樣東西所得到的效用程度。所以，兩個消費者可能有相同的順序效用，但其指標效用則未必會一致。有關效用理論的詳細介紹，請讀者參考個體經濟學教科書，本章僅概略地介紹與財務投資相關的效用理論。在投資學領域，投資者所關心的是擁有財富所得到的滿足。我們假設投資者對財富抱著多多益善的態度，即財富越多，他所得到的效用也較高，這應是一個很合理的假設。圖 14－4 中列出三種財富的效用函數。

　　投資者 A 的效用函數之效用隨著財富的增加而變高，但財富的邊際效用則呈遞減現象，即多得一元財富而獲至增加的效用，低於前一元財富所提供的效用。投資者 B 的效用也隨著財富的增加而變大，但其邊際效用則不變，即新增一元財富帶給他的滿足，與前面任何一元財富所帶給他的滿足，沒有差異存在。而投資者 C 的情形，其邊際效用呈遞增現象，即每新增一元財富帶給他的滿足，均比前面任何一元財富帶

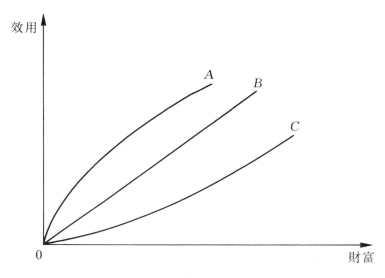

圖 14－4　財富的效用函數

給他的滿足來得高。

　　在確定的投資環境下，即各項投資的報酬率是百分之百確定而無任何風險存在，投資者會將其資金投入報酬率最高的投資方案，使其財富最大，以追求效用之最大化。Von Neumann 與 Morgenstern 兩位學者提出期望效用理論（Expected Utility Theory）來探討投資者如何從事風險性投資決策。介紹期望效用理論時，我們以彩券（Lotteries）、賭局（Gambles）或機率分配（Probability Distribution）來代表某項風險性投資方案。Von Neumann-Morgenstern 的期望效用理論乃建立在下列假設之上：

　　(1)完整性（Completeness）

　　投資者對任意兩種彩券的偏好，例如 $x$ 與 $y$ 兩種彩券，一定是 $x \geqslant y$ 或 $y \geqslant x$ 或 $x \sim y$。$x \geqslant y$ 代表投資者對 $x$ 彩券的偏好不低於對 $y$ 彩券的偏好，而 $x \sim y$ 代表投資者對 $x$ 與 $y$ 兩種彩券有同等的偏好。即投資者對任兩種彩券均能做出偏好上的比較。

(2)**遞移性**（Transitivity）

對於任意三種彩券 $x$，$y$ 及 $z$，若 $x \geq y$ 且 $y \geq z$，則 $x \geq z$。即投資者對彩券 $x$ 的偏好不低於其對彩券 $y$ 的偏好，且對彩券 $y$ 的偏好不低於其對彩券 $z$ 的偏好，則投資者對彩券 $x$ 的偏好一定不低於其對彩券 $z$ 的偏好。

(3)**獨立性**（Independence）

對於任意三種彩券 $x$，$y$，及 $z$，若投資者對彩券 $x$ 及彩券 $z$ 有同等的偏好，即 $x \sim z$；假設 $P$ 為某一機率值，則投資者對下列兩種複合式彩券也應有同等的偏好：$Px + (1 - P)y$ 及 $Pz + (1 - P)y$。即 $[Px + (1 - P)y] \sim [Pz + (1 - P)y]$。

(4)**連續性**（Continuity）

對於任意三種彩券 $x$，$y$，及 $z$，若 $x \geq y \geq z$，則可找到一個由 $x$ 及 $z$ 所組成的複合式彩券 $[x\alpha(y) + z(1 - \alpha(y)), \alpha(y) = P$ 為某一機率值]；使投資者對此彩券及彩券 $y$ 有同等的偏好，即 $y \sim [x\alpha(y) + z(1 - \alpha(y))]$。

(5)**單一性**（Monotonicity）

對於任意四種彩券 x，y，z 及 u，假設 $x \geq y \geq z$，$x \geq u \geq z$，且 $y \sim [x\alpha + z(1 - \alpha)]$ 及 $u \sim [x\beta + z(1 - \beta)]$，$\alpha$ 及 $\beta$ 為機率值，則

①$y \sim u$ 若且唯若 $\alpha = \beta$

②$y > u$ 若且唯若 $\alpha > \beta$

③$y < u$ 若且唯若 $\alpha < \beta$

若投資者的決策行為符合上述各項假設，當投資者面臨風險性投資決策時，他將挑選期望效用較高的彩券。即投資者對 $x$ 彩券的偏好高於對 $y$ 彩券的偏好，若且唯若 $E[U/x] > E[U/y]$，$U$ 為投資者的效用函數，$E[U/x]$ 為 $x$ 彩券的期望效用。上述期望效用理論的證明，超越本書範圍，故不加論述。以下僅以一例說明期望效用理論的應用：

**例二：期望效用的計算。**

假設 x 與 y 兩種彩券的報酬率分配如下所列：

| 報酬率（%） | 機率分配 | |
|:---:|:---:|:---:|
| | x 彩券 | y 彩券 |
| 6 | 0.10 | 0.10 |
| 10 | 0.20 | 0.20 |
| 16 | 0.50 | 0.45 |
| 20 | 0.20 | 0.25 |

另外，假設投資者的效用函數為自然對數函數（Natural Log），即 $U(R) = LOG(R)$，R 為報酬率，則 $x$ 彩券與 $y$ 彩券帶給投資者的期望效用，分別地計算如下：

x 彩券：
$$E[U/X] = 0.1log(6) + 0.2log(10) + 0.50log(16)$$
$$+ 0.20log(20) = 2.6251$$

y 彩券：
$$E[U/Y] = 0.1log(6) + 0.2log(10) + 0.45log(16)$$
$$+ 0.25log(20) = 2.6363$$

因為 $E[U/y] > E[U/x]$，所以這位擁有自然對數效用函數的投資者將挑選彩券 $y$。

## 2.投資者的風險態度

若圖 14-4 中三位投資者的決策行為符合上述期望效用理論，則圖 14-4 中的三種效用函數代表著投資者不同的風險態度，投資者 $A$ 對風險持規避態度（Risk Aversion），投資者 $B$ 對風險持中性態度（Risk Neutrality），而投資者 $C$ 對風險持偏好態度（Risk Loving）。所謂風險規避的投資者，並不意謂著一點風險也不承擔，而同屬風險規避性質的兩位投資者，其風險規避也有程度上的差異。下面簡單介紹在 Von

Neumann-Morgenstern 期望效用函數架構下，風險規避、風險中性、及
風險偏好的概念。

### 1.風險規避（Risk Aversion）

圖 14－4 中投資者 A 的財富效用函數，其邊際效用呈遞減現象，即
投資者 A 的財富由 5,000 元增爲 10,000 元，帶給投資者的效用，較財
富由 10,000 元增爲 15,000 元所增加的效用來得大。

假設投資者 A 面臨一個抉擇——他可得到一筆 100,000 元財富，或
他可得到一個彩券，而擁有這個彩券，各有一半的機會得到 150,000 元
或 50,000 元的獎金。所以，擁有彩券的期望財富爲 100,000 元，與第一
個選擇的確定財富數額相等。若投資者 A 選擇彩券，則可視爲投資者
以確定的 100,000 元來換取等值期望財富的彩券，這種彩券稱爲公平的
賭局。然而，在期望效用理論架構下，投資者決策的依據是期望效用之
比較，而不是期望財富。圖 14－5 畫出投資者 A 的效用函數，我們可以
清楚地看出，若投資者 A 挑選確定的 100,000 元財富，其效用水準如 A
點所標示；相反地，若他挑選彩券，則他從彩券得到的期望效用爲 D
點所示，D 點的效用水準低於 A 點的效用水準，故投資者 A 會拒絕接
受彩券，雖然它是個公平賭局。事實上，擁有往外凸效用函數的投資
者，均會拒絕公平賭局；在 Von Neumann-Morgenstern 期望效用架構
下，這些投資者均屬於風險規避者。

### 2.風險中性（Lisk Neutrality）

風險中性的投資者，其效用是財富的線性函數，無論投資者所擁有
的財富水準如何，每一單位財富帶給投資者的邊際效用均相等。圖 14－
6 列出風險中性投資者的效用函數，我們可以清楚地看出，上例中公平
賭局與確定的 100,000 元獎金，均提供相同的期望效用水準予風險中性
的投資者。風險中性的投資者對於彩券與確定 100,000 元的偏好是一樣
的，換言之，他不關心彩券所內含的風險；所以，這些投資者是風險中

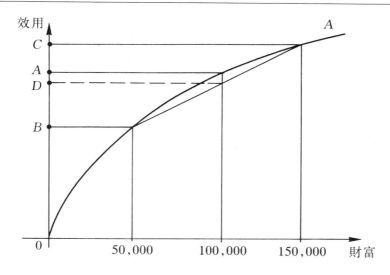

圖 14-5　風險規避者的期望效用水平

性者。

　　3.風險偏好 (Risk Loving)

　　圖 14-7 列出風險偏好投資者的財富效用函數，其形狀是往內凹，即財富的邊際效用是隨財富的增加而遞增，風險偏好的投資願意為風險付出一些代價。上例中賭局的期望財富為 100,000 元，與確定的 100,000 元金額相同，但風險偏好者卻挑選公平賭局，因為就風險偏好者而言，賭局所能提供給他的期望效用，遠大於確定 100,000 元的期望效用。

　　上述所討論的三種投資者風險態度，以風險規避的情形較符合一般投資者的行為，因此，本書將假設投資者是風險規避者。

　　第二節的圖 14-3 是投資組合集合，即所有可供投資者選擇的投資標的，至於投資者挑選那一點投資組合，則視投資者的偏好而定。本節中，我們假設投資者是風險規避者，在不確定情況下，投資者以期望效用為其決策準則。在此，我們作進一步假設，以結合投資組合理論與期望效用理論，來探討投資者可能挑選的投資組合：

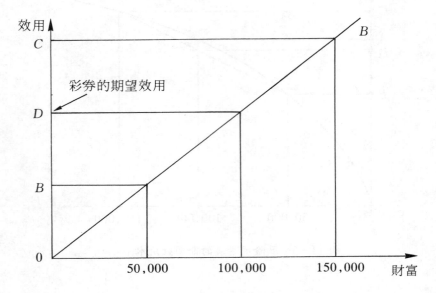

圖 14－6 風險中性者的期望效用水平

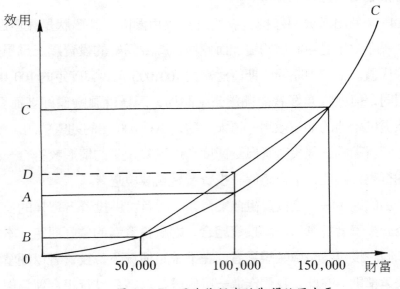

圖 14－7 風險偏好者的期望效用水平

假設 1　投資者重視下一期的投資報酬率分配，即投資者所考量的
　　　　投資期間為一期。

假設 2　投資者投資決策所考量的因素，只有未來單期投資報酬率
　　　　分配的期望值及標準差。

　　基本上，多期的投資決策分析模式較複雜，假設 1 可簡化模式分析
過程。

　　在期望效用理論中，投資者的報酬（或財富）效用函數，未必只是
報酬率期望值及標準差的函數，假設 2 的目的，在限制投資者於報酬期
望值及標準差範圍內，作其投資的決策。通常有二種作法使假設 2 成
立，第一種方法假設各證券報酬率是聯合多元常態分配（Joint Multi-
variate Normal Distribution），則所有投資組合報酬率分配也是常態分配，
由統計特性可知各常態分配間的差異，只在於期望值及標準差；雖然，
投資者的效用函數不只是報酬率期望值及標準差的函數，但投資者決定
各投資組合的偏好時，也只能考量期望值及標準差兩個數值罷了。第二
種方法則假設投資者所擁有的效用函數，只是報酬期望值及標準差的函
數，二次式效用函數（Quadratic Utility Functions）即是一例。上述任一
種方法均可將投資者的期望效用函數，化成為投資報酬期望值及標準差
的函數。

　　當期望效用函數化成為報酬期望值及標準差的函數後，固定期望效
用於某一水準，操縱期望值及標準差數值，則可求出此一效用水準的無
異曲線，如圖 14 - 8 所示，圖 14 - 8 無異曲線上各點的斜率均為正，此
乃假設投資者是風險規避者。圖 14 - 8 的 *I′* 無異曲線上任一點，都提供
相同的期望效用於投資者，而曲線愈往左上角移，表示投資者所獲取的
效用也愈大，例如：*I″* 的期望效用水準高於 *I′* 的期望效用水準。

　　雖然我們假設所有投資者是風險規避者，但每個投資者的風險規避
程度並不完全一致。圖 14 - 9 列出兩位不同風險規避程度投資者的無異

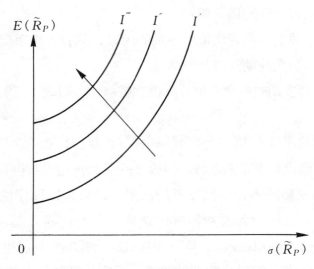

圖 14−8　投資者效用無異曲線

曲線。投資者 B 的風險規避程度低於投資者 A 的風險規避程度，即投資者 A 比投資者 B 更為規避風險。假設圖 14−9 的 I 投資組合是 A 與 B 兩位投資者所挑選的投資組合，而這個投資組合的期望報酬率為 $E_1$，標準差為 $\sigma_1$。假設投資者 A 及 B 願意承擔更大的投資風險水準，例如：$\sigma_2$。就投資者 B 而言，他只要求期望報酬率增加為 $E_2$，就能維持原先的期望效用水準。相反地，投資者 A 則要求 $E_3$ 的期望報酬率，始能維持其原先的期望效用水準。因此，投資者 A 的風險規避程度大於投資者 B 的風險規避程度。

　　第二節圖 14−3 是可供投資者挑選的各種風險性資產投資機會，將圖 14−3 與圖 14−9 放在一起，即可看出投資者所挑選的投資組合，圖 14−10 列出 A 與 B 兩位投資者所挑選的投資組合，投資者 A 將持有投資組合 $a$，而投資者 B 則會持有投資組合 $b$。

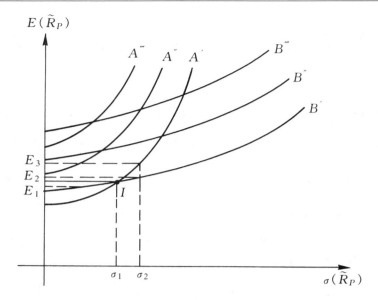

圖 14－9　風險規避程度不等的投資者效用無異曲線

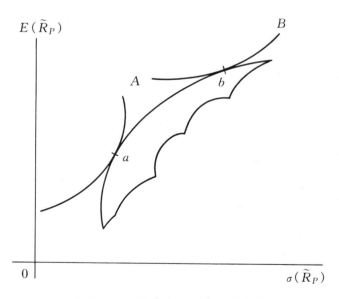

圖 14－10　投資者所持有的投資組合

## 第四節　單一指數模式（Single Index Model）

　　第二節的投資組合報酬率及標準差之計算，我們必須估計各證券的
期望報酬率、標準差、及任二種證券報酬率的共變異數。當市場上證券
數目很多時，這些數值估計工作將變得很浩大。例如：當證券數目爲 5
時，必須估計 10 個共變異數（ $C_2^5 = \dfrac{5!}{3!2!} = 10$ ），而當證券數目增加一
倍時，所須估計的共變異數數目爲 45，比 10 多出 3 倍多。因此，當證
券數目增多時，利用 Markowitz 模式求取投資組合的變異數將是浩大的
工程。單一指數模式即在簡化投資組合變異數的估計。當然，簡化工作
乃建立在一些假設之上，而單一指數模式對個別證券報酬率作了下列假
設：

　　1.任一證券或投資組合的報酬率，可以下式來描述：

$$\tilde{R}_i = \alpha_i + \beta_i \tilde{R}_M + \tilde{\epsilon}_i \qquad\qquad (14-5)$$

　　上式中，$\tilde{R}_i$ 爲證券 $i$ 在某一期間的報酬率，$\tilde{R}_M$ 爲市場投資組合的報
酬率，$\alpha_i$ 及 $\beta_i$ 則分別是迴歸式的截距及斜率，而 $\tilde{\epsilon}_i$ 則爲迴歸式的誤差項。

　　基本上，單一指數模式爲一個統計模式，它並不具有任何經濟理論
基礎；因此，它並不同於下一章要介紹的資本資產定價模式（Capital
Asset Pricing Model），資本資產定價模式是市場均衡模式，它具有經濟
理論基礎。

　　（14-5）式假設證券的每期報酬率，是由一固定報酬率 $\alpha$ 及兩個
變動因素，$\tilde{R}_M$ 與 $\tilde{\epsilon}_i$ 所構成；換言之，個別證券的報酬率每期有所不同，
主要是受到 $\tilde{R}_M$ 與 $\tilde{\epsilon}_i$ 每期變動的影響；$\tilde{R}_M$ 是市場投資組合的報酬率，

它的變動主要是受到總體經濟因素的影響，本章第二節簡述了這些總體經濟因素；而 $\tilde{\epsilon}_i$ 的變動主要是受到個別公司因素的影響。

2.個別證券的誤差項，$\tilde{\epsilon}_i$，其期望值為零，變異數為一常數；即 $E(\tilde{\epsilon}_i) = 0$ 及 $Var(\tilde{\epsilon}_i) = \sigma_{\epsilon i}^2$。

3.個別證券的誤差項與市場投資組合的報酬率間的相關為零，即 $Cov(\tilde{\epsilon}_i, \tilde{R}_M) = 0$。

4.任兩種證券的誤差項之間也無相關存在，即 $Cov(\tilde{\epsilon}_i, \tilde{\epsilon}_j) = 0$。

在上述假設基礎上，經過簡單的統計推導過程，可以得到下面結果。

$$E(\tilde{R}_i) = E(\alpha_i + \beta\tilde{R}_M + \tilde{\epsilon}_i) = \alpha_i + \beta_i E(\tilde{R}_M) \qquad (14-6)$$

第二個等式是假設 $E(\tilde{\epsilon}_i) = 0$ 所得到的結果。

$$\begin{aligned}
Var(\tilde{R}_i) &= E[(\tilde{R}_i - E(\tilde{R}_i))^2] \\
&= E[\alpha_i + \beta_i\tilde{R}_M + \tilde{\epsilon}_i - \alpha_i - \beta_i E(\tilde{R}_M)]^2 \\
&= E[\beta_i(\tilde{R}_M - E(\tilde{R}_M)) + \tilde{\epsilon}_i]^2 \\
&= \beta_i^2 E[(\tilde{R}_M - E(\tilde{R}_M))^2] + E(\tilde{\epsilon}_i^2) + 2\beta_i E[\tilde{\epsilon}_i(\tilde{R}_M - E(\tilde{R}_M))] \\
&= \beta_i^2 \sigma_M^2 + \sigma_{\epsilon i}^2
\end{aligned}$$

第五個等式是根據假設 $Cov(\tilde{\epsilon}_i, \tilde{R}_M) = 0$，所得到的結果。

$$\begin{aligned}
Cov(\tilde{R}_i, \tilde{R}_j) &= E[(\tilde{R}_i - E(\tilde{R}_i))(\tilde{R}_j - E(\tilde{R}_j))] \\
&= E[(\alpha_i + \beta_i\tilde{R}_M + \tilde{\epsilon}_i - \alpha_i - \beta_i E(\tilde{R}_M)) \\
&\quad (\alpha_j + \beta_j\tilde{R}_M + \tilde{\epsilon}_j - \alpha_j - \beta_j E(\tilde{R}_M))] \\
&= E[(\beta_i(\tilde{R}_M - E(\tilde{R}_M)) + \tilde{\epsilon}_i)(\beta_j(\tilde{R}_M - E(\tilde{R}_M)) + \tilde{\epsilon}_j)] \\
&= \beta_i\beta_j E[(\tilde{R}_M - E(\tilde{R}_M))^2] + E[\tilde{\epsilon}_i\tilde{\epsilon}_j] \\
&= \beta_i\beta_j Var(\tilde{R}_M)
\end{aligned}$$

第四個等式是根據假設 $Cov(\tilde{\epsilon}_i, \tilde{R}_M) = 0$，所得到的結果；而由假設

$E[\tilde{\epsilon}_i \tilde{\epsilon}_j] = 0$ ，可得到第五個等式。

當風險性證券數目為 N 時，單一指數模式所要估計的數值數目為：

N 個 $\alpha$ 值（$\alpha_i$, $i = 1$, …, N），

N 個 $\beta$ 值（$\beta_i$, $i = 1$, …, N），

N 個 $\sigma_\epsilon$ 值（$\sigma_{\epsilon i}$, $i = 1$, …, N）及

市場投資組合的期望報酬率，$E(\tilde{R}_M)$，與變異數 $Var(\tilde{R}_M)$。

所以，單一指數模式所應估計的數值，計 $3N + 2$ 個。

而風險性證券數目為 $N$ 時，Markowitz 的平均數／變異數模式所要估計的數值數目為：

N 個風險性證券期望報酬率（$E(\tilde{R}_i), i = 1, \cdots, N$）

N 個風險性證券報酬率變異數（$Var(\tilde{R}_i), i = 1, \cdots, N$）及

N（$N-1$）/2 個風險性證券報酬率共變異數（$Cov(\tilde{R}_i, \tilde{R}_j)$，$i \neq j$, $i = 1$, …, N, $j = 1$, …, N）。

所以，Markowitz 的平均數／變異數模式所要估計的數值數目，計 $N + N + N (N-1) /2$ 個。

表 14-4 比較兩種模式所應估計的數值數目，我們可以清楚地看出，當證券數目小於 4 時，平均數／變異數模式需要估計的數目少於單一指數模式，但當證券數目大於 4 時，單一指數模式所要估計的數目少於平均數／變異數模式。因此，當投資組合內的證券數目增多時，單一指數模式可以大大地減少所要估計數值的數目。當然，這種簡化過程有其代價存在。

表 14-4　單一指數模式與平均數／變異數模式之比較

| 風險性證券數目 | 應估計數值個數 | |
|---|---|---|
| | 單一指數模式 | 平均數/變異數模式 |

| 2 | 8 | 5 |
|---|---|---|
| 3 | 11 | 9 |
| 4 | 14 | 14 |
| 5 | 17 | 20 |
| 10 | 32 | 65 |
| 50 | 152 | 1,325 |
| 100 | 302 | 5,151 |
| 300 | 902 | 45,451 |

在單一指數模式中，我們對證券報酬率作了一些假設，例如：$Cov(\tilde{\varepsilon}_i, \tilde{\varepsilon}_j) = 0$ 及 $Cov(\tilde{\varepsilon}_i, \tilde{R}_M) = 0$ 等假設。當這些假設不成立的話，利用單一指數模式估計所得的最佳投資組合與平均數／變異數模式估計的

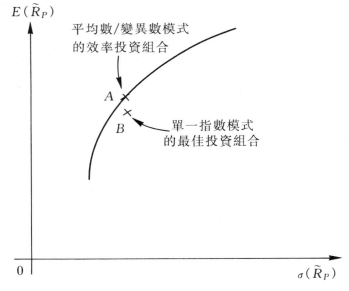

圖 14-11　投資組合的估計

最佳投資組合將有差異存在，而差異的多寡，則視上述假設與實際情形間的差異而定。圖 14－11 列出兩種模式所求得的最適投資組合，投資組合 *A* 點，是利用平均數／變異數模式求得的效率投資組合；當單一指數模式中的假設不成立時，單一指數模式所求得的最佳投資組合 *B* 點，會落在效率投資組合前緣的裡面。所以，單一指數模式所求到的最佳投資組合，未必是效率投資組合。

## 第五節　結　語

本章介紹投資組合基本概念、期望效用理論、及單一指數模式。投資組合理論是屬於規範性的經濟理論，它假設投資者的決策完全建立在投資組合的期望報酬率與報酬率標準差上；投資者評估各個投資組合的期望報酬率與標準差，以挑選期望效用最大化的投資組合；雖然每位投資者所面臨的投資機會完全一樣，但因每位投資者的風險態度並不完全相同，因此，每位投資者所挑選的投資組合視投資者的風險規避程度而定；風險規避程度較高的投資者，其所挑選投資組合的風險相對地也較低，而風險規避程度較低的投資者，其所挑選投資組合的風險相對地也較高。

當市場內證券數目眾多時，利用傳統投資組合理論求取最佳投資組合，將頗為費力費時；單一指數模式乃針對此項缺點，簡化最佳投資組合的求取方法，然而單一指數模式對個別證券報酬率間所作的假設，若與實際情形不相符時，其所求取的最佳投資組合，則未必是在投資組合效率前緣上。

# 關鍵詞彙

規範性經濟學　　Normative Economics

投資組合機會集合　　Portfolio Opportunity Sets

期望效用理論　　Expected Utility Theory

順序效用理論　　Ordinal Utility

指標效用理論　　Cardinal Utility

風險規避　　Risk Aversion

單一指數模式　　Single Index Model

資本資產定價模式　　Capital Asset Pricing Model，CAPM

風險中性　　Risk Neutrality

風險偏好　　Risk Loving

$$\boxed{習 \quad 題}$$

1. 請簡述期望效用理論的內容?

2. 比較風險規避者、風險中立者、與風險偏好者的投資行為差別?

3. 請說明單一指數模式的假設?

4. 比較 Markowitz 平均數/變異數模式與單一指數模式之優缺點?

5. 下面是甲、乙兩種證券過去八年的報酬率資料:

| 年度 | 證券甲報酬率 | 證券乙報酬率 |
|------|------|------|
| 1 | 17% | $-3\%$ |
| 2 | 7% | 5% |
| 3 | $-4\%$ | 11% |
| 4 | 0% | $-3\%$ |
| 5 | $-6\%$ | 9% |
| 6 | $-14\%$ | $-6\%$ |
| 7 | 5% | 6% |
| 8 | 11% | 5% |

(1) 請計算甲、乙兩種證券的平均報酬率及報酬率變異數?

(2) 請估計這兩種證券的報酬率相關係數值?

(3) 利用這兩種證券構成一個風險最小的投資組合, 求出投資組合內
甲、乙兩種證券的投入比例。

6. 請畫出下列兩種證券所構成投資組合的曲線; 假設這兩種證券報酬率

無相關：

|  | 證券 $A$ | 證券 $B$ |
|---|---|---|
| $E(r)$ | 0.12 | 0.02 |
| $\sigma(r)$ | 0.08 | 0.10 |

# 第十五章　資本市場均衡理論模式

## 第一節　前　言

　　前一章投資組合分析中，探討投資者如何安派其資金於各類證券上，以求取個人期望效用之最大化；本章則探討在市場均衡狀況下，各種證券的市場定價，第二節與第三節介紹資本資產定價模式（Capital Asset Pricing Model，CAPM），第四節介紹套利定價理論（Arbitrage Pricing Theory，APT），第五節比較資本資產定價模式與套利定價理論，第六節則為本章的結論。

## 第二節　標準式的資本資產定價模式（CAPM）

### 1.資本資產定價模式的假設

　　資本資產定價模式，係由 Sharpe，Lintner，與 Mossin 於 1970 年代分別提出，說明資本市場於均衡狀況時，個別證券或投資組合的期望報酬率與風險間的關係。資本資產定價模式係建立在下列基本假設之上：

假設 1　投資人從事投資決策時，所考量的是證券或投資組合的期望報酬率及變異數。

假設 2　投資者所考慮的投資期間為 1 期。

假設 3　市場完美性（Perfect Market），即無證券交易成本及無稅負；所有證券可以無限分割成細小單位買賣，而所有資產均可買賣；投資者可賣空且資金完全投入證券上，及投資者可以無風險利率充分借貸。

假設 4　投資者是價格的接受者，即證券市場是完全競爭市場，任何人均無法影響市場價格。

假設 5　投資者對每種證券的期望報酬率與變異數值有一致性的看法；換言之，個別投資者面臨相同的投資組合效率前緣。

## 2.資本市場線 （Capital Market Line）

在上述假設之下，市場處於均衡狀態之時，每位投資者將握有相同的風險性投資組合，這個投資組合就是市場投資組合，它是由所有風險性證券構成，而每種風險性證券在市場投資組合內所佔的比率爲：

$$X_i = \frac{\text{風險性證券 } i \text{ 的總價值}}{\text{所有風險性證券的總價值}} = \frac{p_i q_i}{\sum\limits_{i=1}^{N} p_i q_i}$$

$p_i$：風險性證券 $i$ 的均衡價格。

$q_i$：風險性證券 $i$ 的數量。

圖 15-1 顯示出兩位投資者所挑選的投資組合，在資本資產定價模式的假設下，投資者 1 所挑選的投資組合爲 A 點的投資組合，而投資者 2 所挑選的投資組合爲 B 點，A 與 B 兩個投資組合均由市場投資組合 M 與無風險資產 $R_f$ 所構成；事實上，每位投資者所挑選的投資組合均會落在連接 A、B、與 M 點直線上。這條直線稱爲資本市場線，資本市場線是由所有效率投資組合構成；在市場均衡情況下，資本市場線代表著效率投資組合的期望報酬率與風險（報酬率變異數）間的關係。

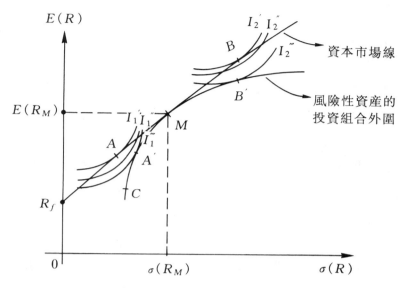

圖 15−1　無風險資產借貸的資本市場線

$$E(\tilde{R}_P) = R_f + [\frac{E(\tilde{R}_M) - R_f}{\sigma(\tilde{R}_M)}]\sigma(\tilde{R}_p) \qquad (15-1)$$

　　$E(\tilde{R}_p)$ 與 $\sigma(\tilde{R}_p)$ 分別是資本市場線上任一投資組合的期望報酬率與標準差。$E(\tilde{R}_M)$ 與 $\sigma(\tilde{R}_M)$ 則分別是市場投資組合的期望報酬率與標準差。$\dfrac{E(\tilde{R}_M) - R_f}{\sigma(\tilde{R}_M)}$ 是資本市場線的斜率，代表著一個單位市場風險的貼水。資本市場線上的任一投資組合均爲效率投資組合，它們均由市場投資組合（風險性資產）與無風險資產構成，因此，它們的風險純粹來自市場投資組合的風險，也就是市場風險；所以，效率投資組合（包括市場投資組合）只受到系統性風險或不可分散風險的影響；換言之，效率投資組合的風險只含有系統性風險，而沒有任何非系統性風險成份。

### 3. 投資與融資的分離理論（Separation Theorem）

　　當市場處於均衡狀態下，每位投資者所挑選的投資組合必定是在資本市場線上的一點；從前節的討論中，我們知道資本市場線上的任一投資組合，均是由市場投資組合與無風險資產所構成。換言之，每位投資者都會決定持有相同的風險性資產——市場投資組合，因此，他們的投資決策完全一致，而投資者間的差異，只在於其融資決策——無風險資產的借貸決策；圖 15-1 中，投資者 1 挑選投資組合爲 $A$ 點，他將其所擁有的部份資金用來購買市場投資組合，而將其剩餘資金，以無風險利率貸放出去。而投資者 2 所挑選投資組合爲 $B$ 點，這位投資者除了將其所有資金投入市場投資組合外，他以無風險利率借入一筆資金，且將所借入資金完全投入購買市場投資組合；假設有位投資者其所挑選的投資組合爲 $M$ 點，即市場投資組合，則這位投資者將其所擁有的資金投入市場投資組合，而無借貸融資行爲；因此，投資者若挑選 $M$ 點上方的任一投資組合，必定借入資金投入市場投資組合，而投資者挑選 $M$ 點下方的任一投資組合，必定以無風險利率貸放出其部份資金；挑選 $M$ 點上方投資組合的投資者，其風險規避程度相對地小於挑選 $M$ 點下方投資組合的投資者。

　　從上面的討論中，我們知道投資者的投資與融資決策是分開的，每位投資者的投資標的選擇，不受其借貸融資決策的影響，這就是投資與融資的分離理論。

### 4. 證券市場線（The Security Market Line，SML）

　　資本市場線說明效率投資組合的期望報酬率與風險間的關係。接下來我們要探討的是：當資本市場均衡時，個別證券或非效率投資組合的風險與報酬率間的關係。因爲投資者可經由投資於市場投資組合，將非

系統性風險完全去除，而每位投資者也會投資於效率投資組合（可由前
節的分析洞悉），所以，只有系統性風險或不可分散風險可得到風險貼
水的補償。因此，當投資者握有非系統性風險不是完全分散的個別證券
或投資組合，該投資者也只能就系統性風險部份得到補償。證券市場線
說明個別證券及投資組合（包括效率投資組合在內）的期望報酬率與風
險間的關係。我們知道只有系統性風險有其風險補償，因此證券市場線
上的風險只包括系統性風險，也就是貝他（Beta）係數。

　　圖 15－2 及圖 15－3 說明資本市場線與證券市場線的關係，圖 15－
2 列出資本市場線上的效率投資組合 A、B、及 M，另外，$A_1$，$A_2$，
$B_1$，$B_2$，$M_1$，及 $M_2$ 則是無效率投資組合或個別證券，在這些無效率
投資組合中，$A_1$ 與 $A_2$ 的期望報酬率與效率投資組合 A 的期望報酬率
相等，但他們的風險（報酬率標準差）則較 A 來得大，表示 $A_1$ 與 $A_2$
有一些尚未完全分散的風險存在著，而這些非系統性的風險，無法得到
任何風險貼水的補償，因此，$A_1$ 與 $A_2$ 兩個投資組合僅能就其系統性風
險（市場風險，以貝他係數來衡量）得到風險貼水補償。所以，在市場
均衡狀況下，圖 15－2 的 A 投資組合及與 A 投資組合有相等期望報酬
率的其他投資組合或個別證券，均會投射到圖 15－3 的 A′點上，即系
統性風險相等的投資組合或個別證券，應得到相等的期望報酬率。所
以，證券市場線即說明了在市場均衡狀況下，所有市場上投資組合及個
別證券其期望報酬率與系統性風險間的關係。而資本市場線則說明了在
市場均衡狀況下，效率投資組合的期望報酬率與報酬率標準差間的關
係；因為效率投資組合的非系統性風險已經完全分散，他們的風險（報
酬率標準差）只包括系統性風險。證券市場線可以（15－2）式表示：

$$E(\tilde{R}_j) = R_f + [E(\tilde{R}_M) - R_f] \times \beta_j \qquad (15-2)$$

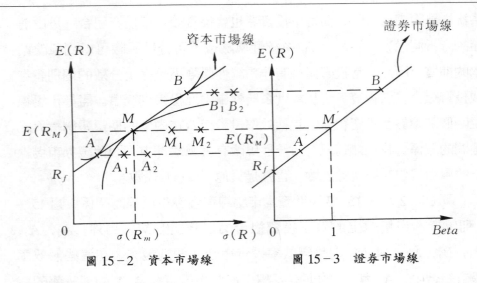

圖 15-2　資本市場線　　　　　圖 15-3　證券市場線

從 (15-2) 式可以看出，任一證券的期望報酬率受到無風險資產報酬率 ($R_f$)、市場風險貼水〔$E(\tilde{R}_M) - R_f$〕、及該證券的系統性風險 ($\beta_i$) 三者的影響。因此，市場均衡時，個別證券期望報酬率的差異，完全由個別證券的系統性風險所決定。

## 第三節　放寬部份假設的資本資產定價模式

前一節所探討是標準式的資本資產定價模式，即 Sharpe，Lintner，與 Mossin 分別提出的資本資產定價模式，本節介紹一些後續學者對上節所提出之假設做部份放寬後之資本資產定價模式。

### 1.零貝他係數的資本資產定價模式 (Zero-Beta CAPM)

首先，我們放寬無風險利率借貸的假設，即投資者無法在市場上以無風險利率借貸資金，或市場上不存在著無風險資產，而標準式的資本資產定價模式之其他假設則保持不變。

　　由於市場上不存在著無風險資產，投資者只能將其資金全部投入風險性資產，投資者所面臨的投資機會類似第十章的效率風險性投資組合的集合（Efficient Portfolio Set），圖 15-4 列出風險性資產構成的投資組合外圍，資本市場線（效率前緣）$\overrightarrow{GMB}$ 不再是一條直線，$G$ 點是最小變異數投資組合，在所有投資組合或個別證券中，$G$ 投資組合的報酬率標準差為最小。所有投資者均將挑選效率前緣上的投資組合為其投資標的。若市場處於均衡，且市場投資組合為圖 15-4 的 $M$ 點，市場投資組合即為所有投資者所持有的個別投資組合的總和，因為每位投資者均持有效率投資組合，即 $\overrightarrow{GMB}$ 上的一點，這些效率投資組合的加總即為市場投資組合，也一定是落在 $\overrightarrow{GMB}$ 上，因此，市場投資組合必定是效率投資組合。我們可以利用兩個基金理論（Two-Fund Theorem）說明上述結論。何謂兩個基金理論？只要知道投資組合前緣上任二投資組合的期望報酬率、變異數、及這兩個投資組合報酬率共變異數，我們就可以調整這兩個投資組合的投資權數（Weights），求出整個投資組合的外圍。因此，任一效率投資組合均可由投資組合外圍上任兩個不同的投資組合來形成，這就是兩個基金理論。因為每位投資者均持有效率投資組合（不是賣空），我們可先將兩位投資者所持有的效率投資組合，兩兩加總成一個新的效率投資組合，重複加總步驟至最後一個投資組合，即為市場投資組合，必定是效率投資組合且落在 $\overrightarrow{GMB}$ 上。

　　當市場投資組合 $M$ 確定後，由 $M$ 點畫出一條切線，與縱座標相交於 $E(\tilde{R}_z)$，再由 $E(\tilde{R}_z)$ 畫一平行於橫座標的平行線，與投資組合外圍相交於 $Z$ 點，投資組合 $Z$ 就是相對於市場投資組合 $M$ 的零貝他係數投資組合（Zero-Beta Portfolio）。投資組合 $Z$ 與投資組合 $M$ 的報酬率共變異數為零。在投資組合 $Z$ 右方的投資組合，例如：$Z_1$ 及 $Z_2$，這些投資組合與投資組合 $M$ 的報酬率共變異數也均為零。

　　當無風險資產不存在於市場上，而市場達到均衡狀況時，證券市場

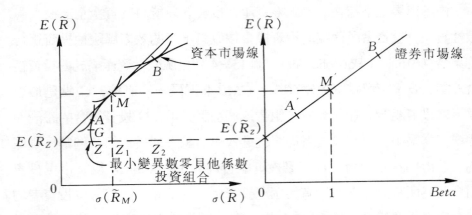

圖 15-4　零貝他係數的資本市場線　圖 15-5　零貝他係數的證券市場線

線仍然是一條直線如圖 15-5 所示，圖 15-5 與圖 15-3 不同的地方僅
在於證券市場線的截距，因爲無風險資產不存在，所以圖 15-5 證券市
場線的截距代表著零貝他投資組合的期望報酬率，而不是無風險借貸利
率。讀者或許會猜想若市場存在著無風險借貸利率，且市場處於均衡狀
況下，零貝他投資組合的期望報酬率是否與無風險借貸利率相等？答案
是相等的。例如：圖 15-6 的兩條資本市場線（CML 與 CML′）代表
著零貝他資本資產定價模式與標準化資本資產定價模式。假設市場原先
不存在著無風險借貸利率，市場均衡時的市場投資組合及零貝他投資組
合分別爲 M 及 Z。零貝他投資組合的期望報酬率爲 $E(\tilde{R}_z)$。假設市場
引入無風險借貸利率 $R_f$，則市場原先均衡狀況遭到破壞，因爲有了無
風險借貸利率後，每位投資者可能想調整其投資組合以追求較高的滿
足。圖 15-6 有兩位投資者（投資者 1 及投資者 2），投資者 1 原先所持
有的風險性投資組合爲 A，而投資者 2 則持有投資組合 B。當市場有了
無風險借貸利率後，投資者 1 會調整其持有的投資組合至 A′，以達到
較高的效用，而投資組合 A′是由投資組合 M′與無風險資產構成；而投
資者 2 也會調整其投資組合至 B′；當市場回復至均衡時，每位投資者所

持有的投資組合必定落在 $CML'$ 線上，而市場投資組合由 $M$ 變成 $M'$，而相對於投資組合 $M'$ 的零貝他投資組合是 $Z'$，投資組合 $Z'$ 的期望報酬率，$E(\widetilde{R}_{Z'})$，與無風險借貸利率則相等。

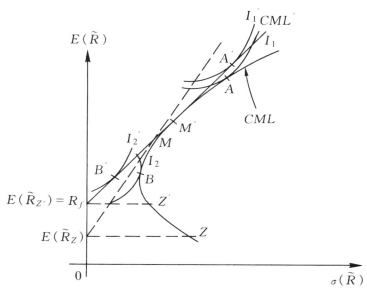

圖 15－6　資本市場線比較

### 2.無風險借貸利率不相等

　　一般而言，銀行存款利率遠較貸款利率低。當無風險借貸利率不相等時，資本市場線不再是一條直線，而是如圖 15－7 的 $\overrightarrow{GT_1MT_2D}$ 曲線，較保守的投資者，例如：投資者 1，會挑選 $A$ 投資組合，並將其部份資金購買無風險資產。而較積極的投資者，如投資者 2，則會以較高的貸款利率，$R_{f2}$，借入部份資金，連同自己持有的資金完全投入風險性投資組合。圖 15－7 中，投資者 1 所持有的投資組合 $A$ 是由無風險資產與風險性資產 $T_1$ 所構成，而投資者 2 所持有的投資組合 $B$ 內的風險性投

資組合則是 $T_2$；其他投資者所持有的風險性投資組合可能是 $T_1$ 或 $T_2$ 或介於$\overline{T_1T_2}$線段間的任一投資組合，例如：投資組合 $C$ 或 $M$。

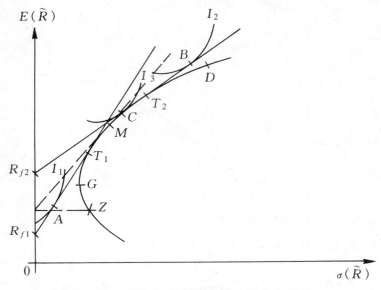

圖 15−7　無風險借貸利率不等的資本市場線

　　假設市場處於均衡狀況下，其市場投資組合爲 $M$ 點，利用前面的推導方法，可以求出相對於投資組合 $M$ 的零貝他投資組合 $Z$。圖 15−8 的證券市場線仍爲一條直線，此時的證券市場線只說明風險性投資組合的期望報酬率與系統性風險間的關係，而包含無風險資產的投資組合，其期望報酬率與系統性風險間的關係，則不是如圖 15−8 所示的證券市場線。

　　市場處於均衡狀況下時，市場投資組合必定是$\overline{T_1T_2}$線段上的一點，而零貝他投資組合 $Z$ 的期望報酬率 $E(\tilde{R}_z)$，一定大於 $R_{f_1}$ 且小於 $R_{f_2}$，即 $R_{f_2} > E(\tilde{R}_z) > R_{f_1}$。因爲每位投資者所持有的風險性投資組合是$\overline{T_1T_2}$上的一點，將這些風險性投資組合加總成市場投資組合，一定仍在

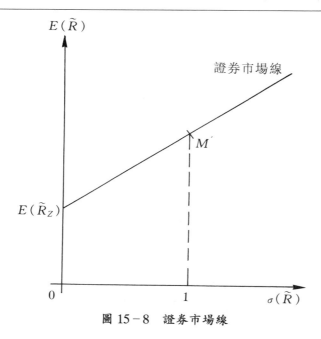

圖 15－8　證券市場線

$\overline{T_1 T_2}$上。由於市場投資組合是在 $T_1$ 與 $T_2$ 間，所以相對於市場投資組合的零貝他投資組合其期望報酬率一定落在 $R_{f_2}$ 與 $R_{f_1}$ 之間。（由 $M$ 點作一切線，此切線與縱座標相交點一定在 $R_{f_2}$ 與 $R_{f_1}$ 之間。）

### 3. 每位投資者對證券的期望報酬率與變異數值的看法不一致

假設投資者對某些證券的期望報酬率與變異數有不同的看法，如圖 15－9中臺泥股票的期望報酬率與變異數，投資者 1 與投資者 2 所估計的數值並不相同，投資者 1 所估計的台泥股票的期望報酬率與變異數，均較投資者 2 所估計的數值低。在這種情形下，投資者 1 與投資者 2 有其個人的效率前緣，每位投資者所持有的風險性資產組合(例如：$T_1$ 與 $T_2$)也不一樣。在此種狀況下，每位投資者將有其個別的證券市場線：

$$E^K(\widetilde{R}_i) = R_f + \beta_i^K [E^K(\widetilde{R}_M) - R_f] \qquad (15－3)$$

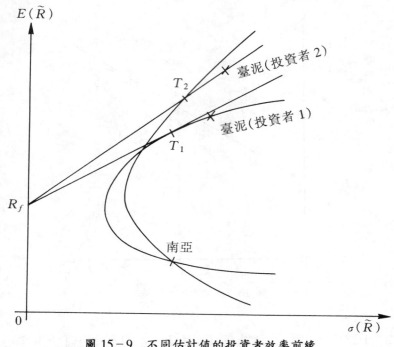

**圖 15-9　不同估計值的投資者效率前緣**

　　(15-3) 式中 $E^K(\tilde{R}_i)$、$\beta_i^K$ 與 $E^K(\tilde{R}_M)$ 代表投資者 $K$ 其個人的估計值。假如 (15-3) 式對每位投資者同時成立,而市場處於均衡狀態下,則均衡時的市場投資組合,就是每位投資者所持有的風險性投資組合 (圖 15-9 中的 $T_1$,$T_2$,…,$T_k$) 之加總。

# 第四節　套利定價理論

　　前面兩節探討了資本資產定價模式,本節將探討另一個資本市場均衡理論——套利定價理論。套利定價理論係由 Stephen Ross (1976) 所提出,套利定價理論認為影響證券報酬率的系統性因素不只一個,而資本資產定價模式則認定市價風險是唯一影響證券報酬的系統性因素。

## 1.套利定價理論之假設

套利定價理論是建立在無套利機會的原則上，即在市場均衡情況下，同一種證券不可能有兩種價格，否則，便存在著套利的機會，例如公教福利中心所銷售貨品的價格，較外面零售店所定的價格低，即有了套利機會，而貨品市場就不可能達到均衡狀況。

套利定價理論假設證券報酬率是由下列的線性因素模式（Factor Model）所組成：

$$\widetilde{R}_j = E(\widetilde{R}_j) + \beta_{j1}\widetilde{I}_1 + \cdots + \beta_{jM}\widetilde{I}_M + \widetilde{\varepsilon}_j \qquad (15-4)$$

在（15-4）式子中，$\widetilde{R}_j$ 是第 $j$ 種證券的報酬率，$E(\widetilde{R}_j)$ 則爲 $j$ 證券的期望報酬率，$\widetilde{I}_1$ 爲第一個因素變數，$\widetilde{I}_M$ 爲第 $M$ 個因素變數，$\beta_{j1}$爲 $j$ 證券報酬率對第一個因素的敏感度，即受第一個因素變數影響的幅度，而 $\widetilde{e}_j$ 爲 $j$ 證券特有的報酬率，其期望值爲零，$E(\widetilde{e}_j) = 0$，變異數爲一常數，$Var(\widetilde{e}_j) = \sigma^2_{e_j}$。

換言之，個別證券的報酬率等於它的期望報酬率加上下列效應的影響：

1.$M$ 個影響所有證券報酬率的風險因素（$\widetilde{I}_1$，$\widetilde{I}_2$，$\cdots$，$\widetilde{I}_M$），這些風險因素的期望值爲零，即 $E(\widetilde{I}_j) = 0$，$j = 1,\cdots$，$M$，而這些風險因素間的相關也爲零，即 $Cov(\widetilde{I}_i，\widetilde{I}_j) = 0$，$i \neq j$；這些因素可能是貨幣供給額、通貨膨脹率、國民所得、及國際收支等總體變數。

2.個別證券特有的因素，$\widetilde{e}_j$，它只影響該個別證券的報酬率；個別證券特有因素間的相關爲零，即 $Cov(\widetilde{e}_i，\widetilde{e}_j) = 0$，$i \neq j$；而特有因素與風險因素間的相關也爲零，即 $Cov(\widetilde{e}_i，\widetilde{I}_j) = 0$，$i = 1,\cdots,n$，$j = 1,$ $\cdots M$。

　　套利定價理論並沒有說明上述風險因素的數目及這些風險因素是那些變數，但它假設證券報酬率與風險因素間存在著線性關係。

### 2.套利投資組合(Arbitrage Portfolios)及單一風險因素組合(Factor Portfolios)

　　假如我們利用多種證券構成一個投資組合，則該投資組合的報酬率也是由下列線性因素模式決定：

$$\tilde{R}_P = E(\tilde{R}_P) + \beta_{P1}\tilde{I}_1 + \cdots + \beta_{PM}\tilde{I}_M + \tilde{\epsilon}_P \qquad (15-5)$$

　　若該投資組合是由很多個別證券構成，即它是個風險分散的投資組合，則特有（非系統性）的風險因素，$\tilde{\epsilon}_P$，對該投資組合報酬率之影響將趨近於零：

$$Lim\tilde{\epsilon}_P = \mathop{Lim}_{N \to \infty} \sum_{i=1} x_i\tilde{\epsilon}_i \approx 0 \qquad (15-6)$$

　　(15－6) 式中，$X_i$ 為個別證券佔整個投資組合的比重（*Weights*），$N$ 為投資組合內的證券種類數目。$Lim\tilde{\epsilon}_p$ 代表 $N$ 趨近於無窮大時，投資組合的非系統風險因素值。

　　利用套利定價理論的假設，投資組合報酬率變異數可以表示如下：

$$Var(\tilde{R}_p) = \beta_{P1}^2 Var(\tilde{I}_1) + \cdots + \beta_{PM}^2 Var(\tilde{I}_M) + Var(\tilde{\epsilon}_p) \quad (15-7)$$

　　套利定價理論假設各個風險因素間是互相獨立的，所以，風險因素間的交叉影響為零，而風險因素與特有風險因素間的相關亦為零，所以，(15－7) 式是投資組合報酬率變異數的構成成份。

（15－7）式中的特有風險是由個別證券特有風險構成：

$$Var(\tilde{\epsilon}_P) = Var(\Sigma X_i \tilde{\epsilon}_i) = \Sigma X_i^2 Var(\tilde{\epsilon}_i) \qquad (15-8)$$

（15－8）式中的第二個等式，乃假設個別證券特有風險間的相關為零。若個別證券佔投資組合的比重均相等，即 $X_i = \dfrac{1}{N}$，$i = 1, \cdots,$ $N$，則（15－8）式可化為（15－9）式：

$$\Sigma X_i^2 Var(\tilde{\epsilon}_i) = \Sigma(1/N)^2 Var(\tilde{\epsilon}_i) = (1/N)\Sigma(1/N)Var(\tilde{\epsilon}_i)$$
$$= (1/N) \cdot \overline{Var(\tilde{\epsilon})} \qquad (15-9)$$

$\overline{Var(\tilde{\epsilon})}$ 為投資組合內個別證券的平均非系統性風險。因此，當投資組合內的證券數目增加至無窮大時，$N \to \infty$，（15－9）式的值將趨近於零。

當市場上交易的證券數目繁多時，我們可以利用這些證券拼構一個特別的投資組合，這個投資組合具有下列特點：

1.投資組合內的所有共同風險因素值為零，$\beta_{PK} = \Sigma X_i \beta_{ik} = 0$，$K = 1, \cdots, M$；意味著該投資組合的系統性風險不存在。

2.投資組合的資金投入也為零，$\Sigma X_i = 0$，$i = 1, \cdots, N$；即賣空部份證券，以其所得資金完全投入其他證券上。

3.投資組合內的證券數目多到使特有風險（非系統性的風險），$\displaystyle\sum_{i=1}^{N} X_i \epsilon_i$，趨近於零。

符合上述三個條件的投資組合稱之為套利投資組合，套利投資組合不同於其他投資組合者，在於套利投資組合無任何資金投入。由於套利投資組合無任何資金投入，且無任何風險存在（系統性風險或非系統性風險），因此，市場均衡時，套利投資組合的期望報酬率應為零，否則，便有套利空間存在。當市場處於均衡狀況時，個別證券或投資組合的期望報酬率可以（15-10）式表示之（證明須利用較高深數學觀念，故略過）：

$$E(\widetilde{R}_i) \approx \lambda_0 + \beta_{i1}\lambda_1 + \cdots + \beta_{im}\lambda_M \qquad (15-10)$$

（15-10）式是套利定價理論的結果，$\lambda_0$ 是無風險資產的報酬率，$\lambda_1$ 為第一個共同風險因素的風險貼水，即負擔一個單位的第一個共同風險，應得到的期望報酬。依此類推，$\lambda_M$ 是第 $M$ 個共同風險因素的風險貼水。由於套利定價理論的推導乃建立在由無窮多個別證券所構成的投資組合基礎上，因此，握有單一證券或證券數目有限的投資組合，並無法完全分散非系統性風險，因此，對個別證券而言，（15-10）式只是一個概略等式，而不是絕對相等式。

下面介紹單一風險因素投資組合（Factor Portfolios），此投資組合之某一風險因素的貝他係數為 1，$\beta_2 = 1$，而其他 $M-1$ 個風險因素的貝他係數均為零，$\beta_k = 0$，$k = 1$，$\cdots$，$M$，但 $k \neq 2$。假設 $E(\widetilde{R}_{P2})$ 為此投資組合的期望報酬率，利用（15-10）式的套利定價模式，可以求出第二個風險因素的風險貼水：

$$E(\widetilde{R}_{p2}) = \lambda_0 + \lambda_2\beta_2$$
$$\lambda_2 = E(\widetilde{R}_{p2}) - \lambda_0 \qquad (15-11)$$

所以，風險因素的風險貼水為該風險因素的單一風險因素投資組合的期望報酬率減掉無風險報酬率。

$$\lambda_{k} = E(\widetilde{R}_{pk}) - \lambda_0 , k = 1, \cdots, M \qquad (15-12)$$

### 3. 套利定價模式例子

假設經濟體系存在著兩個風險因素的套利定價模式：

$$\widetilde{R}_i = E(\widetilde{R}_i) + \beta_{i1}\tilde{I}_1 + \beta_{i2}\tilde{I}_2 + \tilde{\epsilon}_i \qquad (15-13)$$

第一個風險因素，$\tilde{I}_1$，可能是未預期到的國民生產毛額變化，而第二個風險因素，$\tilde{I}_2$，可能是未預期到的通貨膨脹率變化；這二個風險因素分別地衡量國民生產毛額及通貨膨脹率的未預期到變化率，所以，其期望值均為零，$E(\tilde{I}_1) = E(\tilde{I}_2) = 0$；假設第一個風險因素投資組合的期望報酬率為 12%，$E(\widetilde{R}_1) = 12\%$ ，而第二個風險因素投資組合的期望報酬率為 10%，$E(\widetilde{R}_2) = 10\%$ ；另外，假設無風險報酬率為 8%；因此，第一風險因素的風險貼水為 4%（12% - 8%），而第二個風險因素的風險貼水為 2%（10% - 8%）。

下表列出三種證券的期望報酬率及這三種證券的第一個風險因素貝他係數值與第二個風險因素的貝他係數值：

| 證券 | $E(\widetilde{R})_i$ | $\beta_{i_1}$ | $\beta_{i_2}$ |
|:---:|:---:|:---:|:---:|
| A | 15% | 1.0 | 1.5 |
| B | 2.3% | 3.0 | 1.5 |
| C | ? | 2.0 | 1.0 |

證券 $A$ 的第一個風險因素貝他係數為 $B_{A1} = 1.0$，而第二個風險因素貝他係數為 $\beta_{k2} = 1.5$。因此，證券 $A$ 的期望報酬率，$E(\widetilde{R}_A) = \lambda_0 + \beta_{A1} \times \lambda_1 + \beta_{A2} \times \lambda_2 = 8\% + 1.0 \times 4\% + 1.5 \times 2\% = 15\%$；同理，證券 $B$ 的期望報酬率，$E(\widetilde{R}_B) = 8\% + 3.0 \times 4\% + 1.5 \times 2\% = 23\%$；若市場處於均衡狀況，則證券 $C$ 的期望報酬率應為 18%（$8\% + 2.0 \times 4\% + 1.0 \times 2\% = 18\%$），否則，便有套利機會，而市場也就未達均衡狀況。例如：若證券 $C$ 的期望報酬率為 16%，則買進兩個單位的第一個風險因素投資組合及一個單位的第二個風險因素投資組合，同時賣空二個單位的無風險資產，以構成一個投資組合，而這個投資組合的第一個風險因素貝他係數為 $\beta_{p1} = 2.0$，第二個風險因素貝他係數為 $\beta_{p2} = 1.0$，故其風險成份與證券 $C$ 完全一樣，且資金投入為一個單位，但這個投資組合的期望報酬率為 18%（$2.0 \times 12\% + 1.0 \times 10\% - 2 \times 8\% = 18\%$），較證券 $C$ 的期望報酬率 16% 高出 2%，所以，只要再賣空一個單位的證券 $C$，即可構成一個套利投資組合，賺取 2% 的利潤。所以，投資者將從事套利活動，直至證券 $C$ 的期望報酬率回升到 18%，市場才達到均衡狀況。

## 第五節　套利定價理論與資本資產定價模式

從本章的討論可知，資本資產定價模式類似於一個風險因素的套利定價理論，而這個風險因素就是資本資產定價模式內的市場風險；雖然套利定價理論與資本資產定價模式利用不同的經濟概念，探討資產的定價含義，然而，它們的結果是相通的。套利定價理論可視為更一般化的資本資產定價模式，套利定價理論認為影響證券期望報酬率的風險因素，除了市場風險外，尚有其他系統性的風險因素。而套利定價理論的假設也較資本資產定價模式的假設少，在前節的推導中，不需要定義市場投資組合，也無需假設證券報酬率分配為常態分配或假設投資者效用函數只是期望報酬率及變異數的函數。

　　雖然套利定價理論比資本資產定價模式更一般化，然而，套利定價理論並沒事先說明共同風險因素（Common Factors）的數目應該是多少個？而這些共同風險因素是那些變數也更不用提了，學者乃針對這些問題作一系列的研究；Chen，Roll 及 Ross（1986）三位學者的研究，認為下面四個經濟因素會影響到投資組合的報酬率：

　　1.未預期到的通貨膨脹率變化。

　　2.未預期到的產業產出變化。

　　3.未預期到的高等級債券與低等級債券間的利差變化。

　　4.未預期到的長、短期利率結構變化。

# 第六節　結　　語

　　本章討論兩種資本市場均衡理論模式：資本資產定價模式與套利定價理論。資本資產定價模式認為個別證券或投資組合的期望報酬率受到該證券或投資組合系統性風險的影響。當無風險利率不在於市場時，修正後資本資產定價模式的結果也與標準式資本資產定價模式的結果相同，只是零貝他投資組合代替了無風險資產。

　　資本資產定價模式的推導必須假設有一效率的市場投資組合及假設投資人對證券的報酬與風險有一致性的觀點。套利定價理論則不需要這些假設，套利定價理論認為套利機會不可能存在於均衡市場內，根據上述無套利原理，套利定價理論推導出市場均衡時個別證券或投資組合的期望報酬率式子。然而，套利定價理論內個別證券的期望報酬率式子是一個概略等式，而資本資產定價模式內個別證券的期望報酬率式子則是一個絕對等式。

## 關鍵詞彙

資本資產定價模式　　Capital Asset Pricing Model，CAPM

套利定價理論　　Arbitrage Pricing Theory，APT

資本市場線　　Capital Market Line

投資與融資的分離理論　　Separation Theorem

證券市場線　　The Security Market Line，SML

零貝他係數的資本資產定價模式　　Zero-Beta CAPM

效率風險性投資組合的集合　　Efficient Portfolio Set

兩個基金理論　　Two-Fund Theorem

零貝他係數投資組合　　Zero-Beta Portfolio

套利投資組合　　Arbitrage Portfolios

單一風險因素組合　　Factor Portfolios

# 習 題

1. 説明資本資產定價模式的假設?

2. 何謂資本市場線 (CML)? 何謂證券市場線 (SML)? 兩者的關係爲何?

3. 説明投資與融資的分離理論?

4. 請比較資本資產定價模式與套利定價模式的異同處?

5. 何謂兩基金理論? 何謂單一風險因素投資組合?

6. 假設市場處於 CAPM 均衡狀況下, 請完成下表:

| 股票 | 期望報酬率 | 標準差 | 貝他係數 | 非系統風險 (變異數) |
|------|-----------|--------|----------|---------------------|
| 1 | 0.15 | ? | 2.00 | 0.10 |
| 2 | ? | 0.25 | 0.75 | 0.04 |
| 3 | 0.09 | ? | 0.50 | 0.17 |

7. 假設兩因素套利定價模式可以説明股票市場的均衡情形; 第一個風險因素的風險貼水爲15%; 而第二個風險因素的風險貼水則爲 $-20\%$; 假設無風險資產的期望報酬率爲5%; 若市場處於均衡狀況, 估計 $X$, $Y$ 兩種股票的概略報酬率:

| | 第一因素貝他值 | 第二因素貝他值 |
|------|---------------|---------------|
| $X$ 股票 | 1.4 | 0.4 |
| $Y$ 股票 | 0.9 | 0.2 |

# 第十六章　效率市場理論

## 第一節　前　言

　　資本市場效率性在學術界是個具爭議性且重要的課題，在 1950 年代以前，投資大眾相信技術分析或基本分析可用來獲取超額利潤；然而，60 年代及 70 年代的學術實證研究顯示市場是達到相當程度的效率性，即技術分析或基本分析無法提供投資者超額報酬；可是，過去十多年期間，一些市場怪異現象（Market Anomalies）又陸續地被學者提出來，市場效率性再度遭到質疑；市場效率性的問題，看來似乎沒有定論的一天。

　　效率的資本市場有所謂內部效率市場（Internally Efficient Markets）與外部效率市場（Externally Efficient Markets），內部效率市場又稱為交易效率市場（Operationally Efficient Markets），它主要在衡量投資者買賣證券時所支付交易費用的多寡，例如：證券商索取的服務費或佣金及證券買賣的價差（Spreads）；外部效率市場又稱為價格效率市場（Pricing Efficient Markets），它探討證券的價格是否能迅速地反應出所有有關該證券評價的消息。本章內容主要是探討市場的外部效率課題。

　　下一節定義市場效率及其三個不同層次的市場效率學說，第三節至第五節敘述這三個不同層次市場效率學說的實證研究結果，第六節介紹效率市場學說與各種投資策略的互動關係，第七節介紹相關的市場怪異現象，第八節則為本章結語。

# 第二節　市場效率學說概述

如果證券價格能充分地反應出所有對證券價值有影響的訊息，則證券市場是有效率的。假若前一章的資本資產定價模式成立，則市場效率意味著所有證券或投資組合都應落在證券市場線上（Security Market Line），因為資本資產定價模式假設每位投資者對每種證券報酬率分配有一致的觀點，亦即投資者之間沒有訊息不對等的現象存在，而市場效率代表著每位投資者均能迅速地取得所有影響證券價格（或期望報酬率）的訊息，因此，市場必處於均衡狀況，故沒有價值低估或高估的證券。市場效率是否會影響投資者的交易動機呢？假如市場是有效率的話，則市場上不存在著價值低估或高估的證券，這時候投資者最佳的投資策略或許是持有一個風險充分分散的投資組合（Fully Diversified Portfolio）。當市場達到充分效率的境界時，投資者也就不需要花費精力及財力去搜索新訊息，因為所有訊息都會迅速地反應到價格上；相反地，若市場不是充分有效率的話，收集有關證券的資料及消息加以分析，並在其他投資者行動之前進行買賣交易，或許可以獲取超額利潤。

然而，國內外報紙經常刊載下列消息：

1.某證券商高薪聘用證券分析員。

2.共同基金換股頻繁。

3.內線交易的醜聞一而再，再而三地出現。

4.個別股票的線型圖分析資料。

由上述這些事實，我們可以推測出市場尚未達到充分效率的境界。雖然市場未達到充分效率的境界，但它可能已到達某一較低效率的層次，因此，為了分析上的方便，市場效率性的課題均針對下列三個效率學說中的某個學說加以探討。

## 1. 弱式效率市場學說 (Weak-Form Market Efficiency)

弱式效率學說認爲價格已充分地反應出所有過去證券價量資料及其他過去的歷史資料。股票的成交價、成交量、賣空數量、及融資金額等歷史資料，均免費公開給投資大衆；假若這些歷史資料隱藏有關股票未來表現的訊息，則投資大衆會迅速地挖掘這些資料，採取買賣交易行動，使股價變動充分地反應出這些訊息，因此，如果弱式效率學說成立，這些歷史資料將失去其價值性。

## 2. 半強式效率市場學說 (Semi-Strong-Form Market Efficiency)

半強式效率學說認爲價格已充分地反應出所有已公開有關公司營運前景的消息。這些訊息有成交價、盈餘資料、盈餘預估值、公司管理品質、及其他財務資料等等。假若投資者均能迅速地取得這些資料，則股價應已反應出這些訊息。

## 3. 強式效率市場學說 (Strong-Form Market Efficiency)

強式效率學說認爲價格已充分地反應出所有有關公司營運的消息，這些消息包括公司已公開的消息或公司內部消息。一般來說，公司取得內部消息至公開該消息給予投資大衆，需要一段時間，所以，價格能即時反應出這些內部消息著實不易。公司內部人或許會利用這些未公開消息從事內線交易，以獲取利潤。各國證管會的責任之一，即是打擊這些內線交易行爲，維持股市交易的公平性。

# 第三節　弱式效率市場學說

弱式效率市場學說認爲歷史價格並無法提供投資者獲取超額報酬的

訊息，所以，股價變化是隨機漫步（Random Walk）的話，則分析股價變化的歷史資料，並無法有效地預測未來股價的變化，因為隨機漫步理論認為股價變化在每一時點是互相獨立的。換言之，股價的走勢是沒有記憶力。隨機漫步理論若成立的話，則股票市場可說是達到弱式效率程度。

## 1.弱式效率市場的實證結果

早期弱式效率市場的實證研究著重於探討短期間股價變化是否為隨機漫步，下列數種統計檢定方法經常用來測試股價變化的情形。

(1)**時間序列相關測試**（Tests of Serial Correlation）

時間序列相關係數衡量某個變數之前、後期值的相關情形，最簡單的測試是以今天交易日的股價變化對前一個交易日的股價變化作迴歸分析，例如：

$$\Delta P_t = \alpha + \beta \Delta P_{t-1} \qquad\qquad (16-1)$$

(16-1) 式中 $\Delta P_t = P_t - P_{t-1}$，$\Delta P_{t-1} = P_{t-1} - P_{t-2}$，而 $\alpha$ 及 $\beta$ 分別是迴歸式的截距及斜率。$\alpha$ 衡量的價格變化部份，不受前期價格變化的影響，而 $\beta$ 則衡量今日價格變化受前一期價格變化影響的部份。圖16-1至圖16-3列出三種可能的迴歸線；圖16-1的迴歸線斜率大於零，$\beta > 0$；圖16-2的斜率則小於零，$\beta < 0$；而圖16-3的斜率則為零，$\beta = 0$；若斜率為零，表示今日股價變化不受前一交易日股價變化的影響；斜率等於零的機會很少，在這些研究中，必須借助統計檢定量來檢定斜率是否與零有顯著差異，若無顯著差異，則今天股價變化不受到前日股價變化的影響。

(16-1) 式是檢定前後交易日間股價變化的序列相關，我們可以

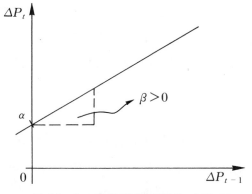

圖 16-1　股價變化迴歸線（$\beta > 0$）

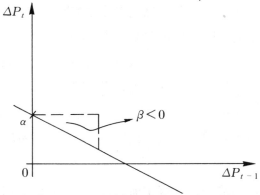

圖 16-2　股價變化迴歸線（$\beta < 0$）

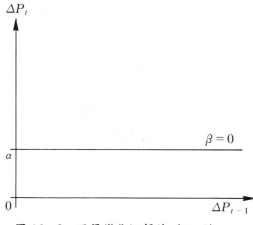

圖 16-3　股價變化迴歸線（$\beta = 0$）

修改（16-1）式以檢定相隔兩個、三個、或四個交易日間股價變化的序列相關是否為零。大部份的時間序列相關實證研究（美國的研究資料），均支持股價變化是隨機漫步，換言之，序列相關研究支持弱式效率市場假設。

(2)連檢定（Runs Tests）

連檢定也是測試前後期股價變化的相關性。然而，連檢定只考慮股價變化的方向，而不將股價變化幅度納入考慮。連續幾個交易日的股價同方向變化（上漲或下跌）序列稱為一個連。假設價格變化是無相關，則連續數個交易日股價同方向變化的機率應較低。利用統計工具可以檢定歷史資料中連出現的機率是否偏高，若其機率偏高，則股價變化可能不是隨機漫步。然而，很多連檢定的實證研究均支持股價變化是隨機漫步的假說，換言之，股價變化基本上是互相獨立的。

(3)濾嘴交易法則檢定（Tests of Filter Trading Rules）

濾嘴交易法則也是用來測試股價變化的相關。濾嘴交易法則可以下例說明之：

當股價上漲超過某一比率（$Y\%$）後，買進並持有該股票，直至股價從最後一次高點下跌超過另一比率（$X\%$）時，賣出及作空股票，而當股價從最後一次低點上漲 $Y\%$ 後，結束賣空部位並買進股票；假若股價上漲幅度小於 $Y\%$ 或下跌幅度小於 $X\%$，則不要有任何買、賣動作。採取濾嘴交易法則的投資者相信股價上漲 $Y\%$ 後，仍然會再往上漲 $Y\%$，所以買進股票，而他們也相信股價下跌 $X\%$ 後，仍然會再往下跌 $X\%$ 以上，所以賣空股票，以賺取差價利潤。$X\%$ 及 $Y\%$ 的值多少，由投資經驗來決定，大部份的濾嘴交易法則檢定將比率設定在 0.5 百分比至 50 百分比間。

大部份的學術實證研究認為，扣除交易成本及考慮股票系統性風險後，濾嘴交易法則的表現並沒有比一般買入持有策略（Passive Buy and

Hold Strategies）來得好。然而，仍有部份技術分析員聲稱他們的交易法則，可賺取高額的超額報酬，他們的吹噓可能有下列疑點：

1.這些交易法則並不如前述之時間序列或連檢定交易法則單純，往往必須視市場狀況調整原先交易法則的執行方法。

2.即使是簡單的交易法則，一般投資者在實際執行時亦會遇到難題；例如：上漲 Y％時買進股票，投資者雖下買單，也未必能買到股票。

3.這些交易法則的結果並未考慮交易成本，扣除交易成本後，超額報酬可能全數被沖銷。

## 2.技術分析與弱式效率市場學說

以上所討論的實證研究結果大都支持隨機漫步假說，所以，依照歷史資料所設計的交易法則，其超額報酬未必會高出買入持有投資策略的超額報酬。因此，技術分析若只是利用歷史成交量及成交價作成交易法則，則其投資績效應該不可能有優異的表現；然而，實務界及一般投資大眾爲何仍然採行技術分析爲主要判斷工具呢？可能的原因如下：

在眾多的技術分析交易法則中，有一些交易法則在某段期間內可能是很成功，這個時候，技術分析員便會大加吹噓，而失敗的技術分析員，通常默不作聲，因此，投資人容易受少數的成功特例所操縱，而忽略了失敗的例子可能更多。另外，有些技術分析交易法則採用基本分析的方法及工具，並不是單純的技術分析。最後，技術分析交易法則種類繁多，學術界不可能針對每種交易法則加以測試，所以，或許某一交易法則可以短時間奏效，但是長期而言，它將很難承受時間的考驗。

## 第四節　半強式效率市場學說

半強式效率市場學說認爲股價充分地且迅速地反應所有公開的消息，所謂「迅速地」的意思，並不要求一秒鐘內完成價格的調整，而是在短時間內完成反應動作；而「充分地」的反應，也並不是要求價格一定調整至其眞正價值，一分一角不差。

在過去一，二十年期間，學術界進行了相當多的事件研究（Event Studies），這些事件研究結果，提供了有關半強式效率市場的證據。所謂事件研究，就是探討某一公司股價對該公司重大事件消息宣佈的反應，這些公司重大事件包括：公司購併、股利金額宣佈、現金增資宣佈、股票分割宣佈、及營運利潤宣佈等等。

典型的事件研究過程是利用某種模式，例如：市場模式（The Market Model，類似前章介紹的單一指數模式），估計股價在事件發生期間的累積異常報酬率（Cumulative Abnormal Returns，CAR）：

$$\tilde{R}_{it} = \alpha_i + \beta_i \tilde{R}_{Mt} + \tilde{\epsilon}_{it} \tag{16-2}$$

（16-2）式子中，$\tilde{R}_{it}$ 爲 $i$ 股票在日期 t 的報酬率，$\alpha_i$ 及 $\beta_i$ 分別是 $i$ 股票市場模式的截距及斜率，$\tilde{R}_{Mt}$ 爲日期 $t$ 的市場報酬率，而 $\tilde{\epsilon}_{it}$ 爲 $i$ 股票在日期 $t$ 的異常報酬率。事件研究經由觀察股價累積異常報酬率的變化，探討股價是否迅速地反應出公開消息。若累積異常報酬率的走勢如圖 16-4 所示，則股價是迅速地反應出新公開消息，在圖 16-4 中，報酬率的變化完全反應在消息宣佈當日，在事件日之前，累積異常報酬率在零附近上、下徘徊，而事件消息宣佈當日，異常報酬率爲 3%，累積異常報酬率也上升爲 3%，在事件日之後，累積異常報酬率則在 3% 上、

下徘徊。圖16－4顯示所有異常報酬率均發生在事件宣告當日，換言之，
股價迅速地反應出事件當日所宣佈的消息，半強式效率市場學說成立。

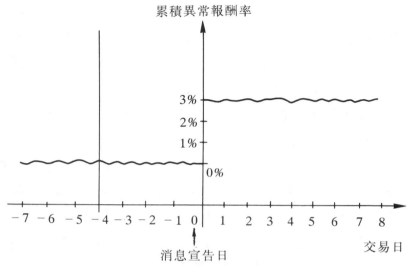

圖16－4　累積異常報酬率走勢圖

　　下面將一一討論事件研究的實證結果，探就其和半強式效率市場學
說的符合程度。

## 1.股票分割事件

　　Fama，Fisher，Jensen 及 Roll（1969）開創了事件研究方法之先趨，
他們並以股票分割爲研究事件，探討股價在股票分割事件宣佈期間的變
動情形。基本上，股票分割事件對股東的財富應無影響，即使有影響，
股價的變動應老早在股票分割宣佈之時或之前反應出事件的資訊內容。
Fama 等人的實證研究結果顯示，股價在股票分割消息宣佈之前會往上
竄升，而在分割消息宣佈後，則無顯著的異常報酬率出現。換言之，在
股票分割消息宣佈之時，市場內投資者已將消息的內容納入其投資決策
考量內。因此，Fama 等人的研究，支持了半強式效率市場學說。

### 2.公司獲利消息宣佈

　　另一個重要的事件研究是探討股價對公司盈餘消息宣佈的反應。盈餘消息可概分為利空消息與利多消息，利多消息代表實際宣佈的盈餘金額高出原先預測的金額，而利空消息則相反，宣佈的盈餘金額低於原先預測的數額。實證研究顯示，當盈餘利空消息宣佈後，股價立即往下跌落，而盈餘利多消息宣佈後，股價則往上揚升；因此，市價均能迅速地反應盈餘利空與利多消息。

　　有關公司事件的研究繁多，不可能逐一分析其研究結果，整體而言，公司事件研究結果大抵支持半強式市場效率學說，而大多數事件宣佈日前後期間的累積異常報酬率變化，有如圖 16－5 所示。除了事件研究外，其他有關半強式市場效率的實證研究，部份結果並不支持半強式效率市場學說，這些結果將於第七節市場怪異現象內探討。

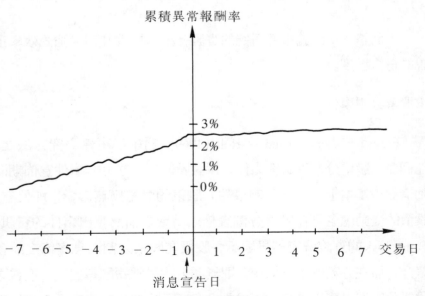

圖 16－5　利多事件研究累積異常報酬率圖

# 第五節　強式效率市場學說

強式效率市場學說認為股價充分地且迅速地反應出所有已公開及未公開的消息。強式效率市場的檢定，著重在未公開的消息層面上，而擁有未公開消息者，大都是公司的內部人（Insiders），其他外在投資者必須透過間接方法取得公司的內部消息，例如：基金本身的分析員利用各種方式去取得或推敲公司的內部消息。因為公司內部人或基金隨時可能擁有內部重大消息，而這些消息尚不為市場所知，因此，內部人只要在其他投資者之前採取買、賣股票的動作，便有可能獲取重大的利潤。因此，強式效率市場學說之檢定，便以內部人交易與基金的績效為研究對象，下面介紹有關強式效率市場的實證研究結果：

## 1.公司內部人交易績效

大部份實證研究顯示，利用內線消息從事股票交易可以獲取超額利潤，而公司內部人，包括董監事及總經理，其投資績效均較外在投資者佳。以臺灣為例，民國81年，濟業電子謝來發拋售濟業股票，遭證管會事後告發從事內線交易，可見內線消息確實可提供超額利潤，因此，強式效率市場不易獲支持。

## 2.基金的投資績效

另一個檢定強式效率市場學說的方式，是觀察專業投資機構的投資績效。假如基金經理者經由分析或訪談公司高級人員，而獲取其他投資者無法取得的消息，則基金經理者的投資績效理應較佳，除非市場已達強式效率的境界，而股價已反應出所有未公開的消息。

大部份有關基金績效的實證研究，例如：Jensen（1968）分析115個基金的績效，均未發現基金經理者能一致性地維持優異的表現。因此，這些實證研究結果，似乎較支持強式效率市場學說。

## 第六節　效率市場學說與投資策略

市場效率程度會影響投資者的投資策略。一般投資分析可以概分為技術分析及基本分析，若市場已達弱式效率程度，而技術分析是利用過去成交價及成交量作成買賣決策的話，投資者利用技術分析從事投資活動，將無法獲取超額利潤，因股價已充分反應出過去成交量及成交價的有關資訊。前節技術分析的實證研究結果也證明沒有一種技術分析能有一致性的優異表現，即技術分析的績效無法超越隨意持有投資策略的績效，而國內股市的實證研究也顯示技術分析並不一定能獲取較佳的報酬率。當市場已達弱式效率境界時，花費精力與時間去分析過去的成交價與成交量資料以作成股價預測，只是浪費時間而已。

股票的基本分析乃經由分析公司公佈的財務資料，及總體經濟發展和個別產業的展望，以推估股票的真正價值，當真正價值低於市價時，則應賣出股票，反之，則應買入股票。在估計股票的真正價值之前，投資者必須分析手上資料，並對未來各項變數，例如：盈餘等資料加以預測。假設市場已達半強式效率程度，而基本分析只是根據已公佈的財務資料推估股票的真正價值，因此將很難有優異表現，因股價已充分反應出所有已公開的消息。

最後，市場已達強式效率境界時，投資者利用內線消息從事股票買賣，也無法獲取超額利潤，蓋股價已反應出所有內線消息。美國股市有關公司內部人投資績效研究，顯示內部人的投資績效較一般人佳，顯示公司內線消息有其價值。然而，有關基金投資績效的研究，則大抵顯示基金未必能獲取超額利潤，或許基金也不易獲取內線消息。因此，內線消息可用來獲取超額利潤，而外部人要獲取內線消息有其困難性。

　　在市場效率性日漸提高之際，投資者想獲取超額利潤似乎越來越難；無疑地，利用重大內線消息買賣股票，投資者仍可獲取超額利潤，然而，投資者付出的代價可能較所獲取的利潤高出好幾倍，例如：投資者可能被證管會提出控告，而面臨吃牢飯的風險。除了利用內線消息外，投資者想打敗市場，只有朝基本分析及技術分析方面的創新來著手，例如：最近數年來，類神經網路（Neural Network）被嘗試應用在挑股上，最近，《經濟學人》（ *The Economist* , 1993 ）的一篇調查文章報導，部份投資公司聲稱，他們利用類神經網路從事投資所獲取利潤數額，相當可觀。不過，此項技術能否維持其一致性的優異績效，則有待來日的觀察。

# 第七節　反市場效率學說之佐證

　　部份人士認為沒有一個市場能完全有效率地處理所有消息，因此，一些市場無效率的現象，提供投資者獲取超額利潤的機會。例如：美國市場上，基本分析家會建議投資者投入本益比低或高股利或規模小的公司，因為這些公司股票價格可能低估；技術分析家則建議投資者應於元月初或星期一買入股票，而於每週五賣出股票。上述基本分析或技術分析的交易策略乃根據美國股市怪異現象（Market Anomalies）而制定，下面分別說明這些怪異現象。

## 1.公司規模效應（Size Effect）

　　在股市中最有名的怪異現象要算小規模公司效應（The Small-firm Effect）：平均來說，規模小的公司，其超額利潤非常高，至少本世紀美國股市的歷史資料顯示出這樣的結果。根據效率市場學說的看法，此種現象可能是由於小規模公司的風險（即貝他係數，Beta Coefficient）較高所致，當投資者對小規模公司股票的需求增加後，將造成該股票價格的上揚，使小規模公司股價回復至正常水準。在最近數年期間，公司規模效應雖然消失，但此現象存在數十年之久，似乎說明了市場在這一段期間的無效率性。

### 2.本益比效應（P/E Effect）

本益比效應說明本益比低的股票或投資組合，其超額利潤較本益比高的股票來得高。在此要說明的是，這些超額利潤均已經過風險貼水的調整；根據效率市場學說的論點，風險調整後的股票超額利潤，應該是一致的。然而，不一致的現象也可能起因於風險調整模式的不精確性，例如：上述的規模效應及本益比效應之研究，大多數利用資本資產定價模式（CAPM）來調整各股票的風險貼水，因此，若模式不能正確地描述股票期望報酬率與風險間的關係時，利用該模式所求得的超額利潤也將有誤差。所以，效率市場學說之檢定，若建立在某個資產定價模式上時，此項檢定通常是效率市場學說及資產定價模式的聯合檢定（Joint Tests）。當檢定結果拒絕效率市場學說時，可能是由於所使用的風險貼水調整模式不正確所致；因此，結果的解釋，可能因個人的看法而互異。

### 3.封閉式基金的折價效應（Closed-End Fund Puzzle）

封閉式基金的折價現象，存在於美國股市及臺灣股市。封閉式基金在交易所掛牌買賣，其買賣價格由市場內的供需情形決定，因此，封閉式基金的買賣價格可能與基金淨值有所差異，導致基金折價（Discount）或溢價（Premium）買賣的情形。

依據效率市場學說的看法，封閉式基金折價或溢價的現象，反應出該基金持股的特性；假如基金發生折價或溢價，而又無上述這些特性，則基金折價或溢價的現象，應該會迅速消失，因為投資者從事套利活動，將促使折、溢價現象消失。例如：當基金有折價現象存在時，投資者可以買入折價的基金，同時在市場拋空基金的持股，待基金折價消失時，即可套取折價部份的利潤；相反地，當基金有溢價現象時，投資者可從事與折價時相反的買賣活動，就可套取溢價部份的利潤。

　　根據股價歷史資料顯示，封閉式基金大部份時間均以折價方式買賣，這種現象存在於美國股市及臺灣股市，而折價幅度有時深達 20％至 30％之鉅。自從學者對基金的高折價現象提出各種不同解釋後，一般投資大眾也利用折價從事套利活動，因此，美國基金折價的幅度也大為縮小。然而，臺灣股市現今（民國 83 年）的折價幅度，仍停留在 20％高檔，這種國內、外不一致的情形，可能是由於封閉式基金在國內可說是新金融產品，當新產品導入市場初期，投資者對其特性了解較少，因此，市場不效率的情形會出現在該類產品上，國內的可轉換公司債在初期也存在著套利的機會，可能也是同樣原因所致。因此，再過數年，國內封閉式基金的折價幅度可能會縮小。

### 4. 週末效應與元月效應 （Weekend Effects and January Effects）

　　週末效應與元月效應均是與股市季節性 （Seasonality） 有關的市場怪異現象。週末效應指的是，股價在週末收盤至下週一開盤間有大幅下跌的現象；週末效應的可能原因之一是公司或政府要宣佈對公司或經濟有利的消息時，均會挑選在股市交易時間宣佈此項利多消息；相反地，對於利空消息，公司或政府大多會遞延消息的宣佈至週末；由於股市在週末休市，投資者無法對利空消息作立即的反應，因此，股價的向下調整會延遲反應在週一的開盤價。

　　元月效應指的是，股市於元月份的報酬率異常地高於其他月份的報酬率。投資者年底節稅的交易動機，可能是造成元月效應的主要原因之一，在美國，股票買賣所產生的資本利得或損失，均要納入個人的所得稅計算；因此，若投資者所投資的股票遭受帳上損失時，投資者爲了節稅目的，會採取出售股票行動，在年底前讓帳上損失實現，然後，投資者再於明年初買回這些股票（假如這些股票是投資者想持有的股票）；因此，年底的賣壓，將促使股價的下跌，而年初的買壓，則將促使股價上揚。上述的年底節稅之說，與效率市場學說衝突；因爲，一些免扣資本利得稅的退休基金，大可利用元月效應，以賺取超額利潤。

元月效應的後續研究顯示元月效應集中在元月的前五個交易日內。而部份研究顯示元月效應與規模效應似乎有相關連，因爲元月效應主要是集中在規模小的公司上；換言之，規模效應的異常利潤，主要集中在元月份。而有些研究認爲規模效應的異常報酬率，可能是由於交易成本低估之故或價格效應所造成（即這些股票每股交易價格均較小）。

### 5.價值線評等效應 (Value Line Enigma)

美國有家投資公司叫價值線公司（Value Line），定期發行《價值線投資分析刊物》（*Value Line Investment Survey*）提供投資建議於讀者，這份刊物分析了約 1 千 7 百多家公司的投資前景，並依每家公司股價的未來表現，將每家公司歸入某一投資等級；價值線共使用 5 個等級分類，被列入第一等級的公司，表示該公司股價在未來一年內將有優異表現；列入第二等級者，代表公司股價將有好的表現；因此，讀者應買入這二個等級的股票；被列入第三等級的公司，其未來一年的表現將持平；被列入第四等級的公司，其未來股價表現將變差；而被列入第五個等級的公司，其未來股價表現將變很差；因此，投資者應賣出第四等級與第五等級的股票。

實證研究顯示，被列爲第一等級的股票，其未來一年的績效表現的確優於其他等級的股票；而被列爲第五等級的股票，其平均績效表現，則比其他等級的股票差；這些結果顯示，價值線的評等結果具有預測能力；而 Black（1971）的研究顯示，每個等級的股票貝他係數（Beta Co-efficients）無多大差異，因此，績效表現的差異，不是由股票風險的差異所造成；然而，Lee 與 Park（1987）的研究顯示，股票的等級與該股票的貝他係數呈相反方向關係，即被評等爲第一等級的股票，其貝他係數顯著地高於其他等級的股票；因此，第一等級股票的優異績效，部份是由於貝他係數較大所造成。

　　另外，有些研究以價值線的評等結果爲基礎，比較兩種投資策略的績效。Holloway（1981）比較積極式（Active Strategy）與消極式（Passive Strategy）兩種投資策略的績效；所謂積極式的投資策略，就是於年初根據價值線評等資料，構成一個由第一等級股票組成的投資組合，而在當年度中，若有股票被降級，則該股票由投資組合內剔除，而補入被新列爲第一等級的股票。而消極式的投資策略，則在年度中不更換投資組合內的股票，即使該股票已被降級。研究結果顯示，在未考慮交易成本之前，積極式投資策略的績效較消極式的投資策略佳；然而，考慮交易成本後，兩種投資策略的績效並無多大差異。

## 6.股價回復平均數的現象（Mean Reversion in Stock Returns）

　　股價回復平均數現象，意味著強勢股將變弱，而弱勢股將轉強；換言之，前一期報酬率高的股票，其下一期的報酬率將變低；相反地，前一期報酬率低的股票，其下一期的報酬率將變高。Fama 與 French（1988）以 18 個月作爲一段觀察期間，探討前後期報酬率間的關係，他們的研究結果顯示，前、後期報酬率存在著負相關，即股價有回復平均數的情形。

　　另外，De Bondt，Werner 與 Thaler（1985）的實證研究也顯示出回

復平均數的現象；他們的研究發現，本期本益比下降的股票，其下一期的報酬率比其他股票的報酬率高；而本期本益比上漲的股票，其下一期的報酬率則比其他股票的報酬率低；因此，股價有回復平均數的現象存在。

<h2 style="text-align:center">第八節　結　語</h2>

前一節介紹了美國股市內違反市場效率的實證研究結果，這些市場怪異現象均與公司規模效應相關；例如：本益比效應與元月效應，均集中在規模小的公司股票上；此外，Lee, Shleifer 與 Thaler（1990）的封閉式基金折價現象之研究結果，顯示封閉式基金折價幅度多寡，受到小規模公司股價表現的影響。然而，近年來公司規模效應似乎有消失的跡象，這是否意味著市場是有效率的呢？雖然很多實證研究，大多支持市場效率學說，然而，違反市場效率學說的證據，也接二連三地出現。因此，市場似乎只達到某種程度的效率性，而未臻至完全的效率程度。

## 關鍵詞彙

**市場怪異現象**　　Market Anomalies

**內部效率市場**　　Internally Efficient Markets

**外部效率市場**　　Externally Efficient Markets

**交易效率市場**　　Operationally Efficient Markets

**價差**　　Spreads

**價格效率市場**　　Pricing Efficient Markets

**弱式效率市場學說**　　Weak-Form Market Efficiency

半強式效率市場學說　　Semi-Strong-Form Market Efficiency

強式效率市場學說　　Strong-Form Market Efficiency

隨機漫步　　Random Walk

買入持有策略　　Passive Buy and Hold Strategies

市場模式　　The Market Model

累積異常報酬率　　Cumulative Abnormal Returns，CAR

內部人　　Insiders

類神經網路　　Neural Network

公司規模效應　　Size Effect

本益比效應　　P/E Effect

封閉式基金的折價效應　　Closed-End Fund Puzzle

基金折價　　Discount

基金溢價　　Premium

週末效應　　Weekend Effects

元月效應　　January Effects

價值線評等效應　　Value Line Enigma

股價回復平均數的現象　　Mean Reversion in Stock Returns

# 習　題

1. 請簡述市場效率學說的三種型態?

2. 比較內部效率市場與外部效率市場?

3. 簡述下述美國股市內的怪異效應:

　(1)公司規模效應

　(2)本益比效應

　(3)元月效應

　(4)價值線評等效應

# 第十七章　投資組合績效的評估

## 第一節　前　言

　　投資決策主要包括個別證券的評價與投資組合兩個過程，而投資決策是一而再，再而三的過程，爲了提高投資決策的品質，投資者必須評估以前決策的結果（即投資績效的好壞），以作爲下次投資決策的參考依據；因此，績效評估的正確性與否，會影響到下次投資組合的績效，不可不愼。第二節討論投資績效評估的基礎——投資目標的設定；第三節探討績效評估的幾個難題；第四節介紹幾種績效評估指標；第五節爲本章結語。

## 第二節　投資組合的目標

　　績效的評估必須建立在事先設定的衡量指標上，如此，評估結果才有意義。投資績效的評估也不例外，因此，投資績效的評估，必須先確定投資活動所要達到的目標。這些投資目標或許是爲了追求最大期望效用，或者是爲了達到其他指標；不論其投資目標是什麼？目標數目的多少？投資目標的制定及其績效的衡量，均應將下列因素納入考慮：

### 1.基金經理者的挑股能力

　　基金經理者的挑股能力係指基金經理者是否具有洞察出股票價格低

估或高估的能力；例如：圖17-1是證券市場線（Security Market Line，SML），證券 $i$ 的期望報酬率（$E\tilde{R}_i$），相對於其風險($B_i$) 是偏低，因此，證券 $i$ 的市場價格是高估；相反地，證券 $j$ 的市場價格則是低估。賣出手上 $i$ 證券，並且買入 $j$ 證券，則整個投資組合績效將變好。假使基金經理者擁有絕佳的挑股能力，則較高的投資組合的週轉率，或許是基金經理者從事換股動作所致；因此，績效評估制度的設計，應該將經理者挑股能力的表現，納入事後的考核內。

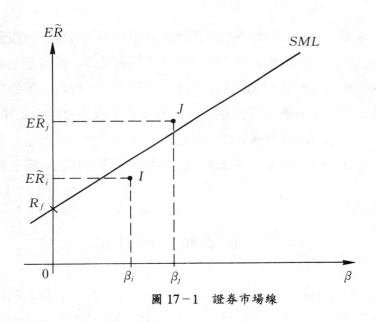

圖 17-1　證券市場線

### 2.代理成本

　　若投資組合或基金是由代理人代基金所有者管理的話，則會有代理成本發生；代理成本主要肇因於基金經理者追求異於基金所有者的目標，即基金經理者所作的投資決策，完全以追求其個人最大報酬為主，而不是以基金所有者的最大滿足為其決策的依據；所以，一套理想的績效評估制度，應能偵測出基金管理者有無怠忽職責。

### 3.其他非報酬率的目標

除了基金的報酬率目標外，基金經理者經常被要求達成下列次要目標：

(1)**投資組合的貝他係數目標**

基金經理者必須維持其基金的貝他係數值在某一範圍內，例如：介於 0.9 至 1.2 之間，使基金的風險不致於偏離市場風險太遠。

(2)**投資組合的整體風險目標**

基金經理者必須隨時保持投資組合的整體風險在某一範圍之內，例如：年報酬率變異數介於 10％至 15％之間，整體風險才不會太大。

(3)**基金內各類資產組合的目標**

各類資產佔整個基金價值之比例均有其上、下限，例如：持股比率應介於 30％至 90％之間，才能確保風險之充份分散。

(4)**基金的股利與利息收入目標**

基金的報酬率主要來自資本利得（Capital Gains）與股利收入（Dividend Income），基金可能設定股利收入的目標，即股利收入應佔整體報酬率的某一水準。

(5)**基金本金保護目標**

基金的虧損比率不得高於某一水準，即基金本金應有類似投資組合保險的保障。例如一千萬之本金，投資虧損不得超過本金之 20％（即二百萬）為原則。

(6)**其他目標**

例如：基金的流動性目標與基金的風險分散目標。流動性目標就是資金不可投入於流動性較差的資產，例如房地產。

總之，投資績效評估制度的設計，除了報酬率目標外，也應將上述各項目標納入考量。

## 第三節　基金績效評估的困難之處

　　基金績效評估的最大困難之處，在於使用事後（Ex-post）績效與事前（Ex-ante）目標作比較。績效評估的目的，是分辨出有能力與無能力的經理者，對於有能力的經理者，理應給予獎賞；然而，績效的好壞並不能完全地看出經理者的能力，蓋因績效的好壞，可能是受到運氣影響的結果。

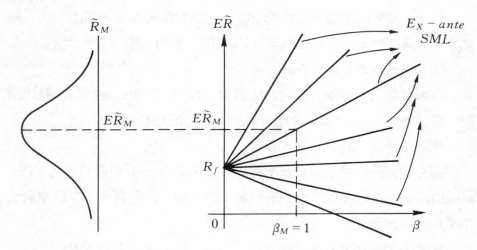

圖 17－2　市場投資組合報酬率分配圖　　　　圖 17－3　事前的證券市場線分配圖

　　圖 17－2 及圖 17－3 列出市場投資組合的報酬率分配圖及事前（Ex-ante）的證券市場線；圖 17－2 顯示出市場投資組合的未來報酬率為一隨機變數，其期望報酬率為 $E\tilde{R}_M$；因為市場投資組合報酬率是隨機變數，事前的證券市場線便有無限多條，圖 17－3 中經過無風險報酬率（即 $R_f$ 點）的直線，均為事前的證券市場線；事後的市場投資組合報酬率只有一個，相對應於市場報酬率的事後證券市場線也只有一條。

而事後基金的績效，則視該基金的貝他係數與事後實現的市場報酬率而定。圖 17－4 及圖 17－5 劃出兩種不同的事後證券市場線；圖 17－4 的市場投資組合實現報酬率（$\beta_M:1$）為負的，而基金的實現報酬率（$\beta_p$）為 $R_p$，$R_p$ 比無風險報酬率 $R_f$ 低，基金的績效似乎不佳，基金經理者是否應為其績效負責而受懲罰呢？答案則是未必；相反地，圖 17－5 的市場投資組合實現報酬率為正的，而基金的實現報酬率落在實現的證券市場線之上，基金經理者是否應受到獎賞，因為經過風險調整後的基金績效比市場績效佳？答案也是未必。

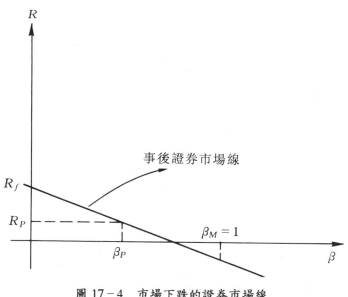

圖 17－4　市場下跌的證券市場線

　　圖 17－4 的基金經理者的事前的投資決策可能是正確的（例如：基金的風險分散程度與目標較相近），而圖 17－5 的基金經理者的事前投資決策可能是錯誤的（例如：基金的風險分散程度較差，與目標相差較遠）；圖 17－6 畫出風險分散程度高與低的兩個基金報酬率分配，這兩個基金的事前期望報酬率是相等的，均為 $R_p$，若兩個基金的事後報酬

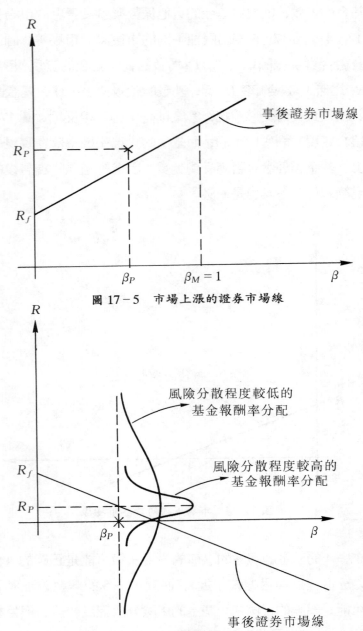

圖 17-5　市場上漲的證券市場線

圖 17-6　市場下跌的證券市場線

率也是 $R_p$，則我們可能認為兩個基金的能力無甚大差異；事實上，兩
個基金的風險分散程度並不相同，代表著兩位經理者對個股的評估及未
來市場表現的看法並不一致；然而，事後實現的報酬率，並無法讓我們
分辨出兩位經理者能力上的差異。

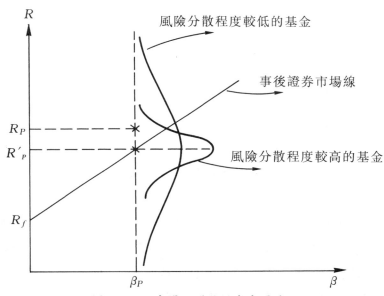

**圖 17－7　市場上漲的證券市場線**

　　圖 17－7 則是市場上漲情形下的兩個基金報酬率分配情形，風險分
散程度高與低的基金，其期望報酬率均為 $R'_p$，但因各股的表現不一，
致風險分散程度低的基金，其事後報酬率為 $R_p$，而風險分散程度高的
基金，其報酬率仍為 $R'_p$；因此，兩者報酬率的差異或許是運氣造成，
並不一定是風險分散程度低的基金經理者擁有較佳的挑股能力。當然，
若上述情形接二連三地出現，則風險分散程度低的基金經理者，或許擁
有較佳的挑股能力。因此，使用單單一期的基金績效，來判斷基金經理
者的挑股能力，是件非常不正確的作法；使用多期的績效平均數，可能
是較穩當的作法。圖 17－8 的事後證券市場線是多條證券市場線的平

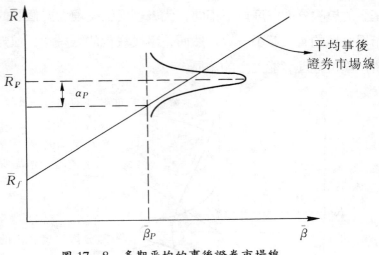

圖 17-8　多期平均的事後證券市場線

均，而圖內的報酬率分配是由基金多期的實現報酬率所形成，圖 17-8 顯示出基金的過去平均績效為 $\bar{R}_p$，比基金應有的報酬率（經過風險調整後）高出 $\alpha_p$，此即意味著基金經理者可能擁有優異的挑股能力。

　　雖然使用多期的績效平均值，可避免掉運氣的影響，然而，此種評估方法也有下列兩個潛在問題：

　　1.多期平均績效評估方法乃是建立在各期投資組合的目標維持不變之基礎上；因為若目標改變，將目標不同的年度績效平均，作為評估基礎，將失去評估的正確性。

　　2.若績效觀察期間過長，例如：超過 5 年，則股票的貝他係數可能會有所變化；此時，基金風險衡量的精確性即有待商榷。

　　當基金偏離了原先設定的貝他係數目標及風險分散目標時，必須先針對這兩個因素，來調整基金的報酬率，始能看出基金經理者的挑股能力及擇時能力（Market Timing）。

## 1.風險分散因素

　　由前面的討論知悉，基金績效的優劣，部份是受到風險分散程度的影響；因此，必須先調整此部份的報酬率，剩餘的超額報酬率才是由基金經理者的挑股能力所造成。圖 17－9 將基金的超額報酬率打散成兩部份，一部份是歸因於風險分散程度，另一部份則爲經理者的挑股能力。基金持有的投資組合爲 $P$ 點，其平均報酬率爲 $\bar{R}_p$，平均貝他係數爲 $\bar{\beta}_P$，其應有報酬率爲 $\bar{R}_1$；由於 $P$ 未必是風險完全分散的投資組合，因此，其超額報酬率（$\bar{R}_p - \bar{R}_1$）部份是由風險未完全分散之因素所造成；由於 $P$ 的風險未完全分散，因此，其總風險包括系統性風險與非系統性風險兩部份：

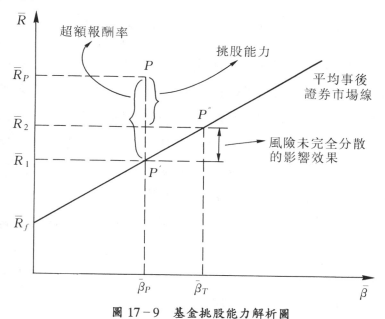

圖 17－9　基金挑股能力解析圖

$$VAR(\tilde{R}_p) = \bar{\beta}_p^2 VAR(\tilde{R}_M) + VAR(\tilde{\epsilon}_p) \qquad (17-1)$$

(17-1) 式中的 $VAR(\tilde{R}_p)$ 爲 $P$ 的總風險，$VAR(\tilde{R}_M)$ 爲市場投資組合的風險，而 $VAR(\tilde{\epsilon}_p)$ 爲 $P$ 的非系統性風險。(17-1) 式子的推導，請參閱先前的單一指數模式 (Single Index Model)。假如有另一風險完全分散的投資組合 $P''$，其總風險（也是系統性風險）與投資組合 $P$ 的總風險相等，$P''$ 的報酬率爲 $\bar{R}_2$，則投資組合 $P''$ 的貝他係數應爲：

$$\bar{\beta}_T = \frac{\sigma_p}{\sigma_M} \qquad\qquad (17-2)$$

(17-2) 式子可經由下列步驟求得：

因爲 $VAR(\tilde{R}_p) = VAR(\tilde{R}_{p'})$ ，且 $VAR(\tilde{R}_{p'}) = \bar{\beta}_T^2 VAR(\tilde{R}_M)$ 。

所以    $VAR(\tilde{R}_p) = \tilde{\beta}_T^2 VAR(\tilde{R}_M)$ ，故 $\bar{\beta}_T^2 = \dfrac{VAR(\tilde{R}_p)}{VAR(\tilde{R}_M)}$

假如投資者只願負擔系統性風險，總風險與投資組合 $P''$ 相等的其他投資組合，均應提供投資者相等的期望報酬率；所以，基金經理者的投資組合雖非風險完全分散，投資者仍然要求與基金總風險等量的系統性風險所應得到的風險貼水；投資組合 $P$ 並非是個風險完全分散的投資組合，其總風險與投資組合 $P''$ 的總風險相等，因此，持有投資組合 $P$ 的投資者，會要求與投資組合 $P''$ 相等的期望報酬率。

投資組合 $P$ 提供了 $\bar{R}_p - \bar{R}_1$ 超額利潤,這部份超額利潤是由兩個成份構成,一爲投資組合的風險未完全分散之成份,另一爲基金經理者的挑股能力之成份。第一部份成份即爲 $\bar{R}_2 - \bar{R}_1$ 的超額利潤,而第二部份爲 $\bar{R}_p - \bar{R}_2$ 的超額利潤。因此，基金整體超額利潤，可劃分成 (17-3) 式：

$$\bar{R}_p - \bar{R}_1 = (\bar{R}_2 - \bar{R}_1) + (\bar{R}_P - \bar{R}_2) \qquad\qquad (17-3)$$

假如 $\bar{R}_p - \bar{R}_2 > 0$,代表基金經理者的優異挑股能力,相反地,$\bar{R}_p - \bar{R}_2$ $< 0$,則其挑股能力有待商榷。若 $\bar{R}_p - \bar{R}_2 < 0$ , 表示基金的風險分散程度不夠。

## 2.擇時能力（Market Timing）

　　另一部份基金績效是受到基金經理者擇時能力的影響，而擇時能力則表現在資產配置上（ Asset Allocation），資產配置是將基金的資金投入各類資產上，例如：股票、公債、及國庫券等。當股市呈現多頭市場時（Bull Markets），股票報酬率比無風險報酬率高，因此，提高基金的持股比率，將使整個基金的報酬率提昇。圖 17－10 是多頭市場的證券市場線,$\bar{\beta}_T$ 為基金原先的目標貝他係數值;若基金經理者預期股市即將走向多頭,則可調整投資組合的資產比率,將現金投入股票,則基金的系統性風險將增大,其貝他係數為 $\bar{\beta}_H$。假使事後股市呈現多頭行情，則基金的報酬率為 $\bar{R}_H$，高出 $\bar{R}_T$ 。

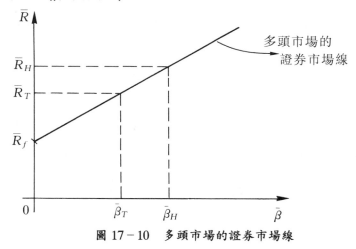

圖 17－10　多頭市場的證券市場線

　　相反地，當股市呈現空頭市場時（Bear Markets），股市報酬率將低於無風險資產的報酬率。為了避免較大的損失，基金應降低其持股比

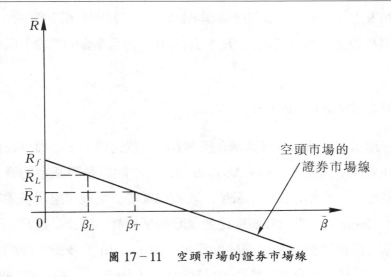

圖 17－11　空頭市場的證券市場線

率，將股票轉換成國庫券或公債等資產，以降低基金的系統性風險。圖
17－11是空頭市場的證券市場線，基金的目標貝他係數值為 $\bar{\beta}_T$，若基
金經理者洞悉空頭市場，將基金的貝他係數調降為 $\bar{\beta}_L$，則基金的期望報
酬率雖然低於無風險資產的報酬率 $\bar{R}_f$，但高於目標貝他係數 $\bar{\beta}_T$ 的報酬
率 $\bar{R}_T$。

　　上面敘述了基金的挑股能力與擇時能力；然而，投資者所關切的是
一般基金的績效表現，依據學者的實證研究，基金的績效表現平均比市
場的績效差，即基金經理者未必能擊敗市場表現。當然，在每一階段，
皆有少數表現特優的基金，然而，能持之多期優異表現的基金，則是少
之又少。因此，基金經理者對個別投資者的貢獻，並非以超額報酬率為
唯一的貢獻，其他目標如降低投資者的交易成本與增進投資風險的分
散，也是投資者應納入考量的。以上所討論的基金績效是針對美國及英
國市場而言，至於臺灣股市內基金經理者的表現如何呢？這方面的研究
尚不多，故尚無定論。由於臺灣股市的結構與歐美股市的結構不甚相
同，例如：散戶與機構投資者所佔的市場交易量、整個股市的籌碼、及

市場效率的程度等等，因此，歐美股市的研究結果，若要印證至臺灣股市，尚須更多的實證研究。

## 第四節　基金績效的衡量指標

衡量基金績效必須同時考量基金的實現報酬率與基金的風險程度，而基金的風險指標有基金的貝他係數（系統性風險）與基金報酬率的標準差（總風險）兩種。雖然基金績效的評估，會遭遇前節提及的種種困難，然而，下面介紹的三種績效衡量指標，則經常地被用來評估基金的投資績效，而這三種衡量指標的設計，均建立在資本資產定價模式上。

### 1.Sharpe 的績效指標（Sharpe's Performance Index）

Sharpe 利用下列指標，評估基金的績效：

$$S_p = \frac{\bar{R}_p - \bar{R}_f}{\sigma_p} \qquad (17-4)$$

上式中，$\bar{R}_p$＝投資組合 $P$ 在某段期間的平均報酬率，

　　　　$\bar{R}_f$＝同期間無風險資產的平均報酬率，

　　　　$\sigma_p$＝投資組合 $P$ 的報酬率變異數。

表 17-1　投資組合績效衡量——Sharpe 指標

| 統　計　量 | 投 | 資 | 組 | 合 |
|---|---|---|---|---|
| | A | B | C | D |
| 報　　酬　　率 | 20.0% | 15.0% | 10.0% | 8.0% |
| 無 風 險 報 酬 率 | 4.0% | 4.0% | 4.0% | 4.0% |
| 風　險　貼　水 | 16.0% | 11.0% | 6.0% | 4.0% |
| 標　　準　　差 | 15.0% | 10.0% | 8.0% | 4.0% |
| Sharpe　指　標 | 1.07 | 1.10 | 0.75 | 1.00 |

(17-4) 式中的分子（$\bar{R}_p - \bar{R}_f$）部份是衡量風險貼水（Risk Premium），而分母（$\sigma p$）部份，則是衡量投資組合的總風險；因此，Sharpe 績效指標是衡量每單位風險的風險貼水補償額。表 17-1 列出四個投資組合或基金的報酬率與風險資料，四個投資組合中，以投資組合 A 的報酬率最高，B 次之，C 再次之，而 D 投資組合的報酬率最小。然而，Sharpe 的績效指標顯示，投資組合 B 的績效最佳，A 次之，D 再次之，而 C 的績效排列最後。這些結果代表著，投資組合 B 的每單位風險貼水最高。事實上，Sharpe 績效指標就是直線的斜率值，圖 17-12 標示出各個投資組合所在的直線上，這些直線越往上移，斜率變得越大，而

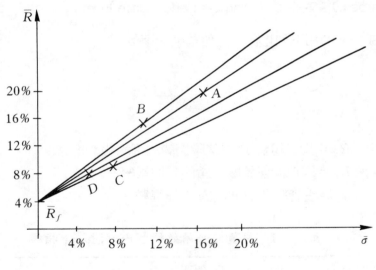

圖 17-12　Sharpe 績效指標衡量圖

落在斜率較大直線上的投資組合，其績效也較佳。圖 17-12 的橫座標代表投資組合的總風險，而縱座標則衡量報酬率，由 $\bar{R}_f$ 點可畫出無限多直線，在同一直線上的投資組合，其績效不相上下。假使我們有市場投資組合的報酬率與風險資料，則可將市場投資組合標示在圖 17-12 上

的某條直線上，若任一投資組合所在的直線是落在市場投資組合的上方時，則該投資組合的績效優於市場投資組合。

## 2. Treynor 的績效指標（Treynor's Performance Index）

Treynor 的績效指標也是同時考量投資組合的期望報酬率與風險，然而，Treynor 指標假設投資組合是風險完全分散；因此，這裡的風險指的是投資組合的系統性風險。假如投資組合是風險完全分散，則其總風險將只包括系統性風險。Treynor 的績效指標為

$$T_p = \frac{\overline{R}_p - \overline{R}_f}{\beta_p} \qquad (17-5)$$

上式中，$\overline{R}_p$ ＝投資組合 $P$ 在某段期間的平均報酬率，

$\qquad\qquad \overline{R}_f$ ＝同期間無風險資產的平均報酬率，

$\qquad\qquad \beta_p$ ＝投資組合 $P$ 的系統性風險指標。

Treynor 績效指標衡量每單位系統性風險的風險貼水，因此，Treynor 指標較大的投資組合，其每單位系統性風險的風險貼水也較大，表示其績效較佳。表 17-2 列出四個投資組合的報酬率與系統性風險資料，四個投資組合中，$A$ 的貝他係數值最大，$B$ 與 $C$ 次之，$D$ 的貝他係數值最小，就 Treynor 績效指標來看，投資組合 $B$ 的績效最佳，$A$ 次之，$C$ 再次之，而投資組合 $D$ 的績效最差。同樣地，我們可以將四個投資組合標示在報酬率/系統性風險兩度空間圖上。圖 17-13 顯示出，投資組合 $B$ 所在的直線其斜率最大，而 $D$ 所在的直線其斜率為最小。由於 Treynor 指標的計算涉及貝他係數的估計，因此，投資者必須先挑選一個市場投資組合指標；值得注意的是，若市場投資組合指標挑選錯誤，則利用 Treynor 指標比較投資組合的績效時，可能會有錯誤發生，因

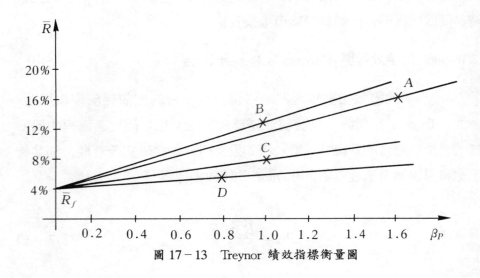

圖 17-13　Treynor 績效指標衡量圖

此，市場投資組合指標的挑選，不可不慎。

表 17-2　投資組合績效衡量－Treynor 指標

| 統　計　量 | 投 | 資 | 組 | 合 |
|---|---|---|---|---|
| | A | B | C | D |
| 報　酬　率 | 20.0% | 15.0% | 10.0% | 8.0% |
| 無 風 險 報 酬 率 | 4.0% | 4.0% | 4.0% | 4.0% |
| 風　險　貼　水 | 16.0% | 11.0% | 6.0% | 4.0% |
| 貝　他　係　數 | 1.60 | 1.00 | 1.00 | 0.80 |
| Treynor　指　標 | 10.0% | 11.0% | 6.0% | 5.0% |

Sharpe 的績效衡量指標，將投資組合的整體風險納入考慮，而 Treynor 的績效衡量指標，則只考慮投資組合的系統性風險；因此，同

時利用 Sharpe 與 Treynor 指標評估投資組合的績效，可能會有不一致的現象出現。例如：表 17－1 與表 17－2 中的評等結果，依據 Sharpe 指標，投資組合 D 的績效優於投資組合 C，然而，依據 Treynor 指標，投資組合 C 優於投資組合 D。因此，我們應該使用那個指標來判斷投資組合的績效呢？對於小額投資者而言，其投資組合的風險分散程度較低，因此，總風險內的非系統性風險對投資報酬率有很大的影響，在這種情況下，投資者宜使用 Sharpe 指標衡量投資組合的績效。相反地，若投資者是個機構投資者，其所持有的投資組合風險分散程度高，非系統風險微不足道，則可使用 Treynor 指標衡量投資組合的績效。

### 3. Jensen 的績效指標 $(\bar{\alpha}_p)$

　　Jensen 的績效指標是建立在資本資產定價模式上（CAPM），資本資產定價模式是事前（Ex-ante）模式，說明投資組合期望報酬率與風險間的關係：

$$E(\widetilde{R}_p) = R_f + \beta_p [E(\widetilde{R}_M) - R_f] \qquad (17-6)$$

　　Jensen 績效指標利用事後投資組合報酬率資料，估計投資組合的異常績效 $(\bar{\alpha}_p)$：

$$\bar{R}_p - \bar{R}_f = \bar{\alpha}_p + \beta_p (\bar{R}_M - \bar{R}_f) \qquad (17-7)$$

　　（17－7）式子中，$\bar{R}_p$ = 投資組合 P，在某段期間的平均報酬率，

$\bar{R}_f$ = 無風險資產的平均報酬率，

$\beta_p$ = 投資組合 P 的貝他係數，

$\bar{R}_M$ = 市場投資組合的平均報酬率，

$$\bar{\alpha}_p = \text{投資組合 } P \text{ 的平均異常報酬率。}$$

表 17-3　投資組合績效衡量——Jensen 指標

| 統　　計　　量 | 投　　資　　組　　合 | | | |
|---|---|---|---|---|
| | A | B | C | D |
| 報　　酬　　率 | 20.0% | 15.0% | 10.0% | 8.0% |
| 無 風 險 報 酬 率 | 4.0% | 4.0% | 4.0% | 4.0% |
| 風　險　貼　水 | 16.0% | 11.0% | 6.0% | 4.0% |
| 市 場 報 酬 率 | 12.0% | 12.0% | 12.0% | 12.0% |
| 貝　他　係　數 | 1.60 | 1.00 | 1.00 | 0.80 |
| Jensen 指標 ($\bar{\alpha}_p$) | 3.2% | 3.0% | -2.0% | -2.4% |

　　Jensen 的績效指標 ($\bar{\alpha}_p$) 衡量風險調整後的超額報酬率,假使 $\bar{\alpha}_p$ 大於零,意味著基金或投資組合績效表現優異;相反地,若 $\bar{\alpha}_p$ 小於零, 則投資組合的績效差。表 17-3 列出四個投資組合的報酬率與系統性風險資料, 市場投資組合報酬率為 12%, 投資組合 A 的績效指標 ($\bar{\alpha}_p$) 是 3.2%, 是所有投資組合中績效最佳, 投資組合 B 次之, C 再次之, 而投資組合 D 的績效最差。Jensen 績效指標 $\bar{\alpha}_p$, 也可使用圖形加以判斷, 圖 17-14 是四個投資組合的特性線 (Characteristic Line), 這些線的斜率代表著該投資組合的貝他係數值, 而特性線與縱坐標相交的截距值, 就是該投資組合的 $\bar{\alpha}_p$ 值, $\bar{\alpha}_p$ 值越大,表示該投資組合的績效越佳。若投資組合的 $\bar{\alpha}_p$ 為正,表示投資組合的績效比市場投資組合績效好,相反地,$\bar{\alpha}_p$ 為負, 則該投資組合的績效比市場投資組合績效差。雖然 Treynor 指標與 Jensen 指標均假設投資組合是風險完全分散, 即風險的衡量只納入系統性風險。然而, 表 17-2 與表 17-3 的投資組合績效評等結果並不完

全一致，根據 Jensen 指標，投資組合 $A$ 的績效優於投資組合 $B$ 的績效，然而，Treynor 指標則認為投資組合 $B$ 的績效優於投資組合 $A$ 的績效。

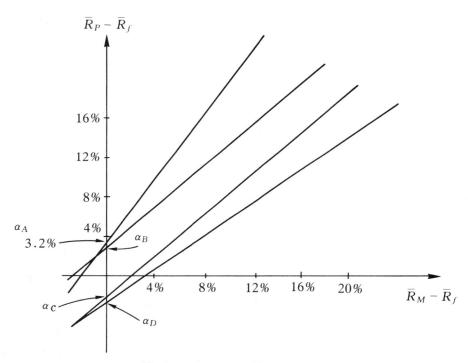

圖 17-14　Jensen 績效指標衡量圖

　　本節介紹了三種經常使用的基金績效衡量指標，這三種指標並不一定會產生一致性的結果。當市場投資組合挑選錯誤或無風險資產報酬率有變化時，基金績效的優劣順序就會產生變化；故利用這三種指標來比較各基金的績效時，應從多種角度比較，才能取得較客觀的評斷。

## 第五節　結　　語

　　本章介紹投資組合或基金的績效評估方法及其困難之處，一般而言，投資者從事投資活動的首要目標是獲取較高的報酬率，即在等量的風險水準下，求取較高的報酬率。僅以報酬率來衡量基金的績效，是不正確的作法；首先，以單單一期的報酬率資料，來判斷基金績效的優劣，有欠公允。其次，每個基金的投資型態互異，成長型基金有其投資標的範圍與方向，市場投資環境的變化，對不同投資型態基金之影響，未必完全一樣，因此，比較投資型態不同基金的績效，就猶如在比較蘋果與橘子的甜度，是不相類比的。最後，即使基金的投資型態差異不大，但前節所介紹的三種基金績效衡量指標，可能會產生互相矛盾的評估結果。總而言之，基金績效的評估，是件複雜且困難之事。

　　基金想擊敗市場，即基金績效要優於市場投資組合的績效，必須在擇股（Stock Selection）與擇時（Market Timing）兩方面有卓越之表現；根據經濟學人的一篇投資管理專論文章顯示，美國基金經理人在這方面的表現並不成功，當然，仍有少數基金在這方面表現優異，但能維持一致性優異表現的基金，則是少之又少。美國股市的研究結果，未必能完全類推到臺灣股市，因兩地股市的市場結構差異頗大；美國股市的參與者多數是機構投資者，因此，市場效率性較高，機構投資者想維持一致性的優異績效，是件不易之事；反觀臺灣股市的參與者多數是散戶投資者，其投資策略無法與機構投資者互相比擬，因此，機構投資者或許還有許多潛在機會。當然，臺灣股市內的機構投資者的績效表現結果，有待國內學者的進一步實證研究。

## 關鍵詞彙

**事後績效**　　Ex-post Performance
**事前目標**　　Ex-ante Objective

挑股　　Stock Selection

擇時　　Market Timing

單一指數模式　　Single Index Model

資產配置　　Asset Allocation

多頭市場　　Bull Markets

空頭市場　　Bear Markets

夏普的績效指標　　Sharpe's Performance Index

風險貼水　　Risk Premium

崔諾的績效指標　　Treynor's Performance Index

簡森的績效指標　　Jensen's Performance Index

特性線　　Characteristic Line

# 習 題

1.簡述共同基金績效評估的困難所在?

2.何謂基金的挑股能力與擇時能力?

3.請比較 Sharpe 績效指標、Treynor 績效指標、及 Jensen 績效指標?

# 第十八章　資產配置

## 第一節　前　言

　　所謂資產配置（Asset Allocation），就是投資者決定各類資產投資佔整個投資資金的比率。這些資產種類（Asset classes）包括股票、債券、黃金、房地產、及外國證券等等。例如：投資者將其所有資金的 50％投入股票，30％投入債券，而 20％投入黃金，即完成了資產配置的決策。

　　1993 年 11 月 27 日的《經濟學人》（*The Economist*）雜誌，刊載了一篇有關投資管理方面的調查文章。文中提到美國與英國基金管理績效的好壞，70％是受到基金資產配置策略的影響，而剩餘 30％則是受到挑股能力的影響，可見資產配置對基金績效影響至鉅。

　　本章將介紹三種資產配置概念，第二節介紹策略性的資產配置（Strategic Asset Allocation）、第三節介紹戰術性的資產配置（Tactical Asset Allocation）、第四節介紹保險性的資產配置（Insured Asset Allocation）、第五節爲本章結語。

## 第二節　策略性的資產配置

　　所謂策略性的資產配置，即投資者評估各類資產種類的長期績效表現（報酬率與風險水準）與個人的風險忍受程度（Risk Tolerance）後，決定在其投資期間內（Investment Horizon）各類資產的持有比率；策略性的資產配置過程，可以利用圖 18-1 來說明。在圖 18-1 的左邊是資本市場的績效情形，即分析股票、債券、與黃金等資產的長期期望報酬率、風險、與各類資產間的報酬率變動相關情形。而圖 18-1 的右邊則為投資者現有的財富狀況，其現有財富水準會影響到投資者的風險忍受程度。一般而言，投資者財富越多，其風險忍受程度也相對地較大；另外，青年人的風險忍受程度也較老年人來得大。投資者決定其投資期間，評估了資本市場的績效、與個人的風險忍受程度後，便可以決定各類資產的投資比率。

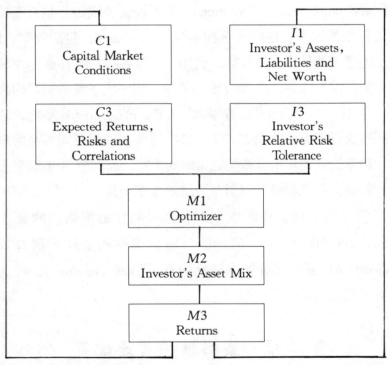

Source：William F. Sharpe, *Financial Analysts Journal* , 1987.

圖 18-1　Strategic Asset Allocation

　　本節將利用臺灣市場的股票與債券兩種資產為例，說明策略性資產配置的做法。表 18-1 列出國內股票市場及公債1981 年至 1997 年間的年報酬率資料。在此期間，股票平均年報酬率為 28.43%，其報酬率標準差則為 50.48%；而公債的年報酬率為 8.41%，其報酬率標準差則為 8.37%，故持有股票的風險遠較持有公債的風險高。假使投資者於這段期間的每年年初，可完全洞悉當年這兩種資產種類的報酬率，並將資金投入於當

表 18-1　國內投資組合報酬率

| 年　　　　度 | 年　　報　　酬　　率 | | 完全預期式資產安置 | | 完全預期式 |
| --- | --- | --- | --- | --- | --- |
| | 股　　票 | 五年期公債 | 股　　票 | 五年期公債 | 資產報酬率 |
| 1981 | −0.0133 | 0.1425 | 0% | 100% | 0.1425 |
| 1982 | −0.195 | 0.135 | 0% | 100% | 0.135 |
| 1983 | 0.7177 | 0.0925 | 100% | 0% | 0.7177 |
| 1984 | 0.0999 | 0.0925 | 100% | 0% | 0.0999 |
| 1985 | −0.0035 | 0.0903 | 0% | 100% | 0.0903 |
| 1986 | 0.2443 | 0.0575 | 100% | 0% | 0.2443 |
| 1987 | 1.2518 | 0.0625 | 100% | 0% | 1.2518 |
| 1988 | 1.1878 | 0.0575 | 100% | 0% | 1.1878 |
| 1989 | 0.88 | 0.1 | 100% | 0% | 0.88 |
| 1990 | −0.5293 | 0.1 | 0% | 100% | 0.1 |
| 1991 | 0.00937 | 0.0975 | 0% | 100% | 0.0975 |
| 1992 | −0.2666 | 0.0975 | 0% | 100% | 0.0975 |
| 1993 | 0.7397 | 0.078 | 100% | 0% | 0.7397 |
| 1994 | 0.1736 | 0.0625 | 100% | 0% | 0.1736 |
| 1995 | 0.0156 | 0.0625 | 0% | 100% | 0.0625 |
| 1996 | 0.3402 | 0.0512 | 100% | 0% | 0.3402 |
| 1997 | 0.1808 | 0.0496 | 100% | 0% | 0.1808 |
| 平均年報酬率 | 0.284298 | 0.084064706 | | | 0.384770588 |
| 標準差風險 | 0.504882 | 0.027579792 | | | 0.405086935 |

年較高報酬率資產種類的話，則投資者在 1981 年至 1997 年間，將可獲取 38.48% 的年平均報酬率，而其報酬率標準差則為 40.51%。而圖 18–2 則為這兩類資產所構成的投資組合。

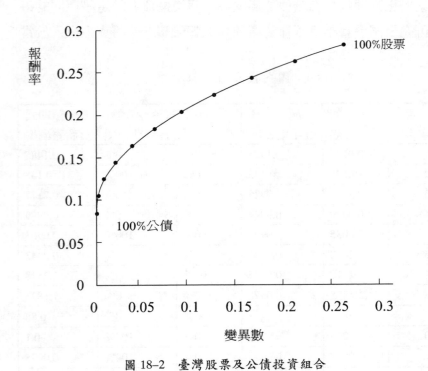

圖 18–2　臺灣股票及公債投資組合

　　假設有一投資者預計將資金投入臺灣股市及公債市場，而其投資期間（Investment Horizon）設定為 5 年，該投資者應如何設定股票與公債的長期投資比率呢？

　　依據策略性資產配置之理論，投資者必須先估計股票與公債的長期績效表現；由於臺灣市場上的股票與公債的年報酬率樣本太少，我們得藉助模擬方式重新抽樣股票與公債的年報酬率資料。圖 18－3 列出策略性資產配置的模擬過程，在步驟二與步驟三中，我們模擬了 500 組 5 年投資期間的股票與公債報酬率資料，這 500 組樣本資料即用來估計股票與公債的年報酬與報酬率標準差。

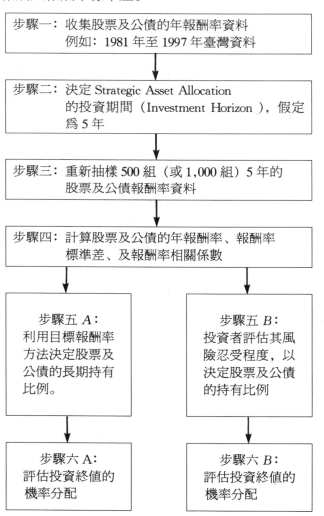

步驟一：收集股票及公債的年報酬率資料
　　　　例如：1981 年至 1997 年臺灣資料

步驟二：決定 Strategic Asset Allocation
　　　　的投資期間（Investment Horizon），假定
　　　　為 5 年

步驟三：重新抽樣 500 組（或 1,000 組）5 年的
　　　　股票及公債報酬率資料

步驟四：計算股票及公債的年報酬率、報酬率
　　　　標準差、及報酬率相關係數

步驟五 *A*：
利用目標報酬率
方法決定股票及
公債的長期持有
比例。

步驟五 *B*：
投資者評估其風
險忍受程度，以
決定股票及公債
的持有比例

步驟六 A：
評估投資終值的
機率分配

步驟六 *B*：
評估投資終值的
機率分配

圖 18－3　Strategic Asset Allocation Simulation Process

　　步驟五 *A* 與步驟五 *B* 是兩種決定股票與公債投資比率的方法；步驟五 *A* 是使用目標報酬率方法，而步驟五 *B* 則利用風險忍受評估法。首先，我們介紹目標報酬率法。

　　在目標報酬率法中，投資者必須先設定投資期間的年報酬率目標；假使投資者設定 10％ 的年報酬率目標。表 18－2 說明如何利用目標報酬率，估計出股票與公債的投資比率。在表 18－2 中，股票與公債的年報酬率與標準差，是由 500 組模擬樣本所求取的統計值。假設股票與公債的年報酬率為常態分配，則我們可以利用常態分配的累積機率表，查出股票報酬率大於 10％ 的機率值；同理，我們也可以算出公債報酬率大於 10％ 的機率值。股票與公債的機率值大小代表著股票與公債報酬率的相對優勢。利用股票與公債機率值，我們可以估計出股票與公債持有比率，表 18－2 下端列出投資比率的計算，分別為股票佔 73.21％，債券佔 26.79％。這二個比率即為利用目標報酬率法求得的策略性資產配置比率。

表 18－2　持有比例計算：目標報酬率法

|  | 股　　　票 | 公　　　債 |
|---|---|---|
| 年　報　酬　率 | 20.13％ | 9.21％ |
| 標　　準　　差 | 25.28 | 1.11 |
| 報酬率 ＞ 10％ 的機率 | 65.57 | 24.00 |
| 持　有　比　例 | 73.21 | 26.79 |

持有比率計算：
　股票：$65.57/(65.57+24.00)=73.21\%$
　公債：$24.00/(65.57+24.00)=26.79\%$

　　估計出股票與公債的投資比率後，即構成一個股票與公債的投資組

合；投資者可以利用所模擬的 500 組資料，求出這 500 組 5 年報酬率資料
的投資組合終值。圖 18－4 列出股票 73.21％/公債 26.79％投資組合終值的
最大值、最小值、25％值、50％值、與平均值曲線。投資者可以評估投資
組合的最小終值，看看是否能忍受投資最小終值的損失。假使投資者對其
投資終值的分配不滿意，則可以調整目標報酬率，以改變投資組合內股票
與公債的比率，求出另一個終值分配，以作進一步的評估。

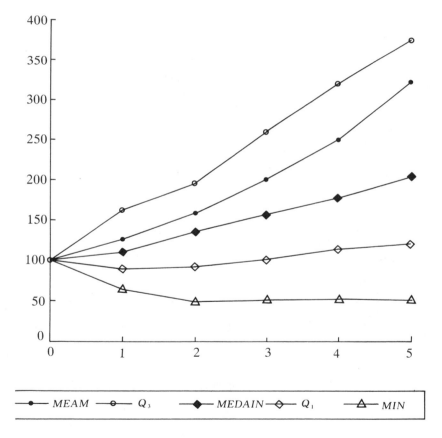

圖 18－4　投資終值分配圖

上面介紹使用目標報酬率法來決定各類資產的持有比率。另一種決

定持有比率的方法爲投資者風險忍受評估法。首先，我們必須先估算投
資者的報酬率與風險間的替換比率（即投資者的相對風險忍受係數）。
假設投資者的期望效用函數爲投資組合期望報酬率與變異數的函數：

$$E(U_p) = E(\widetilde{R}_P) - (1/T)\,Var(\widetilde{R}_p)$$

上式中，$E(U_p)$ 爲投資組合 $P$ 提供給投資者的期望效用，

　　　$E(\widetilde{R}_p)$ 爲投資組合 $P$ 的期望報酬率，

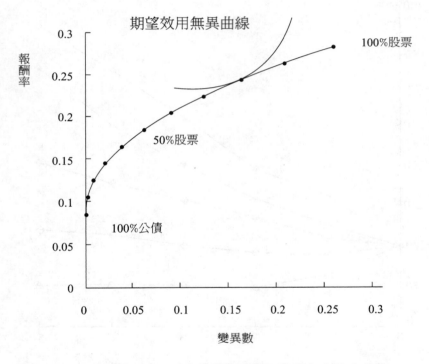

圖 18–5　五年持有期間模擬投資組合效率前緣

$Var(\widetilde{R}_p)$ 為投資組合 $P$ 的報酬率變異數,

$T$ 為投資者的風險忍受係數, 亦是投資者的報酬率與風險的替換比率。

　　利用圖 18 − 2 的股票與公債投資組合曲線與投資者的效用函數, 可以決定出投資者最佳投資組合內股票與公債所佔有的比率。圖 18 − 5 中期望效用無異曲線與股票/公債的投資前緣相切點 $A$, 即是投資者最佳的投資組合。

# 第三節　　戰術性的資產配置

　　前節介紹了策略性資產配置的做法。策略性資產配置乃依據資本市場內各類資產種類的長期表現, 來決定各類資產長期的投資比率。然而, 眾所皆知, 各類資產短期的績效未必會與長期績效相等; 戰術性的資產配置 (Tactical Asset Allocation) 乃利用資產短期績效與長期績效的差異, 調整各類資產的策略性投資比率, 冀以獲取短期的優異績效。

　　戰術性的資產配置可以圖 18 − 6 說明, 圖 18 − 6 左半部份為投資者對各類資產的短期績效作預測, 求取股票與公債的短期績效預測後, 利用前節的目標報酬率法或風險忍受評估法, 以決定股票與公債短期內的持有比率。

　　短期間內, 股票與公債的相對價格未必維持在長期均衡的價位上, 因此, 戰術性的資產配置即是利用這些短期機會, 而改變策略性資產配置中股票與公債的長期持有比率以獲取較佳的績效。雖然, 短期間內, 某一類資產的短期前景看好, 但並不是將全部資金投入該類資產; 因此, 從事戰術性資產配置之前, 應首先設定各類資產短期持有比率的上限與下限, 下面即以股票為例, 說明如何決定股票持有比率的上限。

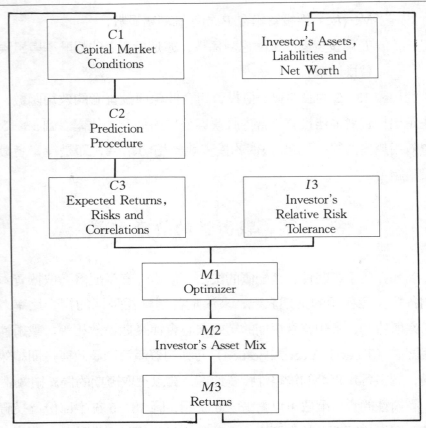

Source：William F. Sharpe, *Financial Analysts Journal*, 1987.

圖 18－6 Tactical Asset Allocation

　　首先，我們先判斷股票的短期報酬率與長期平均報酬率間的差異。圖18－7為臺灣股市5年期間的年平均報酬率，最高為47.47％，最低為2.75％，而先前模擬500組5年報酬率的年平均報酬率為20.13％。因此，短期內股票報酬率可能高出其長期年平均報酬率28％（48％－20％）。

　　決定了短期內最大異常報酬率後，投資者必須決定異常報酬率的可測程度，即投資者過去預測股市變化的能力。可測程度係數值介於0與

1 之間；當係數值為 1 時，表示投資者對未來股市有完全的預測能力；相反地，當係數值為 0 時，代表投資者對未來股市變化無任何預測能力。當係數值介於 0 與 1 間，代表投資者對股市變化有部份預測能力。可測程度係數值的高低，完全視投資者的過去預測績效而定。

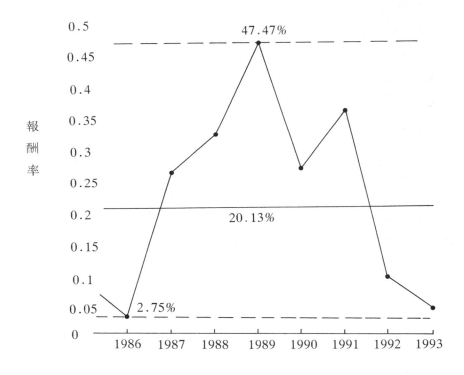

圖 18－7　五年期間股市年報酬率

　　求出最大異常報酬率與可測程度係數值後，表 18－3 列出估計股票期望異常報酬率的計算過程。假設異常報酬率的可測程度係數值為 0.1，則投資者可獲取的異常報酬率為 2.8%，假設改變各類資產持有比率的交易成本為 0.6%，將交易成本除以投資期間 5 年，即獲取每年應分擔交易成本為 0.1%；2.8% 扣除 0.1% 後為 2.7%，2.7% 即為股票期望異常報酬率增加數。將此報酬率增加值加入股票長期年報酬率後，即為股票短期的年報酬率。

表 18-3　股票期望異常報酬率計算

| | |
|---|---|
| 最大異常報酬率（47.47%-20.13%） | 28% |
| 異常報酬率之可測程度 | <u>0.10</u> |
| 可獲取之異常報酬率 | 2.8% |
| 交易成本 | 0.6% |
| 分攤期間（5年） | <u>5年</u> |
| 每年交易成本 | <u>0.1%</u> |
| 期望異常報酬率 | 2.7% |

　　表 18-4 利用目標報酬率法估計股票短期持有比率的上限。股票的持有比率由 73.21% 提高為 74.30%，而公債的持有比率則由 26.79% 降為 25.70%。除了目標報酬率法外，我們也可利用前節的風險忍受評估法來決定股票與公債的持有比率變化。

表 18-4　股票持有比例上限：目標報酬率法

| | 股　　票 | 公　　債 |
|---|---|---|
| 年　報　酬　率 | 22.83% | 9.21% |
| 標　準　差 | 25.28 | 1.11 |
| 報酬率＞10％的機率 | 69.20 | 24.00 |
| 持　有　比　例 | 74.30 | 25.70 |

持有比率計算：
股票：$69.20/(69.20+24.00)=74.30$
公債：$24.00/(69.20+24.00)=25.70$

　　在戰術性的資產配置決策過程中，投資者必須估計未來一年股票與公債的績效表現；而基本分析與技術分析則是預測股票與公債績效表現的重要方法，以下僅介紹三種常用的方法：

### 1.價值比較法

此種分析方法係由投資者仔細評估各項總體經濟變數，例如：經濟成長率、國民所得分配情形、通貨膨脹率、利率水準、及目前經濟景氣狀況。經由分析這些總體經濟變數後，投資者進而預估各類資產的未來現金流量。有了各資產種類的未來現金流量及各資產現在的價格水準，投資者可以利用現金流量折現模式，估計出各類資產的短期報酬率。求得各類資產的短期報酬率後，再利用目標報酬率法或風險忍受評估法，計算出各類資產的短期持有比率。

### 2.景氣循環法

景氣循環法係藉由預測未來景氣的走勢，即景氣衰退或景氣復甦，來判斷各類資產種類的短期績效表現。求取各類資產的短期報酬率後，即可以利用目標報酬率法或風險忍受程度評估法決定各類資產的短期持有比率。

### 3.技術分析法

在衆多的技術分析方法中，有少數可用來預測整體市場的變化。例如道氏理論（DowTheory）即用來預測股市空頭或多頭市場的變化。有關道氏理論之介紹，請參閱本書第九章技術分析之說明。

## 第四節　保險性的資產配置

前節介紹的戰術性資產配置，乃建立在對各類資產短期績效預測的基礎上，投資者必須利用各種分析方法，評估各類資產的短期績效。本節的保險性資產配置（Insured Asset Allocation），則係建立在投資者風險忍受程度隨財富增減而變化的基礎上。

　　保險性的資產配置可以圖 18－8 說明，圖 18－8 右半部份爲投資者的風險忍受函數。一般而言，投資者的風險忍受程度會受其財富淨值變化的影響，當投資者財富增多時，其風險忍受程度較大；相反地，當投資者財富減少時，其風險忍受程度則會較小。因此，投資者風險忍受程度的變化，會影響到其投資組合內股票與公債的持有比率。這種隨財富淨值變化，而改變各類資產持有比率的投資方法，稱爲保險性的資產配置。

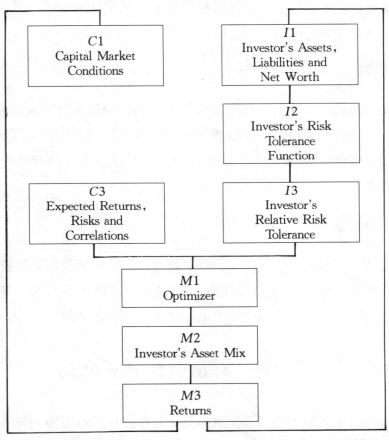

Source：William F. Sharpe, *Financial Analysts Journal* , 1987.

圖 18－8　Insured Asset Allocation

一般而言，採取保險性的資產配置大多是退休基金（Pension Funds）；當股票上漲時，退休基金的資產價值變高，退休基金可以忍受較大風險，投資變得較積極；相反地，當市場下跌時，退休基金的資產價值變低，為了保有基金價值不低於某一下限，投資活動變得較保守，增加投入債券的持有比率。另外，部份投資者為了保有以前的未實現資本利得，但也不願意完全放棄未來更多的資本利得，此類投資者也可採取保險性的資產配置。

保險性的資產配置可經由下列方法來達成：

## 1. 保護性賣權（Protective Puts）

投資者經由購買交易所的賣權，以保障手上股票價值不低於賣權的執行價。

## 2. 動態避險方式（Dynamic Hedging）

投資者利用買賣投資組合的期貨合約，以調整手上投資組合的風險程度。在期貨一章中，曾討論現貨買賣與期貨買賣的異同點；基本上，買賣期貨近似於買賣現貨，因此，經由手上期約買賣來改變手上投資組合的風險程度，以達到避險目標。

## 3. 複製性賣權（Synthetic Put Option）

複製性賣權乃投資者經由調整手上股票與現金的持有比率，以創造出所需的賣權，達成保險性的資產配置。

下面介紹如何利用複製性賣權，來達成保險性的資產配置：

在前面選擇權章節中，我們曾利用買權與賣權的平價關係式子，推導出歐式賣權的訂價公式：

$$P_0 = x \times e^{-rt} \times N(d_2) - S_0(1 - N(d_1)) \qquad (18-1)$$

(18-1) 式中，$P_0$ 為賣權的價格，$x$ 為選擇權執行價格，$r$ 為無風險利率，$t$ 為選擇權的到期日，$S_0$ 為選擇權標的股票的價格，$N$（.）為常態分配累積機率函數，而 $d_1$ 與 $d_2$ 分別如下所列：

$$d_1 = \frac{I_n(S_0/x) + (r + 0.5\sigma^2)t}{\sigma t^{\frac{1}{2}}} \text{ 及}$$

$$d_2 = d_1 - \sigma t^{\frac{1}{2}}$$

在 $d_1$ 與 $d_2$ 式子內，$ln$ 為自然對數函數，$\sigma^2$ 為標的股票報酬率變異數。

(18-1) 式等號兩邊各加入 $S_0$ 後，即形成所謂投資組合保險策略：

$$S_0 + P_0 = S_0 \times N(d_2) + x \times e^{-rt} \times N(d_2) \qquad (18-2)$$

(18-2) 式等號右邊即是股票與無風險債券分別應持有的數量。股票持有比率為 $S_0 \times N(d_2)/(S_0 + P_0)$，而剩餘資金則投入無風險債券；這個保險性的資產配置在未來短期間內，能提供某種程度的保險功能。過了一段時間，由於股票價格會產生變動，造成以前的股票與債券持有比率，無法提供最佳的保險功能，投資者必須調整股票與債券的持有比率。因此，在投資期間屆滿前，每隔一段期間，投資者必須重複保險性資產配置的動作，以確保較佳的保險功能。

複製性賣權的資產配置，可歸納為下列幾個步驟：

1.投資者設定投資保險期間。

2.投資者設定要保額度比率，例如：要保額度比率若設定為 95%，則希望整個投資組合價值於保險期間屆滿時，不低期初投資組合價值的 95%。

3.投資者估計無風險資產報酬率。一般以附買回條件債券的殖利率（Repo Rate），充當無風險利率。

4.投資者估計股票報酬率的變異數。

5.利用 Black-Scholes 的選擇權公式，計算出股票與無風險資產的持有比率。

6.在適當時機，重新調整股票與無風險資產的持有比率。

下面以 1991 年臺灣股市的報酬率資料，說明複製性賣權的資產配置過程：

例子：首先，假設下列相關資料：

1.投資保險期間：1 年（51 週），

2.投保額度比率：95％，

3.期初資產總值：$100，

4.無風險資產年報酬率：8％，

5.期初股票價格：$100，

6.調整法則：每週調整一次。

圖 18-9 列出複製性賣權的調整過程，第一週初時，投資者收集上述相關資料後，利用複製性賣權的資產配置模式，求出股票的持有金額與無風險資產的持有金額，第一週股票投入金額為 $23，而 $77 則投入無風險資產，在第一週結束後，整個投資組合的價值為 $100.38；在第二週開始時，利用複製性賣權模式求出股票投入金額為 $68.24，而無風險資產的投入金額為 $32.14（100.38-68.24），第二週結束後，投資組合的價值為 $104.41；持續上述投資組合內資產配置步驟，至 1991 年底時，投資組合的價值為 $94.62；表 18-5 列出較詳細的投資組合價值變化情形，在表 18-5 底端列出臺灣股市於 1991 年的報酬率情形。臺灣股市當年報酬率約為 -17.86％；因此，保險性的資產配置提供了保障功能於投資者。

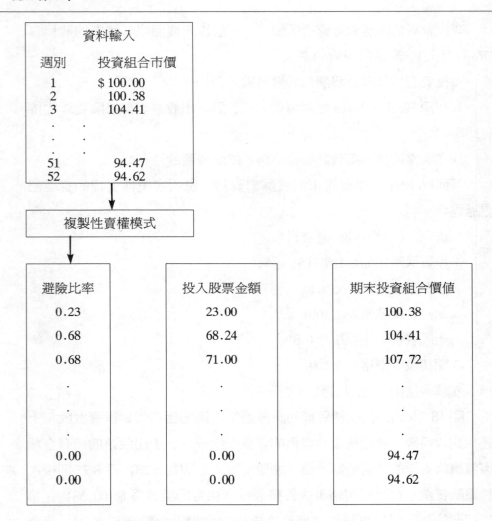

資料輸入

| 週別 | 投資組合市價 |
|---|---|
| 1 | $ 100.00 |
| 2 | 100.38 |
| 3 | 104.41 |
| . | . |
| . | . |
| . | . |
| 51 | 94.47 |
| 52 | 94.62 |

複製性賣權模式

| 避險比率 | 投入股票金額 | 期末投資組合價值 |
|---|---|---|
| 0.23 | 23.00 | 100.38 |
| 0.68 | 68.24 | 104.41 |
| 0.68 | 71.00 | 107.72 |
| . | . | . |
| . | . | . |
| . | . | . |
| 0.00 | 0.00 | 94.47 |
| 0.00 | 0.00 | 94.62 |

投資組合保險期間：51 週

期初投資組合價值：$ 100

投保額度：　　　　　$ 95

圖 18-9　複製性賣權的調整過程

表 18-5　複製性賣權每週投資組合價值

| 週　別 | 週初價值 | 避險比率 | 投入票金額 | 週末價值 |
|--------|----------|----------|------------|----------|
| 1 | 100.00 | 0.23 | 23.00 | 100.38 |
| 2 | 100.38 | 0.68 | 68.24 | 104.41 |
| 3 | 104.41 | 0.68 | 71.00 | 107.72 |
| 4 | 107.72 | 0.72 | 77.55 | 109.28 |
| 5 | 109.28 | 0.76 | 83.05 | 113.69 |
| 6 | 113.69 | 0.79 | 89.81 | 111.16 |
| 7 | 111.16 | 0.78 | 86.70 | 108.73 |
| 8 | 108.73 | 0.76 | 82.63 | 107.25 |
| 9 | 107.25 | 0.77 | 82.58 | 107.68 |
| 10 | 107.68 | 0.80 | 86.14 | 107.95 |
| · | · | · | · | · |
| · | · | · | · | · |
| · | · | · | · | · |
| 48 | 94.02 | 0.00 | 0.00 | 94.17 |
| 49 | 94.17 | 0.00 | 0.00 | 94.32 |
| 50 | 94.32 | 0.00 | 0.00 | 94.47 |
| 51 | 94.47 | 0.00 | 0.00 | 94.62 |

股市 51 週報酬率： −17.86%

## 第五節　結　語

　　本章介紹了資產配置的各種做法，資產配置可分爲策略性的資產配置、戰術性的資產配置、及保險性的資產配置。策略性的資產配置，乃針對各類資產的長期績效之比較，以決定各類資產的長期持有比率。戰術性的資產配置，則針對各類資產的短期績效之預測，調整各類資產的短期持有比率；基金經理從事擇時（Market Timing）活動，可以視爲戰術性資產配置的應用。保險性的資產配置則是爲了保障投資組合價值不低於某一下限，例如退休基金必須維持其基金價值於某一水準之上，因此，退休基金可以利用保險性的資產配置，以決定各類資產的持有比率。

## 關鍵詞彙

資產配置　　　Asset Allocation

資產種類　　　Asset Classes

策略性的資產配置　　Strategic Asset Allocation

戰術性的資產配置　　Tactical Asset Allocation

保險性的資產配置　　Insured Asset Allocation

風險忍受程度　　Risk Tolerance

投資期間　　Investment Horizon

道氏理論　　Dow Theory

退休基金　　Pension Funds

保護性賣權　　Protective Puts

動態避險方式　　　Dynamic Hedging

複製性賣權　　　Synthetic Put Option

附買回條件債券的殖利率　　　Repo Rate

# 習 題

1.何謂資產配置?

2.請比較策略性資產配置、戰術性資產配置、及保險性資產配置的意義?

3.何謂動態避險策略?

4.何謂複製性賣權避險策略?

# 參考書目

## 一、 中文部份

1. 史綱、李存修、林炯垚、臧大年、劉德明、黃敏助合著，《期貨交易理論與實務》，財團法人中華民國證券暨期貨市場發展基金會，民國82年2月。

2. 李存修，《選擇權之交易實務、投資策略與評價模式》，財團法人中華民國證券暨期貨市場發展基金會，民國82年8月。

3. 何憲章等七人，《投資學》，國立空中大學，民國78年9月。

4. 林炯垚，《財務管理理論與實務》，華泰書局，民國79年2月。

5. 林煜宗，《現代投資學——制度、理論與實證》，三民書局，民國77年。

6. 徐燕山，〈美國可轉換公司債之研究〉，《證券市場發展季刊》，第13期，頁2－11，民國81年1月。

7. 中央銀行經濟研究處，〈中華民國臺灣地區金融統計月報〉，民國83年5月。

8. 財政部證券管理委員會，《如何閱讀財務報表》，財團法人中華民國證券暨期貨市場發展基金會，民國84年2月。

9. 財政部證券管理委員會，《證券暨期貨管理法令摘要》，自刊，民國82年1月。

10. 經濟部，《經濟部出售國庫持有之中國鋼鐵股份有限公司普通股公開招募說明書》，自刊，民國 84 年 2 月。

11.臺灣化學纖維股份有限公司，《臺灣化學纖維股份有限公司八十三年股東常會議事錄》，自刊，民國 83 年 5 月。

12.臺灣證券交易所，〈集中市場電腦自動化交易作業簡介〉。

# 二、英文部份

1. "A Survey of Investment Management," *The Economist* November 27, 1993.

2. "A Survey of the Frontiers of Finance：The Mathematics of Markets，" *The Economist* , October 9, 1993.

3. Arbel，A.，and P. J. Strebel. 1983, "Pay Attention to Neglected Firms," *Journal of Portfolio Management* , 9: 37 – 42.

4. Banz，R. 1981， "The Relationship between Return and Market Value of Common Stocks," *Journal of Financial Economics* , 9: 3 – 18.

5. Basu，S. 1977， "The Investment Performance of Common Stocks in Relation to Their Price-Earnings Ratios：A Test of the Efficient Market Hypothesis," *Journal of Finance* , 32: 663 – 682.

6. Black，F.，M. C. Jensen, and M. Scholes. 1972, "The Capital Asset Pricing Model：Some Empirical Tests ," *Studies in the Theory of Capital Markets* Michael C. Jensen（ed.）.

7. Black，F. 1972， "Capital Market Equilibrium with Restricted Borrowing," *Journal of Business* , 45: 444 – 455.

8. Black，F. 1973， "Yes, Virginia, There Is Hope：Tests of the Value Line Ranking System," *Financial Analysts Journal* , 29: 10, 12, 14.

9. Black，F. 1976， "The Pricing of Commodity Contracts," *Journal of*

*Financial Economics*, 3: 167 – 178.

10. Black, F., and M. Scholes. 1973, "The Pricing of Options and Corporate Liabilities," *Journal of Political Economy*, 81: 637 – 659.

11. Bodie, Z., A. Kane, and A. J. Marcus. *Investments*. Second Edition. Homewood, IL: Richard D. Irwin, Inc., 1993.

12. Bodie, Z., A. Kane, and A. J. Marcus. *Essentials of Investments*. Second Edition. Homewood, IL: Richard D. Irwin, Inc., 1995.

13. Brigham, E. F. 1966, "An Analysis of Convertible Debentures," *Journal of Finance*, 21: 35 – 54.

14. Chen, N., R. Roll, and S. Ross. 1986, "Economic Forces and the Stock Market," *Journal of Business*, 59: 383 – 403.

15. Copeland, T. E., and D. Mayers. 1982, "The Value Line Enigma (1965 – 1978): A Case Study of Performance Evaluation Issues," *Journal of Financial Economics*, 10: 289 – 321.

16. DeBondt, F. M. Werner, and R. Thaler. 1985, "Does the Stock Market Overreact?" *Journal of Finance*, 40: 793 – 805.

17. Elton, E. J., and M. J. Gruber. *Modern Portfolio Theory and Investment Analysis*. Fifth Edition. New York: John Wiley & Sons, 1995.

18. Fama, E., and J. MacBeth. 1973, "Risk, Return and Equilibrium: Empirical Tests," *Journal of Political Economy*, 81: 607 – 636.

19. Fama, E., and K. R. French. 1988, "Permanent and Temporary Components of Stock Prices," *Journal of Political Economy*, 96: 246 – 273.

20. Fama, E., and M. Blume. 1966, "Filter Rules and Stock Market Trading Profits," *Journal of Business*, 39: 226 – 241.

21. Fama, E. F., L. Fisher, M. Jensen, and R. Roll. 1969, "The Adjustment of Stock Prices to New Information," *International Economic Review*, 10: 1-21.

22. Fama, E. F. 1972, "Components of Investment Performance," *Journal of Finance*, 27: 551-567.

23. French, K. 1980, "Stock Returns and the Weekend Effect," *Journal of Financial Economics*, 8: 55-69.

24. Harris, M., and A. Raviv. 1985, "A Sequential Signaling Model of Convertible Debt Call Policy," *Journal of Finance*, 40: 1263-1281.

25. Henriksson, R. D. 1984, "Market Timing and Mutual Fund Performance: An Empirical Investigation," *Journal of Business*, 57: 73-96.

26. Holloway, C. 1981, "A Note on Testing an Aggressive Investment Strategy Using Value Line Ranks," *Journal of Finance*, 36: 711-719.

27. Hsieh, D., and M. Miller. 1990, "Margin Regulation and Stock Market Volatility," *Journal of Finance*, 45: 3-29.

28. Ingersoll, J. 1977a, "A Contingent-Claims Valuation of Convertible Securities," *Journal of Financial Economics*, 7: 289-321.

29. Ingersoll, J. 1977b, "An Examination of Corporate Call Policies on Convertible Securities," *Journal of Finance*, 32: 463-478.

30. Jaffee, D., and A. Shleifer. 1990, "Cost of Financial Distress, Delayed Calls of Convertible Bonds, and the Role of Investment Banks," *Journal of Business*, 63: 107-123.

31. Jensen, M. C. 1968, "The Performance of Mutual Funds in the Period 1945-1964," *Journal of Finance*, 23: 389-416.

32. Jones, C. P. *Investments*. Fourth Edition. New York: John Wiley & Sons, 1993.

33. Keim, D. B. 1983, "Size Related Anomalies and Stock Return Seasonality: Further Empirical Evidence," *Journal of Financial Economics*, 12: 13 – 32.

34. Lee, C. F., and H. Park. 1987, "Value Line Investment Survey Rank Changes and Beta Coefficients," *Financial Analysts Journal*, 43: 70 – 72.

35. Lintner, J. 1965, "The Valuation of Risk Assets and the Selection of Risky Investment in Stock Portfolios and Capital Budgets," *Review of Economics and Statistics*, 47: 13 – 37.

36. Macaulay, F. *Some Theoretical Problems Suggested by the Movements of Interest Rates, Bond Yields, and Stock Prices in the United States Since* 1856. New York: National Bureau of Economic Research, 1938.

37. Markowitz, H. 1952, "Portfolio Selection," *Journal of Finance*, 7: 77 – 91.

38. Merton, R. C. 1992, "Financial Innovation and Economic Performance," *Journal of Applied Corporate Finance*, 4: 12 – 22.

39. Miller, M. H. 1986, "Financial Innovation: The Last Twenty Years and the Next," *Journal of Financial and Quantitative Analysis*, 21: 459 – 471.

40. Miller, M. H. 1992, "Financial Innovation: Achievements and Prospects," *Journal of Applied Corporate Finance*, 4: 4 – 11.

41. Mossin, J. 1966, "Equilibrium in a Capital Asset Market," *Econometrica*, 34: 768 – 783.

42. Poterba, J. M., and L. Summers. 1987, "Mean Reversion in Stock Market Prices: Evidence and Implications," *Journal of Financial Economics*, 22: 27 – 59.

43. Radcliffe, R. C. *Investment*. Fourth Edition. New York: Harper Collins College Publishers, 1994.

44. Reinganum, M. R. 1983, "The Anomalous Stock Market Behavior of Small Firms in January: Empirical Tests for Tax-Loss Effects," *Journal of Financial Economics*, 12: 89 – 104.

45. Roll, R. 1977, "A Critique of the Capital Asset Theory Tests. Part I: On Past and Potential Testability of the Theory," *Journal of Financial Economics*, 4: 129 – 176.

46. Ross, S. A. 1976, "Return, Risk and Arbitrage," In: *Risk and Return in Finance*, I. Friend, and J. Bricksler (eds.), Cambridge, Mass.: Ballinger, 1976.

47. Ross, S. A. 1976, "The Arbitrage Theory of Capital Asset Pricing," *Journal of Economic Theory*, 13: 341 – 360.

48. Schwert, G. 1989, "Margin Requirements and Stock Volatility," *Journal of Financial Services Research*, 3: 153 – 164.

49. Sharpe, W. 1963, "A Simplified Model for Portfolio Analysis," *Management Science*, 9: 277 – 293.

50. Sharpe, W. 1964, "Capital Asset Prices: A Theory of Market Equilibrium under Conditions of Risk," *Journal of Finance*, 19: 425 – 442.

51. Sharpe, W. 1987, "Integrated Asset Allocation," *Financial Analysts Journal*, 43: 25 – 32.

52. Sharpe, W. F. 1966, "Mutual Fund Performance," *Journal of Business*, 39: 119 – 138.

53. Treynor, J. L. 1966, "How to Rate Management Investment Funds," *Harvard Business Review*, 43: 63 – 75.

54. Treynor, J. L., and K. Mazuy. 1966, "Can Mutual Funds Outguess

the Market?" *Harvard Business Review*, 43：131－136.

55. Von Neumann, J., and O. Morgenstern. *Theory of Games and Economic Behavior*. Third Edition. Princeton, N.J.：Princeton University Press, 1953.

# 三民大專用書書目——行政·管理

| 書名 | 著者 | | 服務機關 |
|---|---|---|---|
| 行政學（修訂版） | 張潤書 | 著 | 政治大學 |
| 行政學 | 左潞生 | 著 | 前中興大學 |
| 行政學 | 吳瓊恩 | 著 | 政治大學 |
| 行政學新論 | 張金鑑 | 著 | 前政治大學 |
| 行政學概要 | 左潞生 | 著 | 前中興大學 |
| 行政管理學 | 傅肅良 | 著 | 前中興大學 |
| 行政生態學 | 彭文賢 | 著 | 中央研究院 |
| 人事行政學 | 張金鑑 | 著 | 前政治大學 |
| 人事行政學 | 傅肅良 | 著 | 前中興大學 |
| 各國人事制度 | 傅肅良 | 著 | 前中興大學 |
| 人事行政的守與變 | 傅肅良 | 著 | 前中興大學 |
| 各國人事制度概要 | 張金鑑 | 著 | 前政治大學 |
| 現行考銓制度 | 陳鑑波 | 著 | |
| 考銓制度 | 傅肅良 | 著 | 前中興大學 |
| 員工考選學 | 傅肅良 | 著 | 前中興大學 |
| 員工訓練學 | 傅肅良 | 著 | 前中興大學 |
| 員工激勵學 | 傅肅良 | 著 | 前中興大學 |
| 交通行政 | 劉承漢 | 著 | 前成功大學 |
| 陸空運輸法概要 | 劉承漢 | 著 | 前成功大學 |
| 運輸學概要 | 程振粵 | 著 | 前臺灣大學 |
| 兵役理論與實務 | 顧傳型 | 著 | |
| 行為管理論 | 林安弘 | 著 | 德明商專 |
| 組織行為學 | 高尚仁、伍錫康 | 著 | 香港大學 |
| 組織行為學 | 藍采風、廖榮利 | 著 | 美國印第安那大學 臺灣大學 |
| 組織原理 | 彭文賢 | 著 | 中央研究院 |
| 組織結構 | 彭文賢 | 著 | 中央研究院 |
| 組織行為管理 | 龔平邦 | 著 | 前逢甲大學 |
| 行為科學概論 | 龔平邦 | 著 | 前逢甲大學 |
| 行為科學概論 | 徐道鄰 | 著 | |
| 行為科學與管理 | 徐木蘭 | 著 | 臺灣大學 |
| 實用企業管理學 | 解宏賓 | 著 | 中興大學 |
| 企業管理 | 蔣靜一 | 著 | 逢甲大學 |

# 三民大專用書書目——經濟·財政

| 經濟學新辭典 | 高 叔 康 編著 | |
| 經濟學通典 | 林 華 德 著 | 國際票券公司 |
| 經濟思想史 | 史 考 特 著 | |
| 西洋經濟思想史 | 林 鐘 雄 著 | 臺 灣 大 學 |
| 歐洲經濟發展史 | 林 鐘 雄 著 | 臺 灣 大 學 |
| 近代經濟學說 | 安 格 爾 著 | |
| 比較經濟制度 | 孫 殿 柏 著 | 前政治大學 |
| 通俗經濟講話 | 邢 慕 寰 著 | 香 港 大 學 |
| 經濟學原理 | 歐 陽 勛 著 | 前政治大學 |
| 經濟學導論（增訂新版） | 徐 育 珠 著 | 南康乃狄克州立大學 |
| 經濟學概要 | 趙 鳳 培 著 | 前政治大學 |
| 經濟學 | 歐 陽 勛 德 著 黃 仁 | 政 治 大 學 |
| 經濟學（上）、（下） | 陸 民 仁 編著 | 前政治大學 |
| 經濟學（上）、（下） | 陸 民 仁 著 | 前政治大學 |
| 經濟學（上）、（下）（增訂新版） | 黃 柏 農 著 | 中 正 大 學 |
| 經濟學概論 | 陸 民 仁 著 | 前政治大學 |
| 國際經濟學 | 白 俊 男 著 | 東 吳 大 學 |
| 國際經濟學 | 黃 智 輝 著 | 東 吳 大 學 |
| 個體經濟學 | 劉 盛 男 著 | 臺 北 商 專 |
| 個體經濟分析 | 趙 鳳 培 著 | 前政治大學 |
| 總體經濟分析 | 趙 鳳 培 著 | 前政治大學 |
| 總體經濟學 | 鍾 甦 生 著 | 西雅圖銀行 |
| 總體經濟學 | 張 慶 輝 著 | 政 治 大 學 |
| 總體經濟理論 | 孫 震 著 | 工 研 院 |
| 數理經濟分析 | 林 大 侯 著 | 臺灣綜合研究院 |
| 計量經濟學導論 | 林 華 德 著 | 國際票券公司 |
| 計量經濟學 | 陳 正 澄 著 | 臺 灣 大 學 |
| 經濟政策 | 湯 俊 湘 著 | 前中興大學 |
| 平均地權 | 王 全 祿 著 | 考 試 委 員 |
| 運銷合作 | 湯 俊 湘 著 | 前中興大學 |
| 合作經濟概論 | 尹 樹 生 著 | 中 興 大 學 |
| 農業經濟學 | 尹 樹 生 著 | 中 興 大 學 |